Erich Gysling

Zerreißprobe in Nahost

Erich Gysling

Zerreißprobe in Nahost

Menschen – Schicksale – Traditionen

Benziger

ISBN 3 545 34074 0

Inhalt

I. Von der Unfähigkeit zu zweifeln 9
II. Haus des Friedens, Haus des Kriegs 47
III. Die PLO – was ist das eigentlich? 65
IV. An Assad führt kein Weg vorbei 102
V. Spuren des arabischen Nationalismus 122
VI. Zwischen Pomp und Chaos 134
VII. Ägypten und die islamischen Fundamentalisten 145
VIII. Die Macht des Verborgenen 169
IX. Die große Verunsicherung 185
X. Der Baum des Imams von Gaza will keine Früchte mehr tragen 224
XI. Die Supermächte in Nahost: Die Polit-Akrobaten sind ratlos 239

Dokumente 267
Zeittafel 286
Lexikon wichtiger Begriffe 297
Literaturverzeichnis 304
Register 308

Vorwort

Geplant war *Zerreißprobe in Nahost* ursprünglich als Portraitbuch, als Schilderung von Personen, Familien, Gemeinschaften in der Region des Nahen Ostens. Ich gehe davon aus, daß über dieses Spannungsfeld in der Öffentlichkeit viel an aktualitätsbezogenem Wissen vorhanden ist, daß eine breite Leserschaft aber nur wenig Einblick in die Wertvorstellungen jener Menschen hat, die im Umkreis des nahöstlichen Konfliktes leben. Die Arbeit an diesem Text führte mich aber zu einer Ausweitung des Projekts: das Denken und Handeln der Politiker und der Privatpersonen in Nahost kann man ja nur nachvollziehen, wenn bis zu einem gewissen Grade auch historische Entwicklungen miteinbezogen werden. So weitete ich das Portrait-Projekt etwas aus und schilderte Menschen, denen ich in den letzten zehn bis zwanzig Jahren begegnet bin, vor dem Hintergrund geschichtlicher Ereignisse. Ich griff dabei auf jene breite Fachliteratur zurück, die im deutschsprachigen, insbesondere aber im französischen und angelsächsischen Raum erschienen ist. In einzelnen Fällen benutzte ich auch Quellen im arabischen Original.

Wertvolle Hinweise für dieses Buch gaben Kollegen und Fachleute. Professor Dr. Bassam Tibi von der Universität Göttingen bin ich zu besonderem Dank verpflichtet: er hatte die Freundlichkeit, die Texte mehrerer Kapitel kritisch durchzusehen und auf wesentliche Aspekte hinzuweisen. In bezug auf jene Abschnitte, die sich mit Israel befassen, war der Orientalist Israel Stockman behilflich bei zahlreichen persönlichen Kontakten.

Ein Wort noch zur Schreibweise arabischer Namen und Begriffe: ich habe im allgemeinen die phonetisch möglichst korrekte Umschrift angewendet, teilweise aber hielt ich mich an Schreibweisen, die sich in der aktuellen Berichter-

stattung bereits so stark eingebürgert haben, daß eine Veränderung, auch wenn sie an sich korrekt gewesen wäre, zu einer Minderung der Verständlichkeit geführt hätte.
Einige Tendenzen, die zum Zeitpunkt der Publikation der ersten Auflage von *Zerreißprobe in Nahost* erkennbar waren, haben sich bis zum Frühsommer 1987 verstärkt. Das gilt für die Versuche der PLO, die im Sommer 1982 verlorenen Positionen im Libanon zurückzugewinnen, und für das Taktieren des syrischen Präsidenten Assad in bezug auf den Libanon und seine Stellung gegenüber der internationalen Gemeinschaft. Auch der Prozeß gegen den Terroristen Hindauwi in London, bei dem Nachweise für eine syrische Mitverantwortung für Terrorakte erbracht wurden, konnte Assads Schlüsselstellung in Nahost nicht erschüttern.
In Diskussionen mit Lesern nach der Publikation der ersten Auflage von *Zerreißprobe in Nahost* wurde mir immer wieder die Frage gestellt, ob nicht fast alle Aussagen über die spannungsgeladene Region nur kurzfristige Gültigkeit hätten, weil die aktuellen Ereignisse in dieser Weltgegend sich manchmal ja geradezu überstürzen. Die Frage ist ebenso berechtigt, wie die Antwort darauf merkwürdig sein mag: Die vielen Konflikte und die aktuellen Geschehnisse bestätigen eher das grundlegende Verhaltensmuster der Politiker in Nahost, als daß sie es widerlegen würden. Das zeigt sich u. a. auch an der Langlebigkeit einer ganzen Anzahl von Regimen: Syriens Assad herrscht als Präsident seit Anfang der siebziger Jahre; Mu'ammar al-Ghaddafi lenkt Libyen seit 1969; König Hussein regiert Jordanien seit den fünfziger Jahren, und selbst das irakische Regime hat Kontinuität seit den frühen siebziger Jahren. Und die PLO schließlich wird im Jahr 1987 immer noch von den gleichen Männern angeführt, die sie schon 1964 mitbegründet hatten.
Für die hier vorliegende zweite Auflage habe ich wertvolle Anregungen von Fachleuten, die sich mit dem Text der Erstauflage auseinandergesetzt haben, aufgenommen.

Erich Gysling,
April 1987

I. Von der Unfähigkeit zu zweifeln

Wann immer ich Jerusalem besuche, mache ich vor der Fahrt zum Hotel einen Umweg; an der Altstadtmauer entlang und vorbei am Damaskus-Tor, vorbei auch am links liegenden Postamt in der arabischen Neustadt und am Rockefeller-Museum bis zum Wegweiser zum Intercontinental-Hotel auf dem Ölberg, den man auf einer erst scharf abfallenden, dann steil ansteigenden Straße erreicht.

Oben angekommen, stelle ich das Auto ab und steige aus. Ist es bereits dunkel, so sieht man schräg unterhalb des in seinen Konturen noch schattenhaft erkennbaren Hügelzuges, jenseits des Kidron-Tals, die beiden Kuppeln der Moscheen schwach im Gegenlicht glänzen: weiter rechts die goldene Kuppel der Omar-Moschee, die man auch Felsendom nennt, und links davon, etwas weniger deutlich erkennbar, die silberne der al-Aqsa-Moschee.

Abends ist es hier oben meistens still und menschenleer. Da gibt es keine Touristen mehr in der Nähe. Und auch die zwei oder drei arabischen Souvenir-Kameltreiber, die tagsüber herumstehen und darauf warten, daß sich die ausländischen Besucher, auf dem Kamel sitzend oder neben dem Kamel stehend, gegenseitig fotografieren, sind um diese Zeit längst verschwunden. Aus dem naheliegenden Intercontinental-Hotel mögen einige Musikfetzen herüberdringen, gewöhnlich aber hört man hier abends nichts als den Wind. Er weht von der Jerusalemer Altstadt erst ins Kidron-Tal hinunter, über die Gräber der Muslime vor der Stadtmauer, streicht dann dem jüdischen Friedhof entlang den Ölberg hoch, verwirbelt oben über der Bergkuppe in oftmals wilden, hastigen Böen und zieht weiter, hinauf in den unendlichen schwarzen Himmel oder ostwärts über die sandigen Hügelzüge des seit 1967 von

Israel besetzten Gebietes, an Siedlungen wie Maale Adumim vorbei in Richtung Jordansenke und Totes Meer.
Vom Ölberg aus betrachtet wirkt die Altstadt Jerusalems am Abend fast immer ruhig. Die Stadt als das Zentrum des nahostpolitischen Orkans, als Kristallisationspunkt des Konflikts zwischen Arabern und Israeli begreifen kann nur, wer sich die religiöse Bedeutung Jerusalems für Christen, Juden und Muslime vergegenwärtigt.
Jerusalem ist still; denn etwa um acht Uhr schließen die arabischen Händler und Geldwechsler in den Gassen ihre Läden, und Araber, die in der Altstadt wohnen, haben sich längst in ihre vier Wände zurückgezogen. (In der Altstadt wohnen etwa 20 000 von insgesamt 120 000 arabischen Bewohnern Jerusalems; dagegen leben nur wenige hundert Juden im jüdischen Viertel der Altstadt, bei einer jüdischen Gesamtbevölkerung Jerusalems von gut 300 000.) So wirkt das muslimische Viertel aus der Beobachtungsdistanz vom Ölberg beinahe dunkel. Das jüdische Viertel, hinter den beiden Moscheen, sieht dagegen fast europäisch aus: Da gibt es noch Licht hinter den relativ großen Fensterflächen, und wahrscheinlich haben zu dieser Zeit auch noch nicht alle der relativ modischen Boutiquen ihre Pforten dichtgemacht.
Die Silhouette Jerusalems hat sich im Verlauf der siebziger und der ersten Hälfte der achtziger Jahre kontinuierlich verändert. Am Horizont wuchsen moderne Hochhäuser empor. Zonen, die einst frei und leer waren, sind mit unübersehbaren Wohnhaus-Kolonien besetzt worden. Israel bewies sich selbst und der Welt, daß es – Proteste hin, Proteste her – Jerusalem für immer als Teil seines Staatsgebietes behalten will, daß dies seine Hauptstadt sei. Erst wurden die Stadtgrenzen ausgedehnt (Jerusalem reicht heute ostwärts weit in die sandigen Hügelzonen in Richtung Jordantal und nordwärts etwa halbwegs bis zur Stadt Ramallah), dann begann man systematisch mit der Bebauung und Besiedlung. Schon bald nach dem Einzug der israelischen Truppen im Jahr 1967 wurde Jerusalem als unteilbar erklärt, und am 30. Juli 1980 stimmte die Knesset, das israelische Parlament, für eine Vorlage, mit

der Jerusalem als Ganzes zur Hauptstadt Israels deklariert und somit annektiert wurde. Keine ausländische Regierung hat die Annexion Ost-Jerusalems durch Israel anerkannt; die Botschaften befinden sich, mit Ausnahme jener Costa Ricas, nicht in Jerusalem, sondern in Tel Aviv. Aber all das ändert nichts daran, daß Israel hier vollendete Tatsachen geschaffen hat. In dieser Stadt, auch im Ost-Teil, zu leben ist für viele Juden gleichbedeutend mit der Erfüllung einer historischen und religiösen Aufgabe. Einen Teil der Stadt wieder preiszugeben, wie das die arabische Seite fordert, wäre für die überwiegende Mehrheit der Israeli gleichbedeutend mit Verrat.

Für die muslimischen Palästinenser und darüber hinaus für die Mehrheit der islamischen Araber stellt sich die Problematik spiegelverkehrt allerdings ganz ähnlich: Auf Jerusalem, al-Quds (die Heilige), zu verzichten, hieße, einen Auftrag religiöser Art preiszugeben. Ist Jerusalem nach Mekka und Medina nicht die heiligste Stadt des Islam? Ist nicht überliefert, daß der Prophet Mohammed von jener Stelle aus, wo sich nun die Kuppel der Omar-Moschee erhebt, seine Reise durch die sieben Himmel angetreten hat, um eine unmeßbare Zeitspanne später wieder in seinem heimatlichen Arabien anzukommen? Haben sich nicht unzählige Legenden und mystische Vorstellungen an diese Reise, die Mi'raadj, gebunden? Ist Jerusalem somit nicht ein zentrales Symbol für die Sehnsüchte des Muslim, auch in unseren heutigen Tagen noch? Im großen und ganzen zweifeln weder Juden noch Muslime daran, daß Jerusalem aufgrund der religiösen, historischen und geistigen Überlieferung ihnen gehört. Ja, für viele Menschen auf beiden Seiten ist Jerusalem das eigentliche geistige Zentrum. Der saudische König Feisal hat, wenn er von seinen größten Wünschen sprach, immer wieder gesagt, er wolle im Leben nur noch eines, nämlich in Jerusalem beten. Der ägyptische Präsident Anwar as-Sadat aber war es, der sich diesen Wunsch bei seinem historischen Besuch in Israel im November 1977 in der al-Aqsa-Moschee erfüllte.

Wußte er, daß Jerusalem im Koran nirgendwo namentlich

erwähnt ist? Natürlich wußte er es. Wissen Juden und Christen, daß Jerusalem auch in der Torah – also in den fünf Büchern Mose – nicht genannt wird, sondern erst bei Josua, den Richtern und bei Jesaiah? Im allgemeinen wohl kaum.

Es lohnt sich, der Bedeutung dieser Stadt für Juden und muslimische Araber anhand der historischen Quellen nachzugehen.

Weder die Hebräer noch die Araber können sich darauf berufen, Jerusalem gegründet zu haben. Die Stadt bestand schon vor der gewaltsamen Landnahme Israels in Kanaan als kanaanäischer Stadtstaat, der lange Zeit unter dem Einfluß Ägyptens stand. Der israelische Historiker Abraham Malamat beschreibt Jerusalem in der *Geschichte des jüdischen Volkes* (herausgegeben von H. H. Ben-Sasson) als «eine pharaonentreue Enklave, und sein König Abdi-Chepa bekleidete sogar einen ägyptischen militärischen Rang. In seinen Briefen ersucht er seinen Oberherrn um militärischen Beistand im Kampf gegen die räuberischen Chabiru und andere Feinde.» Die ethnische Zusammensetzung der Jerusalemer Bevölkerung in der Zeit vor der Eroberung durch die Hebräer war kanaanäisch, emoritisch und jebusitisch. «Die im vorisraelitischen Jerusalem ansässigen Jebusiter waren höchstwahrscheinlich ein kleinasiatischer Stamm. Darüber hinaus lassen die literarische Form und der blumige Stil der aus Jerusalem stammenden El-Amarna-Briefe mit ihrem starken Anteil kanaanäischer Spracheigentümlichkeiten den Schluß zu, daß die Stadt ein Zentrum der Schreibkunst war. Nach ihrer Umwandlung in die Hauptstadt Israels unter David war sie durchaus in der Lage, eine bedeutende Rolle bei der Assimilierung der kanaanäischen Kultur und bei der Weitergabe der Regierungspraxis an die Israeliten zu spielen», schreibt Malamat. Der israelitische Stamm Juda versuchte, Jerusalem einzunehmen, aber diese militärische Expedition war offenbar nicht von eindeutigem Erfolg gekrönt, und «so bleiben die Jebusiter mit denen von Juda in Jerusalem wohnen bis auf diesen Tag» (Josua 15, 63). Erst David gelang es, eine eindeutige Herrschaft Israels

über Jerusalem zu etablieren, nachdem er im Jahre 1004 v. Chr. König von ganz Israel geworden war. «Als ‹neutrale› Zone, die keinem Stamm gehörte und kraft Eroberungsrecht in das persönliche Eigentum des Königs überging, war Jerusalem für ihn als Hauptstadt geradezu prädestiniert. Indem er Jerusalem zu seiner Hauptstadt machte, unterstrich David seinen alle Stämme überspannenden Status als König von Juda wie von Israel. Dank ihrer topographischen Lage war die Stadt eine natürliche Festung; sie erhöhte die Sicherheit des Königs und festigte seine Position. David zog in Jerusalem nicht nur seine Minister und Krieger zusammen, sondern ließ auch das Symbol der Stammeseinheit, die Bundeslade, dorthin bringen, zusammen mit der Priesterfamilie der Söhne Abjatars, der Abkömmlinge Elis, der Priester in Schilo gewesen war. Auf diese Weise verwandelte David seine Hauptstadt zugleich in ein religiöses Zentrum.» Soweit, gerafft, die nüchterne Darstellung des israelischen Historikers Abraham Malamat.
Geschichte besteht aber nicht nur aus Fakten, sondern auch aus Vorstellungen, Mystifikationen, Legenden (aus denen politische Symbole hervorgehen) sowie der unmeßbaren Kraft nationaler Ideale. Für die Juden gilt das in bezug auf Jerusalem in besonders starkem Maß. Mehr als die geschichtlichen Tatsachen zählt da etwa, daß, laut aus biblischen Hinweisen abgeleiteten Vorstellungen, Abraham seinen Sohn Isaak auf dem Berge Moriah (dem jetzigen Tempelbezirk über der Klagemauer) opfern wollte. In der Genesis wurde Abraham allerdings nicht eine Stadt namens Jerusalem als Ziel seiner Wanderung angewiesen, sondern ein namenloser Platz, «ein Land, das ich dir zeigen werde». Die Verhüllung des Namens sollte später einmal als ein zwischen Gott und Abraham geheimgehaltenes Wissen gedeutet werden; das gehörte in den Rahmen einer Mystifikation, der in jüdischen Legenden auch zu der Auslegung führte, daß der Berg Moriah beziehungsweise dessen Zentrum *(Even Shtiyah)* als eben jener Ort geschildert wurde, wo die Erschaffung der Erde ihren Anfang nahm. Der mittelalterliche Philosoph und Dichter

Judah Halevi ging nicht ganz so weit: er beschränkte sich darauf, in Jerusalem das Zentrum der bewohnten Welt zu sehen.
Juden können freilich mit Recht darauf hinweisen, daß Jerusalem nach der Herrschaft Davids runde tausend Jahre lang Israels Hauptstadt blieb. Die Muslime andererseits führen für ihren Anspruch die im Koran geschilderte *Isra*, das heißt die Nachtreise des Propheten, und den *Mi'radj*, die Himmelfahrt, an, die in der Sure 17 mit diesen Worten geschildert wird: «Preis Ihm, Der bei Nacht Seinen Diener hinwegführte von der Heiligen Moschee zu der Fernen Moschee, deren Umgebung Wir gesegnet haben, auf daß Wir ihm einige Unserer Zeichen zeigen. Wahrlich, Er ist der Allhörende, der Allsehende.»
Ich füge hier an, daß «Heilige Moschee» und «Ferne Moschee» der allgemein üblichen Übersetzung entsprechen, daß man die im Koran erwähnten Ausdrücke *(Masjid al-Haram* und *Masjid al-Aqsa)* aber mit gutem Recht auch als «unantastbarer Ort der Anbetung» und «ferner Ort der Anbetung» interpretieren könnte. Islamische Gelehrte der nachkoranischen Zeit deuteten die beiden Begriffe dann oft als die Große Moschee in Mekka einerseits, als Jerusalem andererseits. Kritische Interpreten aber gehen davon aus, daß mit *Masjid al-Aqsa* eine Region im Himmel gemeint sei. Auf die jetzt in Jerusalem stehende al-Aqsa-Moschee kann die Sure sich schon deshalb nicht beziehen, weil diese Moschee zu Lebzeiten Mohammeds noch gar nicht stand, sondern erst nach der Eroberung Jerusalems durch die Truppen unter dem Kalifen Omar (636) erbaut wurde. Jerusalem hatte jedoch auch für den Propheten Mohammed (568 bis 632) eine Bedeutung, als Zentrum jener Religionen nämlich, mit denen der Islam rivalisierte und auf deren Traditionen er teilweise beruhte, dem Judentum und dem Christentum. Um die Angehörigen dieser Religionen günstig zu beeinflussen, verordnete Mohammed ganz zu Beginn der islamischen Religionsstiftung als Gebetsrichtung Jerusalem – aber diese Phase dauerte nur sechzehn Monate, und als die Beziehungen zwischen Mohammed und den Juden in Medina sich ver-

schlechterten, wurde Mekka zur offiziellen Gebetsrichtung erklärt.
Bei der Ausbreitung des Islam nach Westen war Jerusalem übrigens keineswegs ein Hauptziel für die vorrückenden Armeen. Ja, man kann ohne Überspitzung sagen, daß die Stadt den islamischen Truppen eher beiläufig zufiel. Kaiser Heraklius versuchte, die Muslime mit einem Heer von etwa 30 000 Soldaten aus Damaskus zu vertreiben. Das gelang ihm allein durch die Präsenz dieser Truppe, die etwa dreimal stärker war als die Streitmacht, die ihm die Muslime hätten entgegenstellen können. Bei einem Gefecht am Jordan hielten sich die islamischen Krieger noch recht gut; bei einer zweiten Auseinandersetzung, am Jarmuk, drohte ihnen die Niederlage. Die überraschende Wende zu ihren Gunsten ergab sich aufgrund einer religiösen Konstellation. Zum Heer des Kaisers Heraklius gehörten zehntausend monophysitisch-christliche Araber, Anhänger der Glaubenslehre, die das Wesen Christi als gottgleich betrachteten; sie hatten bis dahin zum oströmischen Kaiser gehalten und wechselten am Tag der Schlacht die Front. Der islamischen Propaganda war es gelungen, diese Gruppe im gegnerischen Lager davon zu überzeugen, daß ihr Glaube von den Muslimen eher geduldet würde als von den oströmischen Christen und deren Kaiser.
Als die Araber Jerusalem eingenommen hatten, stand Kalif Omar vor der Frage, wo er in dieser Stadt seine Moschee erbauen solle. Ein zum Islam übergetretener Jude, Ka'ab al-Akhbar, empfahl ihm einen Standort, der ziemlich genau jener Stelle entsprochen hätte, wo später der sogenannte Felsendom errichtet wurde. Der Kalif mißtraute diesem Ratschlag jedoch; er verdächtigte den Bekehrten, er wolle insgeheim die Muslime dazu bringen, sich beim Gebet in der Richtung des zerstörten jüdischen Tempels zu verneigen. Er beschloß daher, seine Moschee am südlichen Ende des Tempelberges bauen zu lassen. Es ist dies die heute allgemein als al-Aqsa bekannte Moschee.
Sechzig Jahre später ließ der omayadische Kalif Abd

al-Malik den sogenannten Felsendom an eben jener Stelle errichten, wo eigentlich Omars Moschee hätte erbaut werden sollen. Sie entstand wahrscheinlich – darauf läßt die architektonische Form schließen – als eine islamische Version jenes christlichen Martyrions, wie es aus der Frühzeit Byzanz' bekannt war. Der «Felsendom» sollte dem privaten Gebet dienen, die danebenliegende al-Aqsa-Moschee dagegen dem Gemeinschaftsgebet.
Für den Eifer, mit dem von seiten des Islam Anspruch auf Jerusalem gestellt wurde, gab es in der Folgezeit mehrfach Anlaß. Da waren einmal die europäischen Kreuzritter, welche die Stadt in Besitz nahmen und die damals schon rund 500 Jahre alten islamischen Ansprüche zu bestreiten suchten. Im 11. Jahrhundert ging Jerusalem an das Christentum über, wurde 1187 aber durch Salah al-Din al-Ayubi (Saladin) für den Islam zurückerobert. Zwischen Muslimen und Juden herrschte in den folgenden Jahrhunderten im allgemeinen mehr Toleranz als Feindschaft, doch nach der Eroberung Palästinas durch die Briten und insbesondere nach der Proklamation der Balfour-Deklaration (2. November 1917), mit der die britische Regierung den Juden eine Heimstätte in Palästina zusicherte, kamen starke Spannungen auf. 1928 versuchte der Großmufti von Jerusalem, Hadj Amin al-Husseini, mit Unterstützung einer islamischen Konferenz, die religiösen Freiheiten der Juden zu beschneiden. In Zukunft sollte es ihnen nicht mehr erlaubt sein, sich an der Klagemauer niederzusetzen, religiöse Gegenstände dorthin zu bringen und dort das Schofar – das in der Bibel erwähnte Horninstrument – zu blasen. Die Heiligkeit der Moscheen erfordere solche Einschränkungen gegenüber den Juden, wie der Großmufti erklärte.
Als im Krieg von 1947/48 die arabische Legion die Altstadt Jerusalems einnahm, befahl die jordanische Regierung die systematische Zerstörung des jüdischen Viertels samt den Synagogen. Die entsprechenden Dekrete forderten, die Verbindung des Judentums zu Jerusalem nach Möglichkeit zu unterdrücken. Und im Anschluß an die Eroberung Jerusalems durch Israel im Sechstagekrieg

von 1967 entwickelte sich eine arabische Literatur, die immer wieder von den Sehnsüchten der Araber auf Wiederherstellung islamischer Herrschaft über Jerusalem sprach. In Jerusalem selbst wurde auf arabischer Seite dieser Tonart zwar bisweilen widersprochen, aber im weiteren arabisch-islamischen Raum fand das keinerlei Beachtung. Wer von der Wiederherstellung islamischer Herrschaft über Jerusalem spricht, der muß sich allerdings Rechenschaft darüber geben, daß Jerusalem nie die Hauptstadt einer anderen Nation als der jüdischen gewesen ist. Selbst in der Neuzeit war Jerusalem überwiegend eine jüdische Stadt. 1844 bildeten dort die Juden die größte Glaubensgemeinschaft, 1870 stellten sie die Mehrheit der Stadtbevölkerung. Ab 1860 hatten Juden damit begonnen, außerhalb der Stadtmauern, im Westen, neue Viertel aufzubauen, und 1948 zählte West-Jerusalem bereits etwa 100 000 jüdische Einwohner.
In jenem Jahr setzte sich das offizielle Israel über Beschlüsse hinweg, die in der UNO in bezug auf Jerusalem gefaßt wurden; die Beschlüsse wurden von Israel verbal akzeptiert und mit Taten übergangen. Der UNO-Teilungsplan – ihn muß man als völkerrechtliche Grundlage für das Existenzrecht Israels betrachten – sah ein «Special International Regime for the City of Jerusalem» vor. Der UNO-Vermittler, der schwedische Graf Folke Bernadotte, wollte aus Jerusalem eine getrennte Verwaltungseinheit machen. Völkerrechtlich sollte sie der Souveränität des jordanischen Königs Abdallah unterstellt werden, in Wirklichkeit sollte dieses Jerusalem jedoch weder den Jordaniern noch den Palästinensern oder den Israeli gehören. David Ben Gurion hätte diesen Plan wohl am liebsten rundweg abgelehnt, doch das schien politisch unmöglich. Er mußte sich auf dem Boden der internationalen Legalität und Respektabilität bewegen, und so sprach er kein klares Nein zum Plan Bernadottes aus – um so weniger, nachdem der UNO-Vermittler im September 1948, wahrscheinlich von jüdischen Extremisten, ermordet worden war und Bernadottes Vorstellungen im nachhinein die Dimension eines politischen Vermächtnisses bekamen.

Die jüdische Terrororganisation Irgun versuchte, vollendete Tatsachen zu schaffen; sie erstürmte die Altstadt Jerusalems mit Waffengewalt, wurde dann aber von den regulären Einheiten des im Entstehen begriffenen Staates Israel zurückgehalten.
Beim Abschluß des Waffenstillstands zwischen Israel und den Arabern am 3. April 1949 war Jerusalem eine geteilte Stadt. Die Altstadt gehörte nunmehr zu Jordanien, der Westteil zu Israel. Die UNO-Generalversammlung versuchte, die verfahrene Situation durch einen neuen Entscheid aufzubrechen. Sie beschloß, in Übereinstimmung mit den Ideen des Grafen Bernadotte, für Jerusalem eine internationale Verwaltung einzurichten. Als Begründung wurde angeführt, die Stadt sei durch ihre Verbundenheit mit drei Weltreligionen als Besonderheit zu betrachten.
Die israelische Regierung wollte der Internationalisierung Jerusalems zwar keinesfalls zustimmen, aber sie konnte es sich auch nicht leisten, gegen diesen Beschluß vorzugehen. Hätte Israel damals Jerusalem seinem Territorium eingegliedert, so wäre es nicht zur Aufnahme Israels in die Vereinten Nationen gekommen. Gerhard Konzelmann führt dazu in seinem Buch *Jerusalem* (1984) aus: «Dieser Prozeß verlief ohnehin nicht reibungslos. Am 17. Dezember 1948 hatte der Weltsicherheitsrat den ersten israelischen Aufnahmeantrag abgelehnt, da nicht sichergestellt sei, daß sich der Staat nach den Regeln der Völkergemeinschaft verhalten werde. Im Februar 1949 wurde Israel aufgefordert, dem Sicherheitsrat mitzuteilen, welche Absichten die Regierung in Jerusalem verfolge. Auf die ersten hinhaltenden Antworten erfolgten intensivere Nachfragen, die David Ben Gurion schließlich veranlaßten zu versichern, Israel werde alle Sicherheitsratbeschlüsse einhalten. Aufgrund dieser Zusage wurde der jüdische Staat am 11. Mai 1949 Mitglied der Organisation der Vereinten Nationen. Wenige Wochen nach der Aufnahme in die Gemeinschaft begann die israelische Regierung mit der Eingliederung der Weststadt in den israelischen Staat. Im Frühjahr 1950 schuf das israelische Parlament, die Knesset, durch die Erklärung, Jerusalem sei schon immer die

Hauptstadt Israels gewesen, die innenpolitische Rechtsgrundlage für die Annexion.»
Im Anschluß an den Junikrieg von 1967 nahm Israel Besitz von der bis dahin von Jordanien verwalteten Altstadt, zögerte aber noch mit einer eigentlichen Annexion. Völkerrechtlich wäre ein solcher Schritt auch nicht annehmbar gewesen, fehlten doch als Voraussetzungen sowohl ein Friedensvertrag als auch Abmachungen für eine Lösung, die allen Betroffenen akzeptabel hätte erscheinen müssen. In den Friedensverhandlungen mit Ägypten (als Folge des Sadat-Besuchs vom November 1977) versuchte man, die Jerusalem-Thematik und -Problematik an den Rand zu schieben, weil beide Seiten genau wußten, daß dies der heißeste Zankapfel werden dürfte. Bei den Verhandlungen von Camp David (September 1978) einigten sich Israel, Ägypten und die USA darauf, die Jerusalem-Frage als letzte auf die Tagesordnung zu setzen. Schließlich kam man überein, daß sich der israelische Premier und der ägyptische Präsident in brieflicher Form über das Schicksal der Stadt einigen sollten.
Was damals diskutiert wurde, blieb allerdings Papier. 1980 schaffte Israel mit der Verabschiedung des von einer rechtsextremen Splitterfraktion (unter der Anführung durch die streitbare Abgeordnete Geula Cohen) im Parlament eingebrachten Jerusalem-Gesetzes einseitig ein *fait accompli.* Jerusalem wurde nun im Grundgesetz zur «ewigen Hauptstadt Israels» erklärt. Die internationale Öffentlichkeit akzeptierte zwar auch diesen Schritt nicht, und die noch in Jerusalem verbliebenen ausländischen Botschaften wurden nun, bis auf eine Ausnahme, nach Tel Aviv verlegt. Kamen offizielle Besucher aus dem Ausland in der Folgezeit nach Israel, so mieden sie sorgsam das annektierte Ost-Jerusalem, bewegten sich aber ohne Skrupel im schon längst Israel zuerkannten Westteil der Stadt. Vier Jahre nach dem Jerusalem-Beschluß der israelischen Knesset aber schien sich zumindest in den USA eine vorübergehende Gegenbewegung zur Grundlinie des Westens zu ergeben: Im Kongreß und im State Department formierte sich eine starke Bewegung zugunsten der Verlegung

der US-Botschaft von Tel Aviv nach Jerusalem. Der amerikanische Präsident Ronald Reagan schob das Thema, wahlpolitisch geschickt agierend, in den Hintergrund. Hätte Walter Mondale 1984 das Präsidentschaftsrennen gewonnen, wäre es wohl zur Verlegung der amerikanischen Botschaft gekommen, mit entsprechenden Folgen für das Verhältnis zwischen den (gemäßigten) arabischen Staaten und den USA, die man sich kaum ausmalen kann. Allein aus Prestigegründen hätte dann wohl eine ganze Reihe von arabischen Regimen die Beziehungen zu Washington einfrieren müssen.
Im heutigen Alltag Jerusalems treten die konträren Ansprüche der Juden und des Islam nur sporadisch in Erscheinung. An den eigentlichen heiligen Stätten herrscht Ruhe und im allgemeinen auch Toleranz. (Das liegt nicht zuletzt wohl auch daran, daß Juden der Zutritt zu den Moscheen über der Klagemauer von seiten der israelischen Behörden mit einer jüdisch-religiösen Begründung untersagt worden ist.) Gegensätzliche Erwartungen werden eher gelegentlich spürbar, wenn man durch bestimmte Gassen in der arabischen Altstadt geht. Da kann es passieren, daß man aus einem Haus plötzlich die Stimmen orthodoxer Schüler einer jüdischen Jeschiva vernimmt – geht man aber nur ein paar Ecken weiter, dringt aus einem arabischen Laden über Lautsprecher eine auf Kassette aufgezeichnete Predigt des ägyptischen Fundamentalisten-Geistlichen Hamid Kishk. Die Stimmen jener, die unfähig sind zu zweifeln, erheben sich manchmal Gasse an Gasse, fast Tür an Tür. Nur daß die Worte des muslimischen Eiferers hier lediglich vom Tonband gespielt werden, während Forderungen einer radikalen jüdischen Minderheit, die den Alleinbesitzanspruch auf Jerusalem stellt, *live* vorgebracht werden können.
Dem Jerusalemer Bürgermeister, Teddy Kollek, sind die Totalansprüche beider Seiten ein Greuel. Er hat sich seit 1967 konsequent darum bemüht, der Stadt ein «normales» Image zu geben. Das von der Knesset 1980 mit 69 gegen 15 Stimmen – somit also auch mit breiter Unterstützung der Labour-Fraktion – verabschiedete Gesetz, das Ver-

handlungen mit Ägypten unmöglich machte, bezeichnete er als «überflüssig», weil «ohnehin jedermann weiß, daß Jerusalem die Hauptstadt Israels ist. Wozu also die Gegenseite provozieren? Wir haben diese deklamatorische Politik nicht nötig. Und Jerusalem kommt ohnehin wegen allzu vieler sogenannter ‹news› in die Schlagzeilen der Weltpresse.» Im Klartext heißt das: Kollek ist keineswegs gegen die Substanz des Alleinanspruch-Gesetzes, wohl aber gegen die öffentliche Kommentierung längst durchgesetzter Ansprüche. Nun müßte er, ginge es mit logischen Dingen zu, bei solchen Ansichten eigentlich auf eine massive Gegnerschaft bei den ortsansässigen Arabern stoßen – doch die Tatsachen sprechen eine andere Sprache. Kollek hat es in «seiner» Stadt zustande gebracht, daß die beiden Gemeinschaften nebeneinander leben können, daß der Ausbruch von Spannungen noch immer eher die Ausnahme ist. Zwar hat fast keiner der arabischen Bewohner Jerusalems von der «Offerte» Gebrauch gemacht, die israelische Staatsbürgerschaft anzunehmen. Etwa 98 Prozent behielten ihre jordanische Staatsangehörigkeit bei, und an den Wahlen zum israelischen Parlament nehmen höchstens zehn Prozent der Araber teil. (Dies Wahlrecht wurde nur den arabischen Einwohnern Jerusalems eingeräumt, nicht aber den Palästinensern im übrigen Cisjordanien.) Doch auch diese zehn Prozent können sich unter gewissen Umständen entscheidend auswirken: Kolleks letzter Wahlerfolg beruhte auch auf den paar tausend Stimmen der arabischen Bewohner Jerusalems, die zu seinen Gunsten abgegeben worden waren.

Teddy Kollek ist ein typisches Mitglied der Generation jüdischer Pioniere. In Wien hatte er sich von einem konservativen Elternhaus losgesagt, um die Ideen des Zionismus in die Tat umzusetzen. Wer in den zwanziger oder dreißiger Jahren nach Palästina kam, der konnte offenbar nicht erkennen, welche Konsequenzen eine jüdische Besiedlung für die arabisch-palästinensische Bevölkerung haben würde. In Kolleks Memoiren – erschienen unter dem Titel «Ein Leben für Jerusalem» – glänzen die Araber zunächst einmal lange Zeit durch Abwesenheit. Wenn

Kollek damals Probleme erkannte, so höchstens in bezug auf die Briten, wie etwa aus seiner Schilderung der Gründung des Kibbuz Ein Gev hervorgeht: «Den letzten Anstoß zu unserem Entschluß gab Anfang 1937 die Ankunft der British Royal Commission unter Lord Peel in Palästina. Im Juni 1937 sagte man uns, daß die britische Regierung sich nach den Empfehlungen dieser Kommission richten werde, um Palästina zwischen Juden und Arabern aufzuteilen. So wie es im Juni 1937 aussah, würde die Grenze mitten durch den See Genezareth hindurchgehen und die östliche Hälfte zum arabischen Teil von Palästina kommen: Was bedeutete, daß die Wasserversorgung des Landes nicht unter jüdischer Kontrolle stehen würde. Die Wasserversorgung war immer eines der Hauptprobleme dieses Landes gewesen, und der See Genezareth war das Hauptwasserreservoir. Daher nahmen wir alle Kraft zusammen und führten blitzartig im Juni 1937 eine Pionierbesiedlung des Ostufers durch, die von einem Tag auf den anderen abgeschlossen wurde. Hunderte von Leuten kamen in Dutzenden von Lastwagen und richteten innerhalb von wenigen Stunden einen Palisadenzaun auf, bauten ein paar Baracken und errichteten einen Wachtturm mit einem Scheinwerfer darauf. Gegen Abend war alles erledigt. Und ein paar Stunden später, als der Bericht der ‹Peel-Kommission› übers Radio verbreitet wurde, fing einer von uns an zu singen: ‹Jetzt gehören wir zu Emir Abdullah› [dem König von Transjordanien]. Wir alle lachten und tanzten und waren bester Laune.»
Teddy Kollek, dieser bärenstarke, organisatorisch begabte und politisch fähige Mann, war damals und auch später wohl für eine bestimmte Idee, aber er war nicht gegen andere Ideale, sofern diese ihn nicht unmittelbar bedrohten und ihn nicht an der Erreichung seiner zionistischen Ziele hindern konnten. Aufgrund dieser Einstellung schaffte er es, nach dem Sechstagekrieg von 1967 und der Einnahme Ost-Jerusalems durch Israel einen Modus vivendi für beide Seiten zu finden und durchzusetzen. Harte Arbeit in jenen Bereichen des Alltags, die von den Zänkereien der hohen Politik verschont bleiben, gehörte

zu den Voraussetzungen, ebenso aber auch ein angstfreies Auftreten.
Kollek bewegt sich ohne Bewachung durch die Stadt, obgleich palästinensische Organisationen ihm mehr als einmal den Tod angedroht haben. Er fährt seinen Wagen der Mittelklasse selbst. Er spricht mit jedermann in einer für ihn typischen, rauhherzlichen Art. Er macht niemandem etwas vor, auch nicht den Persönlichkeiten, denen er ideologisch nahesteht. Als ich ihn kurz nach der im Ausland hart kritisierten Jerusalem-Entscheidung des israelischen Parlaments im Jahre 1980 fragte, was er von der Idee Shimon Peres' halte, trotzdem mit Ägypten über die Zukunft Jerusalems zu sprechen, antwortete er hart: «Da haben Sie Peres die falsche Frage gestellt. Natürlich können wir über Jerusalem verhandeln, aber nicht in bezug auf die Souveränität über die Stadt, sondern über die Teilung bestimmter Aufgaben und Kompetenzen. Aber sowohl Leute wie Shimon Peres wie auch Menachem Begin wagen es nicht, darüber nachzudenken – die hängen immer noch überkommenen Vorstellungen nach. Ich aber glaube, daß ein System wie jenes in West-Berlin, wo es in den verschiedenen Bezirken voneinander unabhängig arbeitende Bürgermeister gibt, hier sehr wohl eine Zukunftschance hätte. Bedingung wäre, daß diese Kompetenzteilung sich innerhalb eines einheitlichen Rechts- und Zollsystems abspielen würde – sonst würde man die Stadt entzweibrechen. Teilung aber ist etwas, das ich mit aller Kraft bekämpfe. Hier gibt es kein zweites Berlin.»
Kolleks einfache Klarheit hat allerdings nicht verhindern können, daß Jerusalem einen Konflikt um Besitzrechte in der Altstadt erlebte: Wo sind die Begrenzungen des historischen jüdischen Viertels, wo wurden andererseits Araber aus Häusern vertrieben, die ihnen und ihren Vorfahren gehören? Nur wenige Araber wagten den offenen Protest, als man sie enteignete. Und heute wird der Konflikt um jüdische Besitzrechte schon mitten im traditionellen Quartier der Muslime selbst ausgetragen. Dorthin zogen 1982 über zweihundert orthodoxe Juden, die auf die Ankunft

des Messias warten und hoffen, daß sie in absehbarer Zeit den Dritten Tempel erbauen können.
Ich bin mir über das in dieser Gruppe steckende Potential nicht im klaren. Die «Getreuen des Tempelbergs», wie die Vereinigung sich selbst nennt, vermitteln im direkten Gespräch eher einen harmlosen Eindruck. Da sind aber Vorbehalte angebracht, zieht man die Ausstrahlungskraft der «Getreuen» mit in Betracht. Ein Mann namens Stanley Goldfoot gehörte noch vor nicht allzu langer Zeit zu ihnen, dann sagte er sich los und gründete eine «Jerusalemer Tempel-Stiftung», die merkwürdigerweise Verbindungen zu einer christlich-fundamentalistischen Bewegung aus den Vereinigten Staaten von Amerika aufgenommen hat. Er teilt jetzt die Leitung seiner Stiftung mit mehreren amerikanischen Glaubenseiferern, die über Geld und angeblich auch politischen Einfluß verfügen. In diesem Zusammenhang wird immer wieder der Name Risenhoover genannt, was auf finanzielle Zuwendungen aus Ölreichtum in Oklahoma hindeutet; außerdem wird in Jerusalem behauptet, die «Jerusalemer Tempel-Stiftung» lasse in der arabischen Altstadt einem jüdischen Seminar namens «Ateret Cohanim», «priesterliche Krone», regelmäßig Geld zukommen. Verfolgt man diese Linie etwas weiter, so stößt man schließlich auf ein vielschichtiges Gemisch religiöser und nationalistischer Gruppierungen, die sich das Ziel setzen, den Heiligen Berg zu erobern, auf dem jetzt die muslimischen Heiligtümer stehen. Am extremsten Ende dieses Spektrums steht eine sogenannte Lifta-Bande, die 1984 eine Lastwagenladung Sprengstoff und eine Anzahl von Handgranaten auf den Tempelberg hatte schaffen wollen. Das Vorhaben der Gruppe, das wahrscheinlich in der Zerstörung der muslimischen Stätten hätte gipfeln sollen, wurde eben noch vereitelt, aber seither herrscht in arabischen Kreisen in der Jerusalemer Altstadt sporadisch Besorgnis. Spannungen gab es u. a. aus Anlaß des Rundgangs einer Abordnung der Knesset, die im Januar 1986 herausfinden wollte, ob auf dem Tempelberg illegale bauliche Veränderungen vorgenom-

men worden seien.[1] Als eine weitere Delegation der Knesset im August des gleichen Jahres noch einmal eine Inspektions-Tour vornahm, war die Spannung von einst zu nur noch kleiner Nervosität zusammengeschrumpft. Die Abgeordneten Geula Cohen und Yuval Neeman konnten sich nach vollbrachter «Tat» kaum mehr in die Schlagzeilen der israelischen Presse einbringen.

Es sind vor allem zwei Namen, die im Zusammenhang mit den Aktivitäten der religiösen Radikalen immer wieder genannt werden: Matityahu Hacohen und Rabbi Meir Kahane. Die Gruppe um Hacohen, die sich auf den Bau des Dritten Tempels (nach der Ankunft des Messias) konzentriert, wird von vielen arabischen Bewohnern der Altstadt Jerusalems nach wie vor eher als versponnene Sektierergemeinde betrachtet. Ganz anders aber sind die Meinungen über eine weitere Gemeinschaft, die mitten im muslimischen Viertel wirksam geworden ist, jene des aus den USA stammenden, rassistischen Rabbi Meir Kahane. Er predigt offen für Gewaltanwendung gegen die Araber. In einem Buch unter dem Titel *They must go* fordert er, daß «die Moslems und ihre Moscheen vom heiligsten Platz des Judentums entfernt» werden. Kahane wurde 1984 von rund 26 000 Israelis als Abgeordneter der Kach-Partei in die Knesset gewählt. Unter dem Schutz seiner parlamentarischen Immunität organisiert dieser Fanatiker einer «authentischen jüdischen Idee» Siegesmärsche durch arabische Quartiere, bei denen Autos zertrümmert und Fensterscheiben zerschlagen werden. Bis zum Verbot

[1] Die religiöse Obrigkeit verbietet den Juden das Betreten des Tempelbergs und insbesondere das Gebet an diesem Ort, weil der genaue Standort des Tempelheiligtums nicht bekannt ist und weil somit Gefahr besteht, daß die betreffende Stelle achtlos mit den Füßen getreten werden könnte. Das Oberrabbinat hatte schon 1967 am Eingang zum Tempelberg ein Schild mit der Inschrift anbringen lassen: «Das Betreten des Tempelbergs ist nach jüdischem Gesetz wegen der Heiligkeit des Platzes verboten.» Das Gebet an dieser Stelle ist untersagt, solange die jüdische Gemeinschaft sich im Stand der Unreinheit befindet, also bis der Messias auftritt. Daß dieser Grundsatz allerdings nur in verwässerter Form befolgt wird, ist bekannt: selbst der ehemalige Oberrabbiner, Shlomo Goren, besucht an zwei hohen Feiertagen des Jahres den Tempelberg – er glaubt zu wissen, wo das Heiligtum gestanden hatte, und kann eine Verunreinigung daher vermeiden.

durch einen richterlichen Erlaß zog Kahane auch immer wieder in arabische Dörfer, um deren Einwohner einzuschüchtern. «Ein toter Hund ist besser als ein lebender Araber», konnte Kahane ungestraft verkünden, und nur 36 von 119 Knesset-Mitgliedern waren bereit, ein gegen Kahanes Wüten gerichtetes «antirassistisches Manifest» zu unterzeichnen.

Viele Israeli waren nach dem Wahlerfolg Kahanes der Meinung, das Haßphänomen würde sich in kurzem selbst diskreditieren und Kahane seinen Anhang verlieren. Doch weit gefehlt: Ungeachtet – oder vielleicht gerade wegen – immer schärferer Exzesse zeigten Meinungsumfragen eine wachsende Anhängerschaft für *Kach* (übersetzt bedeutet der Parteiname etwa: So ist es!), bis zu schätzungsweise 2,7 Prozent der Wähler Israels. Und der Radikalismus ist ja keineswegs auf Kach beschränkt. In den Reihen der Tehiya-Parteigänger tönt es bisweilen kaum weniger radikal. Das fiel mir anläßlich eines Mittagsbesuches draußen in einer Siedlung zwischen Jerusalem und Jericho mit erschreckender Deutlichkeit auf.

Ich war mit Freunden hingefahren. Beim Kaffee kam ich ins Gespräch mit dem Gastgeber, einem Arzt um die dreißig. Intellektuelle Brillanz war ihm auf Anhieb anzumerken; nur konnte ich nicht wissen, daß sein messerscharfer Intellekt auch vor den Regeln der Demokratie nicht haltmachen würde. Demokratie, so meinte er fast beiläufig, sei gewiß nicht jene Regierungsform, die mit dringenden Problemen fertig werden könne. Was dann?

Er verzog für einen Moment kritisch den Mund, dann meinte er: «Nehmen Sie einmal folgenden Fall. Im Sommer 1984 versuchten einige arabische Terroristen, einen israelischen Bus in ihre Gewalt zu bekommen und zur Fahrt in Richtung Gaza-Streifen und die ägyptische Grenze zu erzwingen. Die Terroristen wurden durch unsere Armee überwältigt, zwei von ihnen beim Feuerwechsel getötet und zwei gefangengenommen. Anschließend wurde bekannt, daß beide Gefangenen von israelischen Soldaten erschossen worden sind.»

«Schrecklich», meinte ich.

«Ja, wirklich schrecklich», antwortete er. «Schrecklich, daß die Presse ungehemmt, mit giftigsten Worten, über die Verhaltensweise der israelischen Soldaten herziehen konnte. Das, so meine ich, ist ein Exzeß der Demokratie.»
«Wie hätte man denn Ihrer Meinung nach vorgehen sollen?»
Er zögerte kaum einen Augenblick. «Wir sollten natürlich alle Terroristen erschießen, alle. Stecken wir sie ins Gefängnis, so kommen sie eines Tages wieder raus und – nun, jedermann weiß, was dann geschehen wird. Oder nehmen Sie folgenden Fall: Angenommen, ich fahre von hier Richtung Jerusalem und ein 13jähriger Junge bewirft mich mit Steinen. Was soll ich tun? Ihn ermahnen? Ihn anzeigen? Oder mich mit der Waffe wehren?»
«Also, in Notwehr», stammle ich vor mich hin . . .
«Nein, ich spreche natürlich nicht von Notwehr», antwortete er. «Notwehr, das ist ja selbstverständlich. Was ich meine ist: Wenn man ihn gewähren läßt, wenn man ihn nicht erschießt, wird aus ihm in zehn Jahren ein Terrorist, der uns nicht mehr einfach mit einem Stein, sondern mit einer Bombe angreift. Das ist es, was mir Sorgen macht.»
Meinte er das alles vielleicht nicht wörtlich? Waren die Aussagen des Arztes, der in seiner Freizeit Kinderbücher schrieb, eher so etwas wie eine Parabel? Ich weiß es nicht. Die Gedanken sind frei, sagt man so unschön und ist versucht hinzuzufügen, daß die Worte etwas weniger frei sind als die Gedanken, weil sie unter besonderen Voraussetzungen zu Taten werden können. Festzustellen bleibt auf jeden Fall, daß man in Israel Aussagen wie die eben zitierten heute öfter hört als noch vor fünf, sechs oder sieben Jahren, öfter auf jeden Fall als in der Zeit vor dem Amtsantritt Menachem Begins als Premierminister im Jahr 1977.
Der damalige Machtwechsel war dem in München lehrenden Politologen Michael Wolffsohn Anlaß für ein Buch mit dem Titel *Politik in Israel.* Er versuchte zu definieren, was ihm als «Proletarisierung» der Politik erschien: «Zahlreiche Ideale der zionistischen Gründungsväter aller politischen Schattierungen wurden vernachlässigt», und er

stützt diese These etwa mit folgenden Gedankengängen: «In Westeuropa und Amerika verbinden viele, bewußt oder unbewußt, Israel immer noch mit dem landwirtschaftlichen Pionier, der eine neue Gesellschaft fast aus dem Nichts aufbaute. Dieser Pionier war eigentlich immer euro-amerikanischer, genauer europäischer Herkunft. Heute ist Israel viel orientalischer, als es die meisten Beobachter wahrnehmen oder wahrhaben wollen. Morgen wird Israel noch orientalischer sein, wahrscheinlich auch strukturell noch mehr oder zumindest ebenso falkenhaft. Das Bild vom häßlichen Israeli wird sich im Ausland daher verfestigen, denn das aggressive Israel ist zugleich häßlich – und orientalisch. Orient = Dritte Welt = mehr Sympathie- beziehungsweise Dritte-Welt-Effekt wird in bezug auf den jüdischen Staat nicht angewandt werden. Dafür ist er nämlich immer noch zu euro-amerikanisch – und wird es auf absehbare Zeit bleiben: effizient, leistungsbezogen, wissenschaftsorientiert und mit einer politischen sowie intellektuellen Führungsgruppe euro-amerikanischer Herkunft. Das traditionelle Israel-Image wird sich weiter grundlegend wandeln: Aus dem europäischen David wird der orientalische Goliath. Recht besehen, war Israel nie ein David.»

Die Analyse Michael Wolffsohns sollte eigentlich zu dem Schluß führen, daß die Sepharden – genauer: die aus den arabischen Ländern stammenden Juden – eines Tages ihre eigene Partei gründen würden. Dazu ist es nicht gekommen, zur Enttäuschung und zur Überraschung übrigens von Soziologen in Israel selbst. Ich denke da insbesondere an den in Haifa lehrenden Sammy Samooha, der in seinem Werk *Pluralism and Conflict* mehr oder weniger offen für die Gründung einer Partei der Sepharden plädierte und nicht akzeptieren wollte, daß die Orientalen sich nicht zu einer permanent wirksamen politischen Interessengemeinschaft zusammenfinden wollen. Der Grund für diese Verweigerung oder diesen Mißerfolg liegt allerdings zu einem guten Teil in jenem Mechanismus begründet, den Wolffsohn beschrieben hat: Menachem Begin hat sich vieler Anliegen der orientalischen Bevölkerungsgruppe bemächtigt, sie angeblich in sein politisches Programm aufgenommen und an seinen unmittelbaren Nachfolger (und an den Likud-Koalitionspartner auch in der Regierung nach 1984) weitergegeben. In dieser teilweise wohl echten, teilweise auch propagandistisch ausgewerteten Inbesitznahme liegt ein Teil jenes Phänomens verborgen, das man «Proletarisierung» nennen kann. Sie kommt sowohl in der Sozialpolitik – Subventionierung von Gütern und Dienstleistungen, von besonderem Interesse für die wirtschaftlich im allgemeinen benachteiligten orientalischen Juden, die im Ausland etwas verallgemeinernd als Sepharden bezeichnet werden – wie auch in der Außenpolitik zum Ausdruck, und ihr herausragendstes Kennzeichen war ein härteres Auftreten gegenüber den Arabern.

Warum das? Man sollte nicht vergessen, daß die aus arabischen Ländern nach Israel eingewanderten Juden die Erfahrung der Diskriminierung von seiten der in den jeweiligen Ländern dominiernden arabischen Bevölkerungsschicht mitbrachten, daß sie aus praktischem Erleben davon zu berichten wußten, wie sie im Jemen, in Irak, in Ägypten und anderswo benachteiligt gewesen waren, bevor sie sich zur Emigration nach Israel entschlossen hatten oder bevor man sie aus ihren bisherigen Heimatländern hinauskomplimentierte.

Die orientalischen Juden bildeten jahrzehntelang in Israel eine sozial, wirtschaftlich und im Bildungswesen benachteiligte Gruppe. Sie war eine Minderheit, die eines Tages zur Mehrheit werden sollte – Mitte der achtziger Jahre bestand die Bevölkerung Israels zu über 45 Prozent aus Orientalen und nur zu 41 Prozent aus Aschkenazim. Jede israelische Regierung versprach dieser Minderheit die schon lange fällige Aufmerksamkeit, aber keine der herrschenden Gruppierungen tat etwas wirklich Substantielles für sie. Vielleicht konnten die immer wieder vorgebrachten Erwartungen auch gar nicht erfüllt werden; denn bis zu einem gewissen Grade waren und sind die orientalischen Juden darauf bedacht, ihr eigenes Leben zu leb n, ihre Traditionen zu pflegen, sich nicht zu sehr mit den aus

Europa stammenden Aschkenazim zu vermischen. Dieses Streben nach Eigenständigkeit, nach Bewahrung der Tradition hat gewiß seinen kulturellen Wert, und es hat außerdem für Außenstehende seinen Reiz: Wie anders wäre es möglich, daß Israel heute eine solch lebendige Folklore besitzt, daß seine Lieder eine derartige Vitalität ausstrahlen? Die Kehrseite der Medaille aber besteht, bis zu einem gewissen Grade, eben darin, daß die anteilmäßig größer gewordene orientalisch/sephardische Gruppe sich in der Bevölkerung auch in jenen Belangen durchsetzen konnte, wo die aus Europa mitgebrachte Sozialtradition eine bestimmte Wertvorstellung geschaffen hatte und die sich letzten Endes immer in einem weitherzig ausgelegten Humanismus ausdrückte, in Gleichberechtigungsideen und in Toleranz.

Die Dominanz solcher Denkweisen gehört möglicherweise schon halbwegs der Vergangenheit an. Menachem Begin, obwohl selbst aus der europäischen Tradition stammend, agierte aus einer komplexen Anzahl von Gründen oftmals jenseits der Grenze, welche die Wertvorstellungen der eigenen Kultur lange Zeit von jener der orientalischen Juden getrennt hatte. Er war nicht dagegen, sich mit einer sozial fremden Schicht zu verbinden, ja, er handelte möglicherweise sogar in gutem Treu und Glauben, als er beim Annäherungsprozeß an Ägypten daran dachte, wie ein redimensioniertes Israel, ohne die geographische Pufferzone der Sinai-Halbinsel, sich inskünftig gegenüber den Palästinensern verhalten solle: durch eine Mischung von scheinbarer Flexibilität und der Verstärkung des Druckes nämlich, der notfalls auch vor einem Kriege nicht zurückschrecken sollte. Anders ausgedrückt: Menachem Begin und die ihn umgebende Führungsmannschaft faßten während der Verhandlungen mit Ägyptens Präsident Anwar as-Sadat bereits früh den Entschluß, den Verzicht an Sicherheit im Süden aufzuwiegen durch eine Festigung des Griffes über die seit 1967 besetzten Gebiete Cisjordanien und Gaza-Streifen sowie durch einen Wink mit dem Zaunpfahl gegenüber der PLO im Libanon. Diese Einschätzung Begins festigte sich bei den Camp-David-

Gesprächen sowohl bei ägyptischen Gesprächspartnern wie auch bei Amerikanern. Man nahm sie, ungeachtet vorhandener Bedenken, hin, weil die Schaffung des Friedens zwischen Israel und Ägypten Vorrang hatte und weil man allerseits einsah, daß die durch Sadats Besuch in Jerusalem im November 1977 entstandene Gelegenheit beim Schopf gepackt werden mußte, wollte man vor den kritischen Urteilen der Zeitgeschichte nicht als Versager dastehen. Folgt man den privaten Äußerungen von Teilnehmern der Camp-David-Runde, so gab es zwar schon früh Befürchtungen, Israel könnte zum Schlag gegen den Libanon ausholen, aber weder in Kreisen des ägyptischen Außenministeriums noch in Washington schienen entsprechende Sorgen baldiges Handeln zu erfordern. Man war sich sowohl in Kairo als auch in Washington lange Zeit im unklaren darüber, ob eine israelische Offensive gegen die PLO im Libanon regional-politisch, bezogen auf die eigenen Interessen, von Vor- oder von Nachteil sei. Und da in der Umgebung des damaligen Präsidenten Jimmy Carter ohnehin jeder intelligente Kopf in der Administration die Freiheit hatte, eigene Vorstellungen zu entwickeln, zu äußern und bisweilen auch in Taten umzusetzen, ließ man den Dingen ihren Lauf.

Das galt in beschränktem Maße zunächst auch für die Politik der Begin-Mannschaft gegenüber den Palästinensern im besetzten Cisjordanien, denen Jerusalem eine «Autonomie» versprach, die nicht mehr beinhaltete als eine lokale Selbstverwaltung ohne eigentliche politische Rechte. Die Interpretation der israelischen Regierung des Begriffs «Autonomie», formuliert unmittelbar nach Camp David (September 1978), überraschte in Jerusalem selbst unter den analytisch recht gut geschulten Korrespondenten. Ich flog gleich am Tag nach der Unterzeichnung nach Israel. Am nächsten Morgen gab Moshe Dayan, damals Außenminister, eine Pressekonferenz, zu der auch die Reisekorrespondenten eingeladen waren.

«Wann werden Sie dafür besorgt sein, daß Israel seine Truppen aus der Westbank zurückzieht?» wollte einer der langjährigen Berichterstatter von Dayan wissen.

Worauf Dayan erstaunt zurückfragte: «Wie meinen Sie das?»
«Nun ja», kam die ergänzende Frage, «in Camp David wurde doch beschlossen, die Truppen zurückzunehmen und den Palästinensern die Autonomie zu gewähren.»
Dayan: «Der Rückzug wird sich nur auf die von den Arabern bewohnten Städte beziehen, das heißt, wir positionieren unsere Einheiten außerhalb dieser Städte.»
Selbst altgewohnte Berichterstatter wollten ihren Ohren zuerst nicht trauen: Was blieb denn da noch von Autonomie, von Selbstverwaltung übrig?
Die von der damaligen israelischen Regierung unter Menachem Begin in Aussicht gestellte «Autonomie» wurde nie Wirklichkeit. Die Palästinenser in den besetzten Gebieten wollten die zwischen den Politikern Israels, Ägyptens und der USA ausgehandelte Formel nicht akzeptieren, weil sie ihnen kaum etwas Substantielles gebracht hätte. Nach der Unterzeichnung der Camp-David-Vereinbarungen herrschte zwischen Jerusalem, Kairo und Washington monatelang Unklarheit über den Inhalt des Autonomie-Begriffes. Israelische Regierungsvertreter betonten mir gegenüber zwar immer wieder, man habe in Camp David allen Beteiligten klargemacht, wie weit Israel in bezug auf die Autonomie gehen wolle; da sei nicht das geringste undeutlich geblieben. Doch aus dem Munde etwa des ägyptischen Staatsministers für Außenpolitik, Boutros Ghali, klang es ganz anders: Autonomie, so habe man in Camp David erklärt, solle die Gewährung der Selbständigkeit in allen inneren Angelegenheiten bedeuten, das heißt, Israel würde sich in bezug auf Cisjordanien und den Gaza-Streifen nur Kompetenzen in bezug auf die Wahrung der Sicherheit, des Militärischen und der außenpolitischen Beziehungen vorbehalten; unter dieser Voraussetzung hätten die Ägypter und die Amerikaner in Camp David die Dokumente unterzeichnet.
In bezug auf die von Israel besetzten Gebiete blieb Camp David letzten Endes toter Buchstabe; ja, der Griff der israelischen Armee und der Druck ziviler Instanzen wurde

in den Folgejahren härter und härter. Mitte der achtziger Jahre war die Hälfte des Landes Cisjordaniens unter israelischer Kontrolle. Einen Teil hatte die Armee aus «Sicherheitsgründen» übernommen, um militärische Basen und militärische Siedlungen zu bauen. Andere Regionen gingen an den Staat Israel in dem Sinne über, als die entsprechenden Ländereien in der Zeit vor 1967 formell Besitz des jordanischen Staates und nicht Eigentum einzelner Privatpersonen gewesen waren. Solche Ländereien wurden von selbständigen Bauern aufgrund eines Gewohnheitsrechts bewirtschaftet, das jenem, der es bebaut, nach einiger Zeit weitgehende Rechte zugesteht, auch wenn er darüber kein Dokument besitzt. Die Israeli forderten bei strittigen Fällen Besitznachweise, die deshalb gar nicht erbracht werden konnten, und beschlagnahmten so ein Terrain nach dem andern. Sie rechtfertigten ihr Vorgehen damit, daß es sich bei den entsprechenden Ländereien um Staatsland handle; früher sei der jordanische Staat der Besitzer gewesen, jetzt habe Israel in Cisjordanien dessen Nachfolge angetreten und sei daher Eigentümer der entsprechenden Grundstücke.
Weitere Ländereien wurden von palästinensischen Privateigentümern an die Israeli verkauft, wobei es sich bei den Verkäufern zumeist um Großgrundbesitzer handelte, die mit der Bewirtschaftung des Landes unmittelbar nichts zu schaffen hatten, sondern Einkünfte aus der Verpachtung an Landarbeiter bezogen.
Und dann gab es auch Fälle wie etwa diesen: In Al Jib in der Nähe von Ramallah rollten eines Tages israelische Bulldozer über das erntereife Weizenfeld eines arabischen Bauern und Arbeiters. Es gab keine Vorankündigung, keine Vorwarnung. Von einem Cousin alarmiert, versuchte der Bauer, die Kolonne von Baufahrzeugen zu stoppen, aber die Fahrer beriefen sich darauf, sie hätten hier eine Straße, Mauern und die Kanalisation für den Ausbau der jüdischen Siedlung Givat Zeev zu erstellen. Den protestierenden Palästinenser fragten die israelischen Fahrer, ob er denn nicht wisse, daß sein Land beschlagnahmt worden sei? Und sie zeigten ihm einen von offi-

zieller Seite bestätigten Entwicklungsplan für die Siedlung Givat Zeev.
An Ort und Stelle wird von arabischer Seite behauptet, mehr als zwanzig Familien in Al Jib seien auf solche Art und Weise enteignet worden. Eine statistisch nicht erfaßte Zahl von Arabern wurde vom Land vertrieben und zur Fabrikarbeit genötigt – die aber kann wiederum nur ausgeführt werden, wenn ein Araber bereit ist, täglich mit dem Arbeiterpendlerbus in die Fabriken der Israelis zu fahren, in die Bannmeile von Städten wie Jerusalem, Tel Aviv, Ramat Gan, Haifa. Vereint führten die Kaufs-, Verkaufs- und Enteignungspraktiken von Land im besetzten Cisjordanien bis Mitte 1987 dazu, daß über hundert jüdische Siedlungen mit insgesamt über 50 000 Einwohnern im arabisch-palästinensischen Gebiet entstehen konnten.
Dreieinhalb Milliarden Dollar hat die israelische Regierung unter Führung des Likud-Blocks zwischen 1977 und 1984 für den Bau der Siedlungen ausgegeben. In diesem Zeitraum wurde die Besiedlung der Gebiete, die einst als besetzt definiert worden waren und die jetzt befreit genannt wurden, die einst «Westbank» oder «Cisjordanien» hießen und die nunmehr in Israel fast nur noch als «Judäa» und «Samaria» bezeichnet wurden, zu einer *Aliyah* erklärt, d. h. zu einer «Pflicht» der Juden. In biblischer Zeit meinte *Aliyah* die Pilgerreise nach Jerusalem; nunmehr wurde sie immer allgemeiner mit der Besiedlung dessen gleichgesetzt, was als «Land der Väter» galt und oft auch *Erez Israel* genannt wurde. In einer Broschüre der «Verwaltung für Einwanderer der zionistischen Weltorganisation» stand 1984 etwa zu lesen: «Neue Dimensionen: Aliyah nach Judäa, Samaria und Gaza». Auch einstmals heftig umstrittene Siedlungen wie Elon Moreh, auf einer Hügelkuppe nahe der arabischen Stadt Nablus gelegen, wird darin als Ziel für die neue Einwanderungswelle jüdischer Siedler empfohlen. Und in der israelischen Illustrierten *Homecoming* (Heimkehr) wird von der «spektakulären Aussicht», vom «angenehmen Klima», von der «pastoralen Ruhe» und dem «Glühen auf den Gesichtern der Thora-Gläubigen» geschwärmt. Weiter kann man da

lesen: «Die Juden siedeln sich in einem leeren Raum an. Das für jüdische Siedlungen beanspruchte Land wurde nie für irgendeinen anderweitigen Zweck genutzt.»
Was die politische Geographie betrifft, so argumentieren die israelischen Siedler, ja die Mehrheit der israelischen Öffentlichkeit, in erster Linie mit dem Begriff *Erez Israel.* Der gibt nun allerdings, hält man sich an den Wortlaut der Bibel, eine ziemlich vage Umschreibung, denn die «von Gott verheißenen» Landesgrenzen verlaufen je nach Quelle höchst unterschiedlich. In Genesis (15:18) versprach Gott Abraham das Land «vom Nil bis zum Euphrat». (Die jüdische Untergrundarmee *Lehi* erhob schließlich Anspruch auf diese Dimension für den Staat Israel!) In Numeri (34:2), wie ähnlich auch in Jehezkel (47:15 – 20), wird ein wesentlich kleineres, in seinen Umrissen allerdings nicht genau rekonstruierbares Gebiet anvisiert. Gemäß Michael Wolffsohn *(Politik in Israel)* umfaßt es aber «zumindest Teile des nördlichen Negev, das Westjordanland und Galiläa». Bedeutend expansiver anderseits ist das in den Psalmen (72: 8 – 11) dem künftigen Messias-König versprochene Reich: es soll vom Nil, dem Mittelmeer, dem Euphrat, dem Persischen Golf und dem Roten Meer umgrenzt werden.
Soviel zur politischen Geographie der Siedlungsbewegung, die sich Mitte der achtziger Jahre vor allem auf Organisationen wie *Gush Emunim* («Block der Getreuen»), auf dominierende Flügel innerhalb der Nationalreligiösen Partei, auf wesentliche Kräfte im Likud-Block und auf die rechtsnationalistische Tehiya-Partei unter der Führung von Persönlichkeiten wie Geula Cohen, Yuval Neeman und Moshe Shamir stützen konnte. Geistig berief die Bewegung sich immer wieder auf den früheren aschkenasischen Oberrabbiner Abraham Jitzhak Kook und dessen Sohn, den Rabbiner Zwi Jehuda Kook. Abraham Jitzhak Kook war einer der frühesten und energischsten Verfechter einer Synthese von Judaismus und Zionismus; sein Sohn war Leiter einer Talmud- und Thora-Schule in Jerusalem und setzte die Tradition des Vaters, allerdings mit militanteren Mitteln, fort. Unter Berufung auf Abraham

Jitzhak Kook wurde im März 1974 die außerparlamentarische «Bürgerinitiative» des Gush Emunim gegründet, aber eigentlich aktiv werden konnte sie erst 1977, nach dem Wahlsieg des Likud-Blocks und dem Regierungsantritt Menachem Begins.

Den Knesset-Abgeordneten Moshe Shamir traf ich zum erstenmal kurz nach der Gründung der Tehiya-Partei, im Oktober 1979. Wir saßen in seiner wunderschön renovierten Wohnung in der Jerusalemer Altstadt, von deren Fenster der Blick direkt zur Klagemauer hinunter und zur al-Aqsa-Moschee hinüberreicht. Moshe Shamir kam ins Schwärmen beim Gedanken an den Pioniergeist der Siedler: «Ausbreitung gehörte schon immer zu den Idealen der zionistischen Bewegung – Ausbreitung mit dem Pflug, nicht mit dem Schwert. Unsere Küstenregionen sind viel zu dicht bevölkert. Ihre Einwohner leiden unter Luftverschmutzung, unter dem Absinken der Lebensqualität, unter einem Sicherheitsdefizit gegen Guerilla-Angriffe. So sollte es nicht weitergehen. Wir müssen uns weitflächig ansiedeln, bis hinunter zum Jordantal.»

Ich versuchte, seine schwungvolle Darlegung mit der Frage zu unterbrechen, wie denn wohl die Araber, die Palästinenser, auf dieses Ideal reagieren würden? Wenn Israel genügend Stärke zeige und zu erkennen gebe, daß es sich um nichts in der Welt aus Judäa und Samaria verdrängen ließe, dann würden die Araber sich mit dem Stand der Dinge zufriedengeben. «Die Araber reagieren auf Schwäche, indem sie aggressiv werden. Stärke aber quittieren sie mit Anpassung», meinte er ohne den Anflug eines Zweifels.

Moshe Shamir, einst Anhänger der Politik Menachem Begins, war der außerisraelischen Öffentlichkeit anläßlich Jimmy Carters Besuch in der Knesset in Jerusalem zu einem kleinen Begriff geworden: Er war es damals gewesen, der, zusammen mit der streitbaren Geula Cohen, in die vom Fernsehen in alle Welt übertragene Zeremonie durch rüde Zwischenrufe ein paar Wermutstropfen und einen Hauch von israelischem Debattieralltag geschleudert hatte. In den folgenden Monaten und Jahren entwik-

kelte er seine Gegenposition zu dem auch nicht gerade als Kompromißler bekannten Menachem Begin drastisch weiter: Mit dem Atomwissenschaftler Professor Juval Neeman und mit Frau Geula Cohen gründete er am 11. Oktober 1979 die «Tehiya»-Partei, fest entschlossen, in kommenden Knesset-Wahlen zum Zentrum eines neuen Machtblocks zu werden, um ... ja, warum eigentlich? War Premier Begin denn nicht schon unbequem genug? War er nicht ausreichend darauf bedacht, Israel in der nahöstlichen Diplomatie Positionen zu sichern, Garantien für den Fortbestand der Nation und den Ausbau der Militärmacht Israels zu schaffen? Setzte er den westlichen Forderungen nach Flexibilität nicht bereits genug Widerstand entgegen und zeigte er nicht Härte und Entschlossenheit gegenüber arabischen Forderungen? «Bei weitem nicht genug», rief Moshe Shamir empört. «Israel gibt den Ägyptern die Alma-Ölfelder im Sinai zurück, ohne irgendwelche Garantien zu erhalten, daß die Ölversorgung Israels auch nur im geringfügigsten Ausmaß gesichert wäre. Die Welt mag das Klugheit nennen, ich aber nenne es Dummheit.» Dann holte er zum Kernpunkt seiner Alternativ-Politik aus: «Wir fordern, daß der ganze Friedensprozeß mit Ägypten gestoppt wird. Für fünf Jahre. Wir behalten die Ölfelder und entwickeln in Judäa und Samaria unsere eigene Politik. Dieser Zeitraum wäre unerläßlich, um Atem zu holen. Wir sind durch diesen sogenannten Frieden einfach überrumpelt worden. Er kam wie ein Schock über uns. Wir brauchen eine Besinnungspause.»
Während er sprach, warf draußen die untergehende Oktobersonne ihren Widerschein auf die den Juden heilige Klagemauer und auf die silberne Kuppel der den Muslimen heiligen al-Aqsa-Moschee. Und ich fragte Moshe Shamir nach den möglichen Konsequenzen seiner Politik. Er antwortete so engagiert wie einfach: «Durch diesen ‹Frieden› kommt der nächste Krieg. In einigen Jahren wird Ägypten gigantisch aufgerüstet sein, ebenso Saudi-Arabien. Sicher, wir werden auch den zu erwartenden Konflikt gewinnen – es fragt sich nur, um welchen Preis.»
Die Geschichte vom Abend dieses Gesprächs im Oktober

1979 bis 1987 hat Moshe Shamir auf fast zynische Weise ent- und widersprochen: Zu einem nächsten Krieg kam es tatsächlich, geführt aber hat ihn Israel gegen die PLO im Libanon und schließlich gegen ein ganzes Mosaik von libanesischen Kräften. Der Friedensprozeß mit Ägypten ist zum Stillstand gekommen, weil unter der Oberfläche der Texte von Camp David und des Friedensvertrages nur soviel gemeinsame Interessen bestanden und bestehen, daß ein bewaffneter Konflikt zwischen den beiden Staaten vermieden werden soll. In Judäa und Samaria hat Israel seine eigene Politik, getreu der Forderung eines Moshe Shamir, verwirklicht. Und Persönlichkeiten aus den Reihen der im Jahr 1979 noch in Opposition zu Menachem Begin stehenden Politik gelangten nach den Wahlen vom Sommer 1981 in wichtige Positionen der neuen Herrschaftspyramide. Professor Juval Neeman wurde sogar Minister in der Koalitionsregierung. Wie es dazu kam, daß Menachem Begin von einem halbherzigen Sympathisanten der Siedlungsbewegung zu einem eifrigen Propagandisten wurde, schilderte Ezer Weizman, seinerzeit Verteidigungsminister (und später, in der 1984 gewählten Labour-Regierung unter Leitung von Shimon Peres, Minister ohne definierten Geschäftsbereich), in seinen Memoiren so: «‹Der Nahe Osten brennt›, beschwerte ich mich laut, ‹Khomeiny hat die Macht ergriffen, die Russen marschieren in Afghanistan ein, es gibt Aufstände in Syrien, Putsche in Irak, Straßenschlachten in Saudi-Arabien. Unsere Wirtschaft steht vor dem Zusammenbruch – und womit beschäftigen wir uns hier?›» Darauf Menachem Begin, laut Weizman: «‹Meine Herren, wenn es für mich Zeit ist, vor die Himmelstür zu treten, und ich gefragt werde: Welche gute Tat hast du getan, die dich würdig macht, ins Paradies eingelassen zu werden? – werde ich antworten: Elon Moreh.›»
Bis zum Jahr 1981 war Elon Moreh eine Ansammlung von etwa siebzig vorfabrizierten Häusern teils aus Kunststoff, teils aus Beton auf einem steinigen Hügel in Sichtnähe der von 60 000 arabischen Palästinensern bewohnten Stadt Nablus im von Israel besetzten Cisjordanien, jenem

Gebiet also, das die Bewohner der Siedlung selbst Samaria nennen.
Elon Moreh wird bewohnt von Menschen, deren Engagement so überwältigend ist, daß es sich bereits wieder in das Gewand der Gelassenheit und der Selbstverständlichkeit kleiden kann. Es ist aber nach wie vor auch ein Symbol für einen ganzen Komplex israelischen Denkens und Handelns in bezug auf die palästinensische Thematik und die Vision der eigenen historischen Aufgabe.
Elfmal hatten israelische Rechtsradikale versucht, Elon Moreh zu gründen. Die Armee löste das merkwürdige Gebilde mehrmals mit Gewalt auf, aber schließlich sah sie sich, angetrieben von Menachem Begin, genötigt, die Fertighäuser per Helikopter an ihren definitiven Standort zu fliegen; der Protest des damaligen Verteidigungsministers Ezer Weizman wurde übergangen.
Kurz vor den Wahlen von 1981 sah ich Elon Moreh bei meinem dritten Besuch bereits in ausgebautem Stadium. In Erwartung von Ungewissem hatten die Leute droben auf dem Hügel noch schnell einige vollendete Tatsachen geschaffen. Unten gab es bereits eine kleine Fabrik für elektronische Geräte und für Textilfabrikate. Eine neue Straße quer durch die Olivenhaine der Araber führte sorgsam um das benachbarte Palästinenserdorf herum.
1984, als ich Elon Moreh ein weiteres Mal besuchte, hatten viele vorfabrizierte Behausungen sich in stattliche Klein-Villen verwandelt; ja, es war inzwischen bereits so etabliert, daß einige Pioniere bereits davon sprachen, in eine neue Siedlung weiterzuziehen.
Die Welt der Siedler hat ihre eigenen Idole. Sie heißen Rabbi Levinger, Benny Katzover, Israel Harel, Hanan Porat oder Elyakim Haetzni. Ihre politischen Freunde wie Minister Ariel Sharon oder wie die Parlamentsabgeordnete Geula Cohen mögen bekannter sein, aber für die Siedler da draußen im arabischen Land sind sie wohl nur die Polit-Mäzene und nicht die Bannerträger der Ideologie. Vor den Aktivisten aber, und das ist keine Übertreibung, kapitulierten jahrelang sogar die israelischen Regierungen, ganz gleich, ob sie von einem nach rechts tendie-

renden Likud-Block unter Menachem Begin oder Ytzhak Shamir oder von Labour unter Shimon Peres geleitet wurden. Vor jedem Wahlgang in Israel wurde die Bautätigkeit in den Siedlungen hektischer: Man wollte noch rasch einige *faits accomplis* schaffen. So geschehen 1981 und 1984. Eine Vorwärtsstrategie die Siedlungen betreffend versprach zusätzliche Stimmen und zeigte, daß die amtierende Regierung vorsorgte für den Fall, daß eine künftige Regierungsmannschaft auf den Gedanken käme, mit der arabischen Seite über Cisjordanien zu verhandeln.

«Wenn eine israelische Regierung sich dazu entschließen würde, Samaria oder Judäa an ein arabisches Regime abzutreten, so hieße das: diese Regierung ist illegal und sie müßte gestürzt werden.» Elyakim Haetzni, Anwalt in der Siedlung Qiryat Arba oberhalb der Stadt Hebron, beruft sich auf einen biblisch-geschichtlichen Auftrag: «Als wir Judäa und Samaria noch nicht besaßen, gab es keine Verpflichtung für uns Juden, hier zu siedeln. Aber die Verpflichtung lautet ganz eindeutig, daß wir unser Land, sobald wir es eingenommen haben, nicht mehr zurückgeben dürfen. Das hat mit Politik oder mit unserem Willen nichts, aber auch gar nichts zu tun, sondern es handelt sich ganz einfach um einen Auftrag, den die Geschichte uns erteilt hat.»

Ich machte 1983 eine Fernsehreportage über die Auseinandersetzung um Hebron. Eine Gruppe von Israeli machte sich damals tatkräftig daran, das einstige jüdische Quartier in Hebron zu renovieren und zu besiedeln. Levinger und Haetzni waren die Aktivisten an vorderster Front, und sie ließen sich auch durch Gewalt nicht von ihren Absichten abbringen. Levinger hatte bereits jahrelang in einem Gebäude in der Altstadt campiert, Haetzni wohnte schon längere Zeit oberhalb Hebrons in Qiryat Arba. Hebron, so erläuterte der aus Deutschland nach Palästina eingewanderte Elyakim Haetzni unermüdlich, sei für die Juden geschichtlich und religiös bedeutender als Jerusalem; hier hätten immer Juden gelebt, bis zum Massaker der Jahres 1929. «Und noch jetzt können wir ganz eindeutig feststellen, welche Häuser den Juden gehö-

ren. Das sind die Gebäude, die wir wieder bewohnen werden.»
Hebrons geistliches und historisches Zentrum, die Machpelah, war in jenen Sommertagen des Jahres 1983 rund um die Uhr von israelischen Soldaten schwer bewacht. Kein Wunder, denn um diese Stätte mit den Gräbern von Abraham, Isaak und Jakob und ihren Frauen herrschte damals Hochspannung. Das Heiligtum wird von Juden und Muslimen verehrt. (Der Islam will als Vollendung der religiösen Tradition der Juden und Christen verstanden sein, und Mohammed berief sich auf die gleichen Stammväter wie die Juden, also auch auf Abraham.) Juden wie Muslime haben Zutritt zur Machpelah. Zu gewissen Tageszeiten herrscht bei der Zulassung Segregation, zu anderen Tageszeiten gehen die Angehörigen beider Gemeinschaften zur gleichen Stunde in die dämmrigen Räume und zu den quaderförmigen Grabumfassungen, auf denen schmiedeeiserne Davidsterne einst durch die Muslime weggesägt und durch sichelförmige Monde ersetzt worden sind . . .
Wenige Tage vor meinem Besuch war ein jüdischer Student von jugendlichen Palästinensern mitten im Zentrum Hebrons ermordet worden, und kurz darauf fielen auf dem Gelände des islamischen College der Stadt drei arabische Studenten den Schüssen maskierter Attentäter zum Opfer. Der Ausbruch von Gewalt hatte sich als Reaktion auf die von der israelischen Regierung erteilte Erlaubnis zur jüdischen Besiedlung der Altstadt Hebrons ereignet.
«Wir wollen die Araber gar nicht aus Hebron vertreiben», meint der Anwalt Elyakim Haetzni. «Wir verlangen ja nur, daß man uns erlaubt, unsere eigenen Häuser wieder zu bewohnen, das ist alles.»
Ich versuche, durch eine Frage die gegenwärtige politische Situation in die Diskussion einzubringen: «Und was, wenn die Araber nun vergleichbare Ansprüche stellen würden, wenn sie im Gegenzug forderten, auch ihre Häuser in Jaffa oder anderen israelischen Städten wieder in Besitz nehmen zu können?»
«Warum nicht», meinte Haetzni in großzügiger Überge-

hung israelischer Realpolitik seit dem Jahr 1948, «warum nicht, wenn sichergestellt wird, daß dies unser Land ist, daß es hier niemals eine andere als eine jüdische Souveränität geben kann? Und im übrigen leben wir hier in und um Hebron im allgemeinen sehr gut miteinander. Schauen Sie, ich habe als Anwalt etwa ebenso viele Palästinenser als Klienten wie Israeli. Ich habe nicht die geringsten Vorurteile.»

Harmonie im Zusammenleben ist in Hebron allerdings ein äußerst relativer Begriff. Es gibt Zeiten, da praktisch jede Woche ein kleinerer oder größerer Zwischenfall gemeldet wird. 1980 hatte der Anschlag eines palästinensischen Kommandos auf Siedler in Hebron sechs Todesopfer und 17 Verletzte gefordert. Die israelischen Behörden verhängten den Ausnahmezustand und deportierten Bürgermeister Fahd Kawasme und das geistlich-islamische Oberhaupt der Stadt an die libanesische Grenze. (Kawasme ließ sich später in der jordanischen Hauptstadt Amman nieder, wo er von Angehörigen eines PDFLP-Terrorkommandos im Jahr 1985 ermordet wurde.) Sie ließen die Häuser mutmaßlicher Terroristen in Hebron durch die Armee sprengen. 1983 kam es, wie erwähnt, zum nächsten großen Ausbruch der Gewalt. Und Spannungen gibt es in und um die Machpelah immer wieder, wenn Juden und Muslime im gleichen Raum, um die Gräber der Patriarchen, ihre Gebete verrichten.

Hebron mit der danebenliegenden jüdischen Siedlung Qiryat Arba ist das eine Zentrum der Konfrontation, Nablus mit der nahegelegenen Siedlung Elon Moreh das andere.

Für die etwas über dreißigjährige Michal Schwud auf Elon Moreh haben sich alle israelischen Regierungen bestenfalls halbherzig zum «Kernstück» der Existenzberechtigung Israels, der Besiedlung des biblischen Landes, bekannt: «Mit der einen Hand hat die Regierung gebaut, mit der anderen durch ihren Autonomieplan zerstört», meinte sie, während sie an einem warmen, sonnigen Frühlingstag in ihrer Wohnung das Essen für ihre beiden Kinder im Alter von acht Monaten und zweieinhalb Jahren zubereitete. «Was wir brauchen, ist eine Antwort auf den Autonomieplan», fuhr sie fort. «Wir haben auf ungeheuer viel verzichtet, aber vor der Weltöffentlichkeit stehen wir heute viel schlechter da als je zuvor. Natürlich wollen auch wir Frieden, aber Frieden muß auf lange Sicht gebaut werden und nicht so, daß unsere Kinder und Enkel dafür bezahlen müssen.»

Es war mein drittes Gespräch mit Michal Schwud, einer Aktivistin reinsten Wassers, und ich versuchte zum dritten Mal, die Motive ihres Tuns und ihrer Lebensweise zu verstehen – und wieder einmal suchte ich eine Antwort auf die Frage, ob sie und ob die anderen Siedler denn nicht begreifen könnten, daß sie mit ihrem Anspruch auf dieses Land in Konflikt mit dem Anspruch der arabischen Palästinenser geraten, ob sie nicht spürten, daß sie mit ihrer Lebensweise in eine Zivilisation mit anderen Werten einbrechen.

Sie zögerte – nicht aus Unsicherheit, sondern weil sie sich an eine bestimmte Begebenheit genauer erinnern wollte. «Vor einigen Wochen luden wir die Araber vom benachbarten Dorf zu einem Besuch ein. Denn ich meine, daß wir schließlich irgendeinen Kompromiß für das Zusammenleben finden müssen. Wir luden sie also ein, und sie sagten zu. So erkundigte ich mich erst einmal, wie man sich in einem solchen Fall zu verhalten habe und was man den Arabern zum Essen anbieten könne. Ich kaufte eine Menge ein und begann zu kochen – aber zwanzig Minuten vor dem vereinbarten Zeitpunkt kam ein Telefonanruf von unserem militärischen Hauptquartier in Nablus, der Besuch könne nicht stattfinden, weil die Araber aus dem Dorf von der PLO bedroht würden. Nun hätten sie Angst und würden es vorziehen, auf die Begegnung zu verzichten. Vielleicht müssen wir erst einmal ins Dorf hinuntergehen und versuchen, auf diese Weise mit den Arabern ins Gespräch zu kommen.»

«Sie haben keine Angst, Michal?»

«Wir hatten bisher keine Schwierigkeiten mit den Arabern. Außer in einem einzigen Fall. Da wurde nachts ein Bus mit Leuten drin beschossen, unten in der Nähe des Palästinenser-Flüchtlingslagers Balata. Die Schüsse kamen aus einem Hinterhalt. Daraufhin ließen wir mit Bulldozern einen kleinen Hügel abtragen, und nun kann so was nicht mehr vorkommen.» Sie ging hin und her, von der Wohnkochnische zu den beiden Kindern und wieder zurück, und routinemäßig erledigte sie ein paar gerade anfallende Hausarbeiten, während sie fortfuhr: «Man hat mich gelehrt, niemanden zu hassen, und ich hasse die Araber ja auch nicht. Wenn ich negative Gefühle habe, so richten sie sich vielmehr gegen die Deutschen.»

«Aber die haben Sie doch nicht kennengelernt?»

«Doch, durch die Schilderungen meiner Eltern. Meine Familie stammt ursprünglich aus Ungarn, und viele meiner Angehörigen sind im Konzentrationslager umgekommen. Spreche ich heute mit Deutschen, so tue ich es nur, weil ich das aufgrund meiner Funktion als Sprecherin von Elon Moreh tun muß. Mit den Arabern ist das anders – aber ich weiß andererseits, daß die Araber im Haß gegen uns erzogen werden. Dennoch habe ich nichts dagegen, daß die Araber hier leben – ich meine so, wie beispielsweise Italiener in New York im Stadtteil ‹Little Italy› leben.»

«Sie meinen, unter israelischer Souveränität?»

«Gewiß, sie haben jedenfalls kein Recht, hier einen eigenen Staat zu gründen. Frieden können wir nur erreichen, wenn wir den anderen klar und deutlich zeigen, daß wir hier sind. Alles andere ist lächerlich – zum Beispiel Menachem Begins Erklärung bei Sadats Besuch in Jerusalem im November 1977, daß man über alles verhandeln könne. Nein, man kann, man darf nicht über alles verhandeln! Immer hat man sich nur um die Sicherheit der anderen gekümmert, um sichere Grenzen für die Ägypter beispielsweise – daraus entstand der Friedensvertrag, und der ist ein riesiger Fehler.»

«Also hätten Sie es vorgezogen, in einem Zustand permanenter Kriegsgefahr zu leben?»

«Begin dachte wohl, wenn wir den Ägyptern die Sinai-Halbinsel zurückgeben, dann würden sie uns Samaria und Judäa lassen. Das hat sich als Irrtum herausgestellt, denn

unter dem Stichwort der Autonomie will man uns ja aus Judäa und Samaria verdrängen. Doch das lassen wir nicht zu. Wir brauchen eine Antwort auf den Autonomieplan – diese Antwort sind wir selbst.»
«Mit welchem Recht?»
«Aufgrund der Religion und der Geschichte – und in zweiter Linie wegen der Sicherheit.»
Michal Schwuds Lebensgeschichte ist für die Gemeinschaft der jüdischen Siedler so typisch wie die Irrtümer dieser Unentwegten hinsichtlich der Haltung der Araber und der sogenannten Weltöffentlichkeit: als Kind von Einwanderern bereits im Lande geboren, gute Schulbildung, zwei Jahre Militärdienst, Heirat, zwei Kinder. Nach der Entlassung aus dem Militär aktives Interesse für die damals noch in den Anfängen steckenden Bestrebungen von Gruppierungen, deren Credo die jüdische Besiedlung der im 67er Krieg besetzten Gebiete Westjordaniens zum Inhalt hatte und die es im Innersten ihrer Überzeugung schon als Konzession betrachten, daß Israel seinen Anspruch auf die Gebiete östlich des Jordans, in Jordanien, nicht geltend macht, denn nach biblischen Landkarten war auch jenes Gebiet einst von Juden besiedelt worden. Und von Arabern? Natürlich auch, während langer Perioden sogar in bedeutend größerer Zahl. Aber die Araber waren in der Zeit vor der Ausbreitung des Islam weitgehend Nomaden und hatten bei solcher Lebensweise weniger Spuren in der Archäologie hinterlassen als die Juden.
«Haben Sie keine Angst, Michal?» fragte ich vor der Abreise aus Elon Moreh nochmals.
Sie schaute mich ein paar Sekunden lang nachdenklich an, dann wies sie auf die Beton-Unterstände hin, die im Fall eines Luftangriffs Schutz gewähren. Sie schilderte das Verteidigungsdispositiv; sie erwähnte, daß jeder Siedler eine Waffe habe und im Umgang mit dieser Waffe auch geübt sei. Es waren technische Details als Antwort auf eine Frage, die ihrer Überzeugung nach nebensächlich ist, verglichen mit der geschichtlich-religiösen Mission.
«Haben Sie niemals Zweifel an dem, was Sie tun?» wollte

ich eben noch fragen, aber da kam mir in den Sinn, daß ich ihr diese Frage schon bei zwei früheren Besuchen gestellt hatte, ohne eine Antwort bekommen zu haben. Wer so lebt wie Michal Schwud, befindet sich jenseits der Schwelle solcher Fragen, ja in gewisser Hinsicht des Fragens überhaupt. Das ist die Stärke und zugleich auch die Schwäche dieser Menschen, die Israels Schicksal über Jahre hinaus in starkem Maße geprägt haben.

Drei Jahre später traf ich Michal Schwud noch einmal: Sie war weitergezogen und arbeitete nun als Sprecherin einer von orthodoxen Juden bewohnten Siedlung, wiederum im näheren Umkreis der Palästinenser-Stadt Nablus.

II. Haus des Friedens, Haus des Kriegs

Palazzo Freiji nennt der Volksmund das mächtige Gebäude aus weißem Stein in Bethlehem am Platz gegenüber der Geburtskirche Christi und meint damit das Anfang der achtziger Jahre von (und für) Bürgermeister Elias Freij errichtete Stadthaus. An einem heißen Sommermittag, wenn die Hitze draußen auf dem mit parkenden Autos verstopften Platz fast unerträglich wird, kann man in diesem Amtshaus mit seiner etwas prätentiösen, kleinstädtischen Eleganz die Kühle genießen. Die drei oder vier Wachleute beim Eingang unten nehmen mit einer Art von starrer Freundlichkeit zur Kenntnis, daß der Besucher einen Termin beim Bürgermeister hat. Einer steigt vor mir die Steintreppe hoch und weist dann lässig in die Richtung jenes Raumes, der als Wartehalle für Gäste und als Versammlungssaal für Besprechungen unter den Mitarbeitern der Stadtverwaltung dienen kann. Ich lasse mich in die wohlbekannten weichen Sessel im Stile eines orientalischen 20.-Jahrhundert-Barocks fallen. Der kurz nach der Ankunft dargereichte Kaffee ist bitter und gut wie eh und je.

Wie vertraut doch solche Warte-Viertelstunden werden können! Nach ein paar Jahren Besuchserfahrung in der nahöstlichen Region beginnt man zu entdecken, daß sie keineswegs verlorene Zeit sind, sondern für den Beginn des bald einsetzenden Gesprächs geradezu unentbehrlich. Sie bieten Gelegenheit, die Tonart des Orts und der Persönlichkeit ausfindig zu machen. Manchmal braut sich während solcher Wartezeiten düster Gestautes zusammen, manchmal zeigen sie Leichtigkeit und Transparenz an.

In Bethlehem ist gewöhnlich diese zweite Tonart bestimmend. Elias Freij mag zwar in seinen Gesprächen immer wieder Anklagen erheben – gegen die israelischen Behörden, die PLO-Radikalen, die Gleichgültigkeit des Westens gegenüber dem Schicksal der Palästinenser, die israelischen Siedler in der Nähe von Bethlehem –, aber sein Grundton bleibt trotz allem verbindlich. Verbitterung scheint dieser Mann nicht zu kennen – vielleicht deshalb, weil sein persönliches Geschick ihm alles in allem doch ein angenehmes Leben beschert hat, weil der Konflikt zwischen Israeli und Palästinensern Elias Freij die bittersüße Chance gebracht hat, eine staatsmännische Rolle im kleinen wahrzunehmen, die immerhin soviel Ausstrahlungskraft besitzt, daß er, Elias Freij, heutzutage den Staatsmännern in aller Welt und vor den Reporterkameras wie als Gleicher unter Gleichen begegnen kann. Hans-Dietrich Genscher empfing Elias Freij in Bonn, Bruno Kreisky in Wien, Premier Mauroy in Paris; hohe Beamte des State Department empfingen ihn in Washington. Und wieder ging das Bild des kleingewachsenen, rundlichen und seit einigen Jahren stets in einen dunklen Anzug mit Gilet gekleideten Mannes durch die Weltpresse, als Shimon Peres, Israels Premierminister, ihm im Dezember 1984 einen Goodwill-Besuch abstattete, ihm, dem Bürgermeister von Bethlehem, um aller Welt zu beweisen, daß die israelische Regierung eben doch an einer Einigung mit den Palästinensern in den seit 1967 besetzten Gebieten interessiert sei (wie auch immer solche Einigung aussehen mag).

Israel und die PLO müßten sich gegenseitig anerkennen; nur dann könne es zu einer Lösung des Nahost-Problems kommen, hatte Elias Freij mir und anderen Reportern schon vor Jahren erklärt. Und einmal hatte er mir dazu ins Tonband gesprochen: «Die PLO ermutigt einfach die Palästinenser in den besetzten Gebieten, dies und das zu unternehmen. Nun bin ich der Meinung, daß die PLO in der Tat ein wesentlicher Faktor hinsichtlich der palästinensischen Sache ist, die wesentlichste Kraft sogar. Ein Drittel des palästinensischen Volkes lebt hier unter israelischer Herrschaft, zwei Drittel sind draußen in der arabischen Welt. Und nun brauchen wir eben eine Organisa-

tion, die unsere Interessen vertritt, und das ist trotz allem die PLO. Selbst hier, in den besetzten Gebieten, werden Sie heute kaum jemanden finden, der grundsätzlich gegen die PLO eingestellt wäre. Daher muß die PLO auch in die Diskussion um irgendeine Form der Lösung der Problematik des palästinensischen Volkes einbezogen werden.»
Ich hatte nie daran gezweifelt, daß Elias Freij einem äußeren Zwang folgte, wenn er solche Sätze aussprach. Seinem inneren Wesen mußte jene Exil-Mentalität der PLO-Führung, die in den Großstädten des Nahen Ostens, insbesondere in Beirut, ausgeprägt worden war, zutiefst fremd bleiben. Freij war und ist ein im kleinstädtischen Händlertum verwurzelter Mann mit Sinn für Macht und für die Bedeutung der Familie, ein gemäßigter, vorsichtiger Kaufmann. Eine im Verlauf seiner politischen Tätigkeit und auf zahlreichen Reisen erworbene Weltgewandtheit und sein bisweilen sogar etwas pompös erscheinender Umgang mit den Großen dieser Welt haben ihn nicht daran irre werden lassen, daß die überschaubare Kleinstadt, in seinem Falle Bethlehem, für den Menschen das fruchtbarste aller denkbaren Umfelder darstellt, eine ökologische Nische sozusagen, in der ein tüchtiger, intelligenter Mann sich so einrichten kann, daß seine Wünsche optimal in Realität umgesetzt werden können.
Lassen wir die Frage offen, ob Elias Freij sich in einem von der PLO regierten Staatsgebilde ebensogut hätte entfalten können wie unter den gegenwärtigen problemgeladenen Verhältnissen. Fragen wir lieber, was er jetzt, beargwöhnt von den Israeli auf der einen, den PLO-Radikalen auf der anderen Seite, für die Bewohner seiner Stadt tun kann und will, um einigermaßen außerhalb der Spirale von Gewalt zu bleiben. Bethlehem hatte jahrhundertelang eine christliche Mehrheit und eine islamische Minderheit. Die Christen dominierten wirtschaftlich vor allem dank der Möglichkeit, den Touristenscharen christliche Souvenirs zu verkaufen, Perlmutt-Kunsthandwerk vor allem, und sie beherrschten traditionell auch so wichtige Schlüsselinstitutionen wie jene des Lebensmittelmarktes. Freijs Familie importiert seit vielen Jahren Perlmutt vor allem

aus Ostasien, und diese Geschäftsverbindung ist es, die heute vor allem Elias Freijs Sohn George Gelegenheit gibt, immer wieder einmal aus der kleinmaschigen Region Cisjordaniens in die große weite Welt auszubrechen. In und um Bethlehem läßt Freij dann das Material zu so erbaulichen Gegenständen verarbeiten wie einer puppenstubengroßen Geburtsgrotte Christi, dem lieblichen Stall mit Jesus, Maria und Josef oder phantasievolleren Monturen mit der Sternschnuppe, die als Stern von Bethlehem so viele Sonntagsschul-Lektionen geprägt hat.
Klar, daß Elias Freijs Familie nach wie vor in diesem Geschäft tätig ist – wer käme hier schon auf die Idee, daß Geschäft und Politik sich gegenseitig ausschließen müßten? Im Gegenteil, würden Elias Freij und sein Sohn George spontan sagen. Nur aufgrund der durch die wirtschaftliche Tätigkeit erworbenen Respektabilität konnte Elias Freij zum Bürgermeister gewählt werden, und als Stadtoberhaupt wiederum genießt er die Achtung der Bürger von Bethlehem eben auch gerade deshalb, weil er ein wirtschaftlich unabhängiger Mann ist.
Bethlehem ist heute nicht mehr überwiegend christlich. Die Muslime sind zahlenmäßig stärker geworden, weil ihre Familien im Durchschnitt größer und ihre Geburtenraten höher sind als jene der Christen. Sie haben in den letzten Jahren eindeutig auch an wirtschaftlicher Macht gewonnen, unter anderem aufgrund jener vielschichtig kanalisierten finanziellen Zuwendungen aus Saudi-Arabien und vom Persischen Golf, deren Ziel die Stärkung des islamischen Charakters von Jerusalem und Umgebung ist. Kommt hinzu, daß aus politisch-staatlichen Quellen in den arabischen Ländern des Nahen Ostens oder über die PLO direkt auch einiges Geld ins besetzte Cisjordanien fließt, um den Widerstand gegen die israelische Besatzung aufrechtzuerhalten oder überhaupt zu wecken, und diese Gelder, die schließlich von Muslimen gespendet werden, kommen am Bestimmungsort natürlich eher den Muslimen zugute als den Christen. Die Christen werden traditionell – und vermehrt infolge der Annäherung zwischen den libanesischen Christen und den Israeli im Zusammen-

hang des Kriegs 1982 – in der Welt des Nahen Ostens als Minderheit mit Mißtrauen betrachtet. Elias Freij muß daher darauf achten, daß er Loyalitätsbekenntnisse zugunsten der arabischen Christen nicht auf eine höhere Ebene stellt als die Bereitschaft zur Solidarität mit einem gesamtarabischen Anliegen, was immer das im konkreten Fall heißen mag. Er hat sich einzureihen in jenen vagen Strom panarabischen Denkens, das schon Persönlichkeiten wie Michel Aflak – einen Christen, der zum Begründer der radikal panarabischen Baath-Partei wurde – oder Georges Habash – den Führer der extremistischen Volksfront für die Befreiung Palästinas – geprägt hat. Er muß sich darüber im klaren sein, daß die Christen im Nahen Osten von der muslimischen Mehrheit zwar nur periodisch bedroht worden sind, daß sie aber auch als Ablehner der «wahren Lehre» latent jederzeit als Besiegte betrachtet werden, und dies schon aus dem Grunde, weil der Islam nach der Meinung rechtgläubiger Muslime immer siegreich sein muß, ja unbesiegbar ist.
Gewiß, diese Einstellung der Mehrheit gegenüber Repräsentanten der Minderheiten wie Elias Freij ist unter der Oberfläche von vielen Widersprüchen durchzogen. Man weiß ja im Grunde genommen durchaus, daß gegen die christlichen Westler kein Konflikt gewonnen werden könnte, im Gegenteil. Doch gerade dieses Wissen ist es, das zu verbaler Militanz führt und auch zu dem, was seit den siebziger Jahren als «Re-Islamisierung» Schlagzeilen macht. Will man dem Phänomen auf den Grund gehen, so muß man freilich ziemlich tief in die Geschichte zurückblicken und sich daran erinnern, daß die islamische Welt jahrhundertelang mit dem Bild einer deutlich zweigeteilten Welt gelebt hat. Auf der einen Seite war da «Dar al-Islam», das Haus des Islam (auch des Sich-Ergebens), in dem die Kenntnis vom Leben und Wirken des Propheten, die islamische Rechtsprechung und die Beachtung der Tradition herrschten; auf der anderen Seite bestand (und besteht) diese Welt aus dem «Dar al-Harb», dem Haus des Krieges. Und alles, was nicht zum Haus des Islam gehörte, war Bestandteil des Hauses des Krieges und

somit bestimmt, früher oder später bekämpft und schließlich vom Haus des Islam absorbiert zu werden.
Solche Vorstellungen gehen auf die Zeit der ersten Generationen der Propheten-Nachfolge zurück, als man Land um Land, Region um Region eroberte und so in hautnahen Kontakt kam mit Anhängern von Religionen wie jene des Zoroaster, der Juden und der Christen. Die Christen wurden zwar bis zu einem gewissen Grade geachtet, weil die Muslime ihnen die Kenntnis jener Bücher zubilligten, welche sie selber als Vorläufer des Buchs des Propheten anerkannten, der Thora und der Evangelien im besonderen, und auch insofern, als die Juden und die Christen die gleichen Patriarchen verehrten, welche auch die Muslime als Vorläufer Mohammeds betrachteten. Doch Trennendes war zumeist stärker als das Gemeinsame. Vor allem fiel da ins Gewicht, daß Juden und Christen, diese im Jahrhundert des Propheten Mohammed bedeutendsten geistig-religiösen Strömungen im Orient, sich nicht überzeugen lassen wollten, daß die von Mekka und Medina ausgehende Lehre die Verkörperung der letzten Wahrheit sei, daß sie einen Fortschritt darstelle gegenüber Judentum und Christentum. Es gab Gerüchte und Berichte von Verrat und Verweigerung; und Juden wie Christen konnten sich, als Völker des Buchs *(Ahl al-Kitaab),* nur dann als Minderheiten in der Welt des Islam behaupten, wenn sie die entsprechende Steuer entrichteten.
Im Verlauf der Geschichte schwoll das gegenseitige Mißtrauen immer wieder von neuem an, insbesondere in der Folge der Kreuzzüge, als verschiedene christliche Denominationen – das galt ganz besonders für die Maroniten – sich mit den «Franken» verbündeten und versuchten, die islamische Herrschaft mit Gewalt abzuschütteln und zu vernichten. Ähnliches vollzog sich im 19. Jahrhundert nach den Eroberungsfeldzügen und dem Rückzug Napoleons, und dann aufs neue in der Phase der wachsenden Durchdringung von seiten der britischen und französischen Kolonialmächte. Die Muslime lebten jedenfalls in der Meinung, Christen aller Schattierungen im Orient warteten nur auf eine Gelegenheit, um sich mit Fremden zu

arrangieren und aus der arabischen Interessen- und Lebensgemeinschaft auszubrechen. Doch als der Westen sich auch durch seine technischen Fähigkeiten immer stärker zu einer Herausforderung der Tradition entwickelte, begann im Nahen Osten ein interessanter Versuch, die überall fühlbaren Dissonanzen aufzulösen und Harmonie an ihre Stelle treten zu lassen.

Unter den Propagandisten des arabischen Nationalismus befanden sich auffallend viele Christen – und auch einige Angehörige anderer Minderheiten. Die Minoritäten standen gegenüber der arabischen Mehrheit unter einem Assimilations- und Erfolgszwang. Sie waren oder fühlten sich zumindest genötigt, ihre Loyalität zur gesamtarabischen Sache zu beweisen, sich demonstrativ abzusetzen gegen die Fremdherrscher, mit denen sie andererseits durch eine gemeinsame Religion verbunden waren. Das gelang, betrachtet man die nahöstliche Region in ihrer Gesamtheit, der Mehrheit der Christen, aber innerhalb dieser Minderheit brachen Minderheiten dann doch immer wieder aus der generellen Linie aus. Die maronitischen Christen im Libanon verbündeten sich mit Frankreich auf eine Art und Weise, die klar auf die Bildung eines christlichen Inselstaates mitten im islamischen Meer hinsteuerte, geprägt vom Gedanken einer Territorial- und Einflußausweitung auf ein von Muslimen bewohntes Gebiet, das als Hinterland gedacht war.

Als viel später, in den 1970er Jahren, die Fiktion eines auf Dauer mehrheitlich christlichen Libanon harten Tatsachen weichen mußte und die sogenannte «Schweiz des Orients» in einem blutigen Bürgerkrieg in ihren Grundfesten erschüttert wurde, da streckten die christlichen Maroniten noch einmal ihre Fühler nach einem Verbündeten aus, der bereit sein könnte, ihren Inselgedanken in die Wirklichkeit umzusetzen. Diesmal fanden sie ihn in Israel, und sie verstärkten wellenweise diese Kontakte bis in die Zeit des Konfliktes vom Sommer 1982 hinein. Das Fiasko, welches dem von Verteidigungsminister Ariel Sharon inspirierten Feldzug der Armee Israels folgte, und das Blutbad in den Flüchtlingslagern Sabra und Shatila bei Beirut beendete dann auch diese Phase eines christlich-arabischen Bündnisses mit einer außenstehenden Macht.

Die christlichen Palästinenser unterschieden sich in mancher Hinsicht von den Maroniten im Libanon. Ein wesentlicher Punkt bestand darin, daß sie mehrheitlich Denominationen angehörten, die nicht mit Rom uniert waren und sind, sondern zu den Ostkirchen zählen, handle es sich nun um griechisch-orthodoxe – zu ihnen gehört beispielsweise Elias Freij in Bethlehem – oder Armenier. Die Angehörigen der christlichen Kirchen unter den Palästinensern hatten außerdem weniger isoliert gelebt als die Maroniten und im Verlauf der Geschichte meistens in intensivem Kontakt mit der islamischen Mehrheit gestanden. Und im Gegensatz zu den vielen landwirtschaftlich tätigen Maroniten des Libanon waren die christlichen Palästinenser schon traditionsgemäß eher Stadtbewohner gewesen, Angehörige des Kleinbürgertums und der professionellen Elite.

In den dreißiger Jahren, so geht aus dem *Census of Palestine* von 1932 hervor, konnten 71,5 Prozent der männlichen christlichen Bevölkerung bei den Palästinensern lesen und schreiben, verglichen mit nur 25,1 Prozent der islamischen Männer. Eine von der islamischen Mehrheit abhängige Minderheit von damals etwa 12,5 Prozent Christen hatte aber keine andere Wahl, als sich politisch zu integrieren, und das bedeutete in den zwanziger und dreißiger Jahren, daß man sich als Christ auch der antizionistischen und arabischnationalistischen Bewegung anschließen mußte. Der israelische Autor Tsimhoni schilderte das so: «Die christliche Teilnahme war eher durch die Aktivitäten einzelner Personen in der Führerschaft der Nationalbewegung als durch die Beteiligung der unteren Schichten gekennzeichnet. Normalerweise agierten diese Christen jedoch als Politiker nicht eigenständig, sondern eher als Attachés muslimischer Führungspersönlichkeiten» (zitiert nach Tsimhonis Beitrag in *The Palestinians and the Middle East Conflict,* Haifa, *1976*). Ein europäischer Autor, David Th. Schiller, kommentiert sinngemäß ähnlich, geht aber in seiner Analyse weiter: «Die Richtung, in der sich die politische Haltung der christlichen Minderheit in den zwanziger Jahren zu entwickeln begann, ist aus dem Zusammenhang von sozialer Stellung und ethnischen Vorbehalten erklärbar. Der arabische Nationalismus, der in Palästina aus dem Widerstand gegen den Zionismus entwickelt wurde, war in seinen Grundzügen die Abwehrreaktion einer vornehmlich islamischen Welt gegen die Einbrüche einer europäisch-westlichen Kultur. Ziel dieser Bewegung war die Restauration einer islamisch-arabischen Kultur vergangener Größe, in der die christlichen Araber wieder nur eine marginale, geduldete Gesellschaftsposition einnehmen konnten.»

Im Koran finden sich bereits die Ansätze für solche Probleme. Da wird allein rein quantitativ viel mehr mit negativen als mit wertneutralen oder anerkennenden Worten über die Christen – und übrigens auch über die Juden – geschrieben, und da zumindest Teile des Korans auch heute noch von den Jugendlichen in den Schulen auswendig gelernt werden, prägen sich die negativen Urteile im allgemeinen recht stark ein. Christen und Juden werden im Koran Höllenstrafen prophezeit; sie werden als Lügner und Verräter dargestellt, weil sie die reine Lehre, wie sie von Mohammed verkündet worden ist, im Lauf der Zeiten verfälscht haben sollen. In der Sicht der Muslime machen sich die Christen nicht einfach der passiven Unwissenheit schuldig, sondern einer aktiven Entstellung der wahren Lehre. «Die populär verstandene und unterrichtete frühislamische Geschichte», so führt Albrecht Noth in seinem Buch *Der Islam in der Gegenwart* (1984) aus, «fügt diesem Bild dann vor allem noch die Charakteristika des ‹Erniedrigtseins› *(dhull)* und der ‹Unterwürfigkeit› *(sighaar)* hinzu. Der nach seinem Selbstverständnis auf der ganzen Linie – und letzten Endes immer – siegreiche Islam duldet zwar Nicht-Muslime in seiner Ökumene, hat sie auch als Gemeinschaften zu schützen, aber eben im Status der Erniedrigung und als Individuen, die für ihr Wohnrecht auf islamischem Gebiet Tribut zu entrichten haben ‹in demütiger Haltung› (so in Anlehnung an Koran 9: 29 und die Unterwerfungsverträge der Eroberungszeit).»

Doch Perioden, in denen die arabischen Christen von den Muslimen aktiv verfolgt worden sind, waren eher die Ausnahme als die Regel. Sie standen meistens im Zusammenhang mit größeren Konflikten, in Palästina etwa mit dem Widerstand gegen die Mandatsmacht Großbritannien und dem Generalstreik zwischen 1936 und 1939. In diesen Jahren wurden die christlichen Gemeinden in Palästina zunehmend von islamischen Freischärlern angegriffen – weil man die Christen verdächtigte, im geheimen mit der Mandatsmacht zu kooperieren. In Zeiten geringerer Spannungen aber sind die nicht-islamischen Minderheiten für die islamische Mehrheit eher ein ins farbige, breite Spektrum gehöriges Element und prinzipiell weder Gegenstand der Mission noch potentielle Opfer einer Vertreibung. Das hängt wahrscheinlich zusammen mit jener im islamischen Recht und auch in der Rechtspraxis verankerten Schutzverpflichtung, die der Muslim gegenüber den nicht-islamischen Gemeinschaften hat: sie haben ein Anrecht auf Schutz *(dhimma),* wenngleich sie für diesen Schutz bezahlen müssen. In den Staaten, die bei der Auflösung des osmanischen Reiches entstanden, wurden die Christen schließlich sogar zu vollwertigen Staatsbürgern erhoben, wenn sie sich in der Praxis des Alltags auch damit abzufinden hatten, daß ihrem Aufstieg in höhere Stellungen im Staatsdienst Grenzen gesetzt waren und daß Ehen zwischen Christen und Muslime schwersten Hindernissen gegenüberstanden.
Ein christlicher Palästinenser wie Bürgermeister Elias Freij muß heute zwar kaum mehr Verdächtigungen entgegentreten, er kooperiere heimlich mit dem Feind, aber er muß doch stets darauf achten, daß er nichts sagt, was Trennlinien zwischen den arabischen Christen und den Muslimen betonen könnte. Kritisiert er die Israeli – und das tut Elias Freij, wenn auch in diplomatisch-höflichen Floskeln –, so ohne jenen religiösen Impetus, der die Sprache etwa eines Yassir Arafat, seines Zeichens sunnitischer Moslem, kennzeichnet. Er bleibt in der Wortwahl nüchtern, kann sich sein öffentliches Amt und meistens auch seine Bewegungsfreiheit damit durchaus sichern,

aber er beraubt sich der Chance irgendwelchen Charismas. Freij ist für die Palästinenser im besetzten Cisjordanien ein Verwalter, ein Vertreter eigener Interessen vorwiegend wirtschaftlicher Art, aber niemals ein Führer. Aus diesem Grunde ist er letzten Endes für die israelische Besatzungsmacht ungefährlich.

Der geschickte, auch ein wenig bauernschlaue Elias Freij gibt sich, während er mich zu einem weiteren Gespräch im Amtsraum seines «Palazzo» empfängt, ernst und staatsmännisch gefaßt. Der Grund dafür wird bald nach dem Einleitungszeremoniell deutlich: Er möchte, daß die westliche Welt durch die Vermittlung eines Reporters endlich darauf aufmerksam wird, daß die Stadt Bethlehem, eine für die ganze Christenheit wichtige historische Stätte, tief in einer finanziellen Krise steckt. Hätte er das notwendige Geld, so würde er sofort ein Hotel bauen – damit die Pilger-Touristen abends nicht nach Jerusalem zurückfahren müßten. «Die durch Israel ausgelöste Inflation aber stürzt uns tiefer und tiefer in Schwierigkeiten», meint er nach einer gewichtigen Pause. Die Situation sei so gravierend geworden, daß er seine Angestellten kaum mehr regelmäßig bezahlen könne, und selbst die dringlichsten Bauprojekte in der kleinen Stadt könnten wegen finanzieller Engpässe nicht in Angriff genommen werden. Er klagt über mangelnde Wasserversorgung, ohne aber auf die Grundproblematik dieses Themas einzugehen, die Frage nämlich, ob die jüdische Besiedlung und Bewirtschaftung Cisjordaniens zu einem allgemeinen Wassermangel in der Region geführt habe. Ginge er direkt auf dieses Problem ein, so geriete er in Konflikt mit dem israelischen Militärgouverneur, und das will Elias Freij soweit wie möglich vermeiden.

Ein Problem ist das Wasser für Cisjordanien allerdings: Wer hier Landwirtschaft betreiben will, muß sich mit spärlichen Ressourcen begnügen. Das hängt damit zusammen, daß am Osthang der Berge von Judäa und Samaria wenig Regen fällt und daß der Jordan, theoretisch eine Wasserquelle für Cisjordanien, tief unter dem Niveau des Meeresspiegels dahinfließt und ein Hochpumpen des Wassers

daher recht kostspielig wäre – wenn im Jordan überhaupt noch verfügbares Wasser vorhanden wäre. Doch dieser Fluß ist längst zu einem Bächlein geworden und wirtschaftlich nicht mehr nutzbar. Jenes Wasser aber, das unterirdisch durchs Jordantal fließt, haben sich die Israeli nutzbar gemacht. Sie bohrten unten im Tal und an den östlichen Hügelzügen in Cisjordanien seit 1967 über dreißig Tiefwasserbrunnen. Das Wasser wird in die Pflanzungen der jüdischen Siedler und nach Jerusalem geleitet. Die Palästinenser konnten ihrerseits seit 1967 nur sieben Trinkwasserquellen erschließen, und das wird von ihnen selbst dann gerne als Grund dafür genannt, daß die arabisch-palästinensische Landwirtschaft in Cisjordanien weniger ertragreich ist als die israelische.
Ist der Vorwurf berechtigt, stimmt er nicht? Letzten Endes stehen mit dem israelischen und dem palästinensisch-arabischen Wirtschaftssystem einander zwei unterschiedliche Gesellschaftsmodelle gegenüber. Die israelischen Landwirtschaftsbetriebe sind genossenschaftlich oder nach dem Vorbild des Kibbuz organisiert; sie arbeiten nach Prinzipien größtmöglicher Effizienz und aufgrund der hochentwickelten Landwirtschaftstechnologie der Welt, während die arabische Landwirtschaft immer noch den Regeln eines halbfeudalistischen Systems unterworfen ist.
Palästinensische Grundbesitzer setzen auf ihren Gütern mit Vorliebe die billigen Arbeitskräfte aus den Flüchtlingslagern ein, und wenn sie das Land durch Pächter bewirtschaften lassen, so ist dieses Verhältnis oft durch eine langanhaltende Kette von Schulden und Krediten geprägt, die zu technischer Rückständigkeit führt. Und hat der Landbesitzer wirklich ein Interesse daran, durch bessere Bewässerung mehr Ertrag aus dem Boden herauszuholen? Das ist wohl nur in relativ seltenen Fällen so. Damit soll allerdings nicht bestritten werden, daß Elias Freijs Stadt Bethlehem unter Wassermangel leidet, der durch die in der Umgebung aus dem Boden gestampften jüdischen Siedlungen zumindest akuter geworden ist. Das Kapital für die Erfüllung von Träumen – lange Zeit plante man den Bau eines Hotels in der Pilgerstadt Bethlehem –

konnte Elias Freij erst nach Jahren des Taktierens beschaffen. Investitionen in dieser konfliktreichen Region beschränken sich im allgemeinen auf Wohnhäuser; an der Förderung von Produktionsstätten hat kaum jemand ein echtes Interesse. Zu groß ist die Ungewißheit, was in fünf, zehn oder zwanzig Jahren mit Cisjordanien passieren könnte. Bleiben die Israeli, so wird sich das touristische Interesse weiterhin in erster Linie auf Jerusalem konzentrieren und nicht auf Bethlehem. Käme es, allen Prognosen zum Trotz, doch noch zu einer echten Autonomie und einem stufenweisen Einflußzuwachs der PLO – zu der sich ja, mangels anderer Möglichkeiten, auch ein so gemäßigter Palästinenser wie Elias Freij halbwegs positiv äußert –, so würde eine Enteignung ausländischen Kapitals drohen. Zwanzig Jahre nach dem Sechstagekrieg, durch den Cisjordanien und der Gaza-Streifen besetzt wurden, schien es immer noch schwierig, eine sachbezogene Bilanz der wirtschaftlichen Entwicklung zu ziehen. Israelische Stellen wiesen darauf hin, daß das Bruttosozialprodukt der besetzten Gebiete in diesem Zeitraum von 400 auf rund 1500 Dollar pro Kopf gewachsen und die Säuglingssterblichkeit von 150 in den Jahren vor der Besatzung auf 32 im Jahr 1987 gesunken sei. Im Gaza-Streifen und in Cisjordanien aber ist sie immer noch mehr als doppelt so hoch wie in Israel, worauf der Korrespondent der «Neuen Zürcher Zeitung» zu Recht die Frage nach dem Standpunkt dessen aufwarf, der die entsprechenden Zahlen und Zahlenvergleiche publiziert: «Tatsächlich geht es den Bewohnern ‹der Gebiete› im allgemeinen viel besser als vor 20 Jahren, es geht ihnen auch besser als der Bevölkerung der Nachbarländer. Aber es geht diesen Palästinensern noch lange nicht so gut wie den Israeli innerhalb der ‹grünen Linie›, im ‹israelischen Kernland› innerhalb der Waffenstillstandslinien von 1948 bis 1967.»
Kommt hinzu, daß bei Vergleichen der angeführten Art fast immer die Gebiete Cisjordanien und Gaza-Streifen zusammen berechnet werden, in Übergehung der Tatsache, daß Gaza einen bedeutend tieferen Lebensstandard als Cisjordanien aufweist. Das galt für die Zeit vor 1967

ebenso wie für die Gegenwart. Und setzt man dann noch in Rechnung, daß das Bruttosozialprodukt in Jordanien ebenso hoch ist wie jenes der besetzten Gebiete Cisjordanien und Gaza-Streifen zusammengerechnet, dann ergibt sich sogar eine Schlechterstellung Cisjordaniens gegenüber dem arabischen Vergleichsland.
Publikationen des «West Bank Data Projects» weisen im übrigen darauf hin, daß Investitionen und ganz allgemein die wirtschaftliche Einzelinitiative von Israel immer dann unterbunden werden, wenn eine harte Konkurrenz-Situation zu einem Sektor der israelischen Ökonomie erkennbar sei.
Anderseits investieren auch die reichen arabischen Regime oder Privatpersonen aus solchen Ländern kaum in Cisjordanien, weil sie damit indirekt oder direkt die israelische Wirtschaft und die israelische Besatzungspolitik unterstützen würden. Und wohlhabende Exilpalästinenser tätigen Investitionen im Bausektor nur zögernd: sie scheuen sich oft, in die Rivalitäten zwischen Familien, Clans, Stadtgemeinschaften und religiösen Gruppierungen hineingezogen zu werden.
Im Falle Bethlehems kommt erschwerend jener Streit zwischen einem harten Kern von Griechisch-Orthodoxen und Armeniern hinzu, der schon seit Jahren schwelt und der sich von Zeit zu Zeit in Streitigkeiten um Quadratzentimeter des Bodens in der Geburtskirche Jesu entzündet. Zu Auseinandersetzungen mit Fäusten, Kirchenstühlen und Besenstielen führte dieser Konflikt noch zu Weihnachten des Jahres 1984, als Priester der beiden Gemeinschaften die traditionelle Reinigungszeremonie in der so sehenswerten, stimmungsvollen Kirche durchführten.
Traditionsgemäß wird die Reinigungszeremonie von Geistlichen der beiden Gemeinschaften zusammen ausgeführt. Sie dient nun aber kaum der eigentlichen Reinigung der Kirche, sondern der Betonung von territorialen Ansprüchen. Diese wiederum sind an sich durch den sogenannten «Status quo» aus dem Jahre 1757 festgelegt, aber anerkannt wurde diese Besitzaufteilung nur von den mehr oder weniger fremden Obrigkeiten, kaum aber von den

Angehörigen der unmittelbar beteiligten Glaubensgemeinschaften. 1970 etwa besetzten Angehörige der christlich-äthiopischen Gemeinde in einem nächtlichen Handstreich jene Teile der Geburtskirche in Bethlehem , die durch den «Status quo» den ägyptischen Kopten zugesprochen worden war. Sie hielten die entsprechenden Quadratmeter übrigens jahrelang besetzt, ohne daß die Israeli eingeschritten wären – auch nicht nach dem israelisch-ägyptischen Friedensvertrag. An Weihnachten 1984 waren es dann die Griechisch-Orthodoxen, welche mit gedungenen Schlägern in Mönchskutten und mit Besen bewaffnet handgreiflich wurden.

Aus solcher Perspektive betrachtet ist Bethlehem in der Tat ein problematischer Ort für größere Investitionen. Aber das soll nicht heißen, daß es hier keine wohlhabenden Leute gäbe. Die Freijs sind, mäße man ihre Besitztümer an westlichen Maßstäben, bestimmt mehrfache Millionäre in Franken, D-Mark oder auch Dollars. Das Problem besteht eher darin, daß mit diesem Geld nicht nach kapitalistisch-unternehmerischen Grundsätzen gearbeitet werden kann, daß Dollars oder jordanische Dinars – in diesen beiden Währungen wird hier vor allem gehandelt – allzu leicht nach Amman in Jordanien finden oder in einen Kreislauf gelangen, der halbfeudalistischen Grundsätzen untergeordnet wird. Praktisch bedeutet dies: In Cisjordanien wird vor allem Handel getrieben, werden Häuser gebaut, wird landwirtschaftliche Produktion vorwiegend im Systemkreislauf Großgrundbesitzer – Halbpächter finanziert, wobei der Halbpächter – oft vergleichbar dem «Mezzadro» in Mittel- und Süditalien – häufig dem Grundbesitzer gegenüber so tief verschuldet ist, daß er den Erlös aus dem Verkauf seiner landwirtschaftlichen Produkte gleich dem Besitzer abliefern muß, um das Saatgut für die nächste Feldbestellung bezahlen zu können. Wie sollte er da noch daran denken, seine Bebauungsmethoden zu verbessern?

Elias Freijs Familie hat sich seit Jahrhunderten in diesen Kreislauf eingegliedert und ist in der Pyramide des Einflusses wirtschaftlicher und politischer Natur zumeist ganz oben gewesen. Sie ist, gemäß der Aussage des Bürgermeisters, seit mindestens fünfhundert Jahren in Bethlehem ansässig, und Elias Freij verwaltet schon seit den sechziger Jahren das Amt des Bürgermeisters dieser Stadt mit ihren heute etwa 30 000 Einwohnern. Er wird von den Bürgern geachtet, wenn auch nicht geliebt, akzeptiert, wenn auch nicht eigentlich bewundert. Seine Stellung blieb unangetastet, auch nachdem 1967 die jordanische Souveränität durch die israelische Besatzung abgelöst worden war. Freij blieb im Amt, während seine Amtskollegen im nahegelegenen Hebron (Fahd Kawasme), in Gaza (Rashid Shauwa), in Ramallah (Karim Khalaf) und in Nablus (Bassam Shaqqa) abgesetzt wurden, weil sie nach Meinung des israelischen Militärgouverneurs palästinensisch-nationalistische Tendenzen und damit die Gewalt gefördert haben sollen. Er sprach sich jederzeit ungefragt, als einziger der Bürgermeister im besetzten Gebiet, zugunsten des Existenzrechtes Israels aus – vorausgesetzt, Israel sei bereit, die 1967 besetzten Gebiete zu räumen. Mit der Labour-Regierung Israels, also vor der Niederlage Shimon Peres' gegen Menachem Begin im Jahr 1977, hatte er gewisse geschäftsmäßig anmutende Kontakte; zwischen der Likud-Regierung und dem Bürgermeisteramt von Bethlehem herrschte dann aber Schweigen. Freij mochte sich in kleinem Kreis und gegenüber Reportern darüber beklagen, daß der Administrator für Cisjordanien, Professor Milson, ihn nie eines Händedrucks gewürdigt habe, aber damit änderte er die Haltung der israelischen Führung auch nicht. Die Konflikte in Bethlehem aber häuften sich, und dies insbesondere in und um die dortige Hochschule, deren Absolventen immer wieder gegen die Israeli demonstrierten und die deshalb von den Besetzern immer wieder vorübergehend geschlossen wurde.

Elias Freij verhielt sich während solcher Spannungen im allgemeinen eher diskret und vermied flammende Solidaritätsreden, die ihm angesichts der Machtverhältnisse im Land zum Verhängnis hätten werden müssen. Er beschränkte sich aufs Administrieren aus dem Amtszimmer seines Palazzo Freiji, empfing die Geschäftsleute der Stadt zu unverbindlichen Gesprächen über Alltägliches oder Leute aus den nahegelegenen Dörfern zur Besprechung lokaler Angelegenheiten ohne größere Konsequenzen. Zwischendurch reiste er immer wieder ins Ausland, sei es nach Amman zu Gesprächen bei der Regierung oder am Hofe König Husseins, oder zu publikumswirksamen Begegnungen nach Westeuropa weiter. Die geschäftlichen Angelegenheiten überließ er allmählich den männlichen Angehörigen seiner Familie, insbesondere dem Sohne George, der dank seiner Kontakte in aller Welt und eines elegant-weltmännischen Wesens das Perlmuttgeschäft der Familie in Schwung hält. Wenn er sich gerade in Bethlehem aufhält, so kann man ihn im Laden quer gegenüber vom Palazzo Freiji am Platz vor der Geburtskirche antreffen, wo er mit Schreib-, Rechen- und Verwaltungsangelegenheiten beschäftigt ist.

Er ist nicht allein – da gibt es beispielsweise auch Diana, die sich in einer Mischung von scheuer Eleganz und großem Interesse an den noch nicht entdeckten Geheimnissen dieser Welt um den Verkauf der Perlmutt-Souvenirs kümmert und deren Leben so sehr geprägt ist von der stillen Tragödie dieses gequälten Fleckens Erde im Konfliktraum zwischen der arabischen Welt und Israel. Sie gehört einer gutbürgerlichen, christlichen Mittelstandsfamilie an – und wenn hier in Bethlehem soviel Normalität wie beispielsweise im geographisch nahen, aber durch die Politik doch etwas fernen Amman drüben in Jordanien herrschen würde, so wäre Diana längst verheiratet und Mutter von einigen Kindern, die man zu den Schwestern in eine religiös geleitete Schule schicken und sonntags wohlanständig in die Kirche mitnehmen könnte. Aber der regionale Konflikt hat auch Dianas Leben in Mitleidenschaft gezogen. Sie ist zwischen fünfundzwanzig und dreißig Jahre alt und unverheiratet. Junge Männer mit Initiative aus ähnlichem Milieu und mit ähnlich guter Schulausbildung verlassen die besetzten Gebiete nur allzu gern rasch in Richtung Amman, des Persischen Golfs oder auch Europas oder Amerikas. So herrscht in Cisjordanien ausgesprochener Männer-Mangel, und die Mädchen, die nicht frühzeitig einen Partner gefunden haben, werden höchstwahrscheinlich ledig bleiben und müssen sich damit abfinden, im elterlichen Haushalt oder im Hause eines der Geschwister zu leben. Möglichkeiten zur Unterhaltung gibt es kaum: Eine unverheiratete Frau kann es sich nicht einmal leisten, allein auch nur einmal bis nach Jerusalem zu fahren und dort ein Kino zu besuchen. So bleibt nur das Gespräch im Familienkreis, die Lektüre und das Fernsehen mit dem arabischen Programm der Israeli, das jordanische Programm mit seinen vielen amerikanischen Spielfilmen oder das bedeutend langweiligere syrische Fernsehen, das man in Bethlehem gerade noch empfangen kann.

III. Die PLO – was ist das eigentlich?

Nachmittags, wenn die Hitze auf gut 35 Grad ansteigt, wirbelt der vom Djebel Kassioun östlich von Damaskus herabsausende Wind den staubigen Boden des Sommerlagers für die palästinensischen Kinder zu trockenen Schwaden auf. Der Exerzierplatz für die 8- bis 16jährigen Mädchen und Buben («Blumen» und «Löwensöhne» genannt) wird in eine mächtige, unerträglich heiße Wolke gehüllt. Die Rufe der Abteilungskommandeure tönen heiser: «Filastin ath-thaura» («Palästinensische Revolution»). Aber die Knirpse in ihren grünen Uniformen machen nicht schlapp. Sie marschieren im Gleichschritt und in Kolonnen über den rechteckigen Platz, hantieren diszipliniert mit ihren Holzgewehren und halten schließlich vor der Palästinenserfahne in der Mitte an.

An dieser Stelle hatten sie ihr Tagewerk begonnen, mit dem Fahnengruß um 6 Uhr morgens. Nachher gab es ein Frühstück, dann bis um 12 Uhr militärische Lektionen und Unterricht in palästinensischer Geschichte. Für 13 Uhr steht täglich Mittagessen auf dem Programm, dann Siesta, und von 16 bis 17 Uhr gibt es nochmals eine Stunde militärisches Training, anschließend Sport. Um 22 Uhr geht man in den säuberlich aufgeräumten Zelten mit den Namen verlorener Städte schlafen – sie heißen Akko, Lydda, Nablus, in Erinnerung an das Massaker auch Deir Yassin –, und um halb fünf in der Frühe des nächsten Tages wird wieder aufgestanden: preußisch anmutender Drill nach palästinensischer Art.

Das Lager, 15 Kilometer östlich von Damaskus gelegen, gehört zu den vielen Institutionen der in sich gespaltenen palästinensischen Befreiungsbewegung PLO. Bis Anfang der achtziger Jahre wurde das Sommercamp mal von Anhängern der Arafat-freundlichen Fatah, dann wieder von Angehörigen der pro-syrischen Saika oder der Volksfront für die Befreiung Palästinas des radikalen Kinderarztes Georges Habash geführt. Seit dem Ausbruch des Konflikts innerhalb der PLO, im Gefolge des Krieges vom Sommer 1982 und den Auseinandersetzungen zwischen Arafat-Freunden und pro-syrischen Arafat-Gegnern, ist die eine Fraktion bei der Organisation des Sommerlagers ausgeschaltet worden. Kinder, die jetzt noch hierherkommen, stammen aus palästinensischen Flüchtlingsfamilien, die schon in Syrien wohnen, oder aus Gemeinschaften, die starke Bindungen an eine jener Palästinenserorganisationen besitzen, welche ihr Hauptquartier in Damaskus haben. In Kursen von jeweils einem Monat sollen die Kinder hier auf ihre künftige Rolle als Kämpfer vorbereitet werden. Und wer nun etwa glaubt, daß dies nur so eine spielerische Umsetzung von unklaren Träumereien sei, der täuscht sich gründlich. Allein im «Ezzedine al-Kalak»-Camp – benannt nach dem PLO-Vertreter in Paris, der 1978 von einem mit ihm rivalisierenden palästinensischen Kommando erschossen worden ist – werden in jedem Sommermonat 2 300 Kinder und Jugendliche trainiert. Rund tausend von ihnen kommen eigens aus dem arabischen Ausland angereist, davon fünfhundert in dem Monat, als ich das Lager zum ersten Mal besuchte, gar aus dem fernen Kuwait. Die Teilnahme ist kostenlos, und für die Reisespesen kommt die PLO auf, die das Geld von der Arabischen Liga überwiesen bekommt oder direkt von Regimen der ölreichen Staaten am Golf.

«Wir haben hier eine Anzahl Jugendlicher, die schon zum drittenmal am Sommerlager teilnehmen», erklärte mir der Kommandant. «Für diese Absolventen organisieren wir eine höhere Ausbildung, besonders im Gebrauch von leichten Waffen.»

«Erlaubt das die syrische Regierung?»

Der Kommandant, ein hartgesottener Bursche, dem die militärische Erfahrung ins Gesicht geschrieben steht, zögert eine Minute lang. «Wir haben gewisse Einschränkungen», sagt er dann, «aber für den kommenden Monat

können wir sogar mit scharfer Munition üben. Sonst ist nur blinde Munition gestattet.»
Die den palästinensischen Verbänden von den Syrern zugestandene Aktionsfreiheit ist begrenzt. Guerilla-Aktionen an der Golan-Front sind seit 1974 untersagt, weil die syrische Regierung eine direkte Konfrontation mit den Israelis vermeiden will. Und auch professionelle Ausbildungslager für die Feddayin existieren nicht auf syrischem Territorium. Dafür hatte man bis 1982 den Libanon, dann wurde die PLO vorübergehend aus ihren Hochburgen im Süden des Landes und aus Beirut vertrieben.
Wenn man sich fragt, was die PLO eigentlich ist, muß man sich in den Alltag eines Flüchtlingslagers wie jenes von Yarmuk bei Damaskus versetzen. Yarmuk ist kein Zeltlager und auch keine jener Flüchtlingssiedlungen, die aus vorfabrizierten Blockbehausungen bestehen, sondern fast ein normaler Stadtteil von Damaskus mit einer Einwohnerzahl von etwas über hunderttausend und mit einem relativ gut organisierten Netzwerk von sozialen Institutionen der pro-syrischen Flügel der PLO. Wer immer in einem Lager lebt, ja, auch wer bereits aus dem Lager hinausgekommen ist und sich in die Gesellschaft eines arabischen Gastlandes hat integrieren können, muß nominell einem Kampfverband angehören, weil nur dies ihm die sozialen Leistungen der PLO sichert. Wer Mitglied eines Kampfverbandes ist, kann sich kostenlos in den PLO-Spitälern behandeln lassen. (Das tun – so muß man einschränkend beifügen – allerdings nur die Angehörigen der wirtschaftlichen Unterschicht, die anderen ziehen aus gutem Grund private Krankenhäuser vor.) Witwen gefallener PLO-Kämpfer erhalten von der PLO einen Teil des Gehalts ausbezahlt, das der betreffende Mann vor seinem Tod im zivilen Beruf bezogen hat. Die Kinder bekommen in sozialen Institutionen wie dem «Klub der Märtyrer-Kinder» eine Ausbildung, die ihnen den wirtschaftlichen Start erleichtern kann. Nach wie vor findet allerdings nur eine Minderheit unter den Palästinensern ein dauerhaftes Auskommen in Yarmuk selbst oder in Damaskus.

In der Regel geht man als Gastarbeiter für längere oder kürzere Zeit in einen der Staaten am Golf, nach Kuwait oder in die Emirate, kehrt dann vorübergehend zur Familie zurück und leistet in periodischen Abständen Dienst in einem der Kampfverbände. Die Mitgliedschaft im einen oder anderen dieser Verbände mag bisweilen ideologisch begründet sein – zur Gruppierung von Nayef Hawatmeh etwa stoßen praktisch nur Marxisten –, in einer Vielzahl der Fälle aber sind andere Motive bestimmend für die Weichenstellung. Manchmal sind es familiäre Bindungen zum einen oder anderen Kommandanten. Ich kenne Fälle, da junge Palästinenser von ihren Vätern förmlich in bestimmte Guerilla-Trupps abbeordert worden sind. Die später in diesem Buch geschilderte Familie Chusandar in Gaza ist dafür ein Beispiel. Im allgemeinen gelten die Verpflichtungen für den eigentlichen Dienst in der einen oder anderen Einheit auf Zeit, dann kehrt der Kämpfer in seinen zivilen Beruf zurück. So kam es, daß die PLO, die sich eigentlich als im Kampf mit Israel stehend betrachtet, auch im Sommer 1982, beim Kriegsausbruch im Libanon, über nicht mehr als 15 000 bis 20 000 aktive Kämpfer verfügte. Und davon waren viele, wie man bei der Evakuierung der PLO aus Beirut sah, fast noch Kinder oder schon Veteranen. Anders ausgedrückt: prozentual ist der Anteil der berufsmäßigen Guerilleros oder Kämpfer in den Rängen der PLO gering gegenüber der Zahl der Milizionäre auf Zeit.
Im «Klub der Märtyrer-Kinder» im Yarmuk-Lager bei Damaskus erklärt mir die Witwe des einstigen PLO-Funktionärs Abu Sabri das Schulungswerk. Den Mädchen wird hier Maschinenschreiben beigebracht und Nähen – das Nähen von Uniformen für die Kämpfer und das Nähen von Trachten der Bevölkerung in den von Israel besetzten Gebieten. Aus ihrem Auto holt sie ein Stück Stoff – Teil eines Kleidungsstücks aus der Umgebung von Nablus, der alten Heimat, um die Frau Sabris Traum von der Heimkehr kreist. Wir betrachten das Stickerei-Werk, und ich versuche zu erraten, aus welchem Dorf es stammt. Frau Sabri erklärt mit ernstem Blick: «Wir sammeln solche

Stücke so intensiv wie möglich, denn wir wollen unseren Kindern die Wurzeln unserer Kultur zeigen. Wir müssen das jetzt tun, bevor es zu spät ist, jetzt, wo in der Zerstreuung kreuz und quer durch die arabischen Länder noch Palästinenser leben, die sich an ihre Heimat aus eigener Anschauung erinnern.»

Unter den rund 2,5 Millionen Palästinensern außerhalb der von Israel kontrollierten Gebiete ist eine Generation herangewachsen, die keine eigene Erinnerung an die Heimat mehr besitzt. Was Palästina ist, wird den jüngeren unter ihnen durch Indoktrination und Schulung beigebracht, in «Ferien»-Lagern wie jenem des «Ezzedine al-Kalak»-Camps bei Damaskus oder durch die mehrheitlich palästinensischen Lehrkräfte im Dienst der UNO-Flüchtlingsorganisation UNRWA. In negativem Sinne übrigens auch durch ihre eingeschränkte Freiheit in den arabischen Ländern und durch die Unmöglichkeit, einen normalen Reisepaß zu erhalten.

Von vielen traditionellen Wertvorstellungen aus der Welt der Kleinstädte des ursprünglichen Siedlungsgebietes haben die Palästinenser im Exil sich gelöst. Innerhalb der Möglichkeiten der arabischen Gesellschaft entwickelten sie sich zur weitaus mobilsten Bevölkerungsgruppe, und sie sind in wachsendem Maße fähig, auch jene technisch anspruchsvollen Positionen zu übernehmen, die bis jetzt noch mehrheitlich von westlichen Experten ausgefüllt werden. Die Ölindustrie Saudi-Arabiens etwa ist heute zu einem beträchtlichen Teil abhängig von den palästinensischen Fachkräften, von denen viele Schlüsselstellungen etwa bei der Arabian-American Oil Company (ARAMCO) innehaben. Palästinenser und Araber mit jordanischen Pässen, die oft ebenfalls Palästinenser sind, stellen etwa sechzig Prozent der ARAMCO-Belegschaft. In Kuwait nehmen viele der insgesamt 250 000 Palästinenser Schlüsselstellungen in der Industrie und der Verwaltung ein. In Qatar (45 000 Palästinenser) und in den Vereinigten Arabischen Emiraten (40 000 Palästinenser, das heißt dreißig Prozent der Gesamtbevölkerung) sind sie wirtschaftlich der aktivste Teil der Einwohnerschaft. In

einigen Ländern am Golf leisten Palästinenser Militärdienst innerhalb der regulären Armeen – um eines Tages zu ihren Kampfverbänden zurückzukehren.
Und doch bleibt schwer faßbar, wohin nun der lange Marsch der PLO geführt hat. Einer militärischen Macht, wie Israel sie darstellt, aber auch der Armee eines arabischen Staates ist die PLO nicht gewachsen. Für eine breitangelegte Mobilisierung innerhalb der palästinensischen Bevölkerung fehlt einerseits die Motivation, andererseits ist unklar, wo die Berührungspunkte und wo die Trennlinien zwischen den fanatisierten Guerilleros, den zu allem entschlossenen Terroristen und den regulären Kampfeinheiten verläuft. 1981/82 zeichnete sich bei den Ausbildungslagern im Libanon eine Tendenz ab, wegzudriften von der Guerillataktik und sich statt dessen mehr auf die konventionelle Kriegführung zu konzentrieren. Der Wandel in der Taktik war wahrscheinlich auf einen zunehmenden sowjetischen Einfluß auf die militärischen Belange der PLO zurückzuführen, und sie zeitigte für die palästinensischen Kampfverbände verheerende Wirkungen, als die Israeli den Süden Libanons im Sommer 1982 förmlich überrollten. Als es nach dem Krieg zur Spaltung zwischen den Kräften Arafats und den Anhängern von Leuten wie Abu Saleh und Abu Mussa kam, tauchten die militärischen Konzeptfragen erneut auf, wurden aber nicht geklärt. Hinzu kam, daß die politische Verunsicherung immer größer wurde. Eine Gruppe schien eine diplomatische Lösung im Zusammengehen mit dem jordanischen König Hussein zu bevorzugen, eine andere lehnte sich stärker als je zuvor an Syrien an.
Die PLO mag für viele Palästinenser nicht die beste aller denkbaren Organisationen sein, aber sie ist dennoch jene Körperschaft, die den unzähligen Turbulenzen der letzten Jahrzehnte in Nahost hat trotzen können. In gewisser Hinsicht erinnert die PLO an ein Pannenfahrzeug, das einen defekten Wagen wieder fahrtüchtig machen soll. Palästinenser haben eine Tendenz, diesen Pannendienst zu rufen, sobald sie sich von anderen «Freunden» im Stich gelassen fühlen. Letzten Endes heiligt der Erfolg hier –

gemäß verbreiteter Einschätzung – die eingesetzten Mittel. Palästinenser sind im allgemeinen gegen Terror, gegen Gewalt, auch gegen die Vormachtstellung von Leuten aus Familien, die von unten und nicht von oben kommen, aber sie akzeptieren im Pannenfall jedes Instrument, das sie aus einer verfahrenen Situation herausbringen könnte.
Weil es keine Alternative zu geben scheint, aber auch aufgrund eines geschickten Taktierens, hat die PLO einen langen Marsch antreten können, in übertragenem Sinne vergleichbar dem langen Marsch, den seinerzeit Mao Tsetung in China durchführte. In zahlreichen Ländern verfügt sie über einen sogenannten diplomatischen Status, darunter in Österreich, der Sowjetunion, Indien und Griechenland. In Athen durfte Yassir Arafat sich sogar als Ehrenbürger der Stadt feiern lassen. Mit zwei US-Administrationen führte die PLO indirekte Gespräche (in der Zeit Jimmy Carters und Ronald Reagans); die Europäische Gemeinschaft bezeichnete die Palästinensische Befreiungsorganisation, ungeachtet gleichbleibender Ablehnung durch Israel, als erwünschten Partner bei der Fortsetzung der Nahost-Diplomatie; französische Außenminister suchten Yassir Arafat in Beirut auf, und der außenpolitische Experte der PLO, Faruk Kaddumi, wurde in verschiedenen Hauptstädten Westeuropas und in der außereuropäischen Welt wie ein Karrierediplomat empfangen; in Madrid konnte die Palästinensische Befreiungsorganisation ein Büro eröffnen, sie wurde von der spanischen Regierung offiziell anerkannt, ja, sie durfte über ihrem Quartier sogar eine Flagge hissen, fast wie ein richtiger Staat. Und Yassir Arafat erhielt sozusagen die Weihen politischer Respektabilität, als er wie ein Staatsmann vor der UNO in New York sprechen durfte und noch einmal, als ihn vor den Kameras der Weltpresse der Papst im Vatikan empfing.
Wurde damit seit den Anfängen der PLO alles in allem nun viel oder wenig erreicht? Die Organisation ist im Jahre 1987 immerhin schon 28 Jahre alt geworden, wenn man als Gründungsakt die Etablierung der «Fatah» am 10. Oktober 1959 ansetzt. Arafat, Salah Khalaf (der sich

später Abu Iyad nennen sollte), Khalil el-Wazir (Codename Abu Jihad) und Faruk Kaddumi waren die prominentesten Persönlichkeiten beim Entstehen der ersten Zelle der «Palästinensischen Befreiungsorganisation» in den Räumen der Bauunternehmung Arafats in Kuwait. Sie alle spielen, 28 Jahre später und in einer von kriegerischen Wirren, diplomatischen Fortschritten, Terror und Niederlagen gekennzeichneten Epoche, noch immer die führenden Rollen in der PLO. Bei der Gründung freilich betätigten sie sich, anders als heute, weitgehend im Untergrund, und sie neigten dazu, ihre Aktivitäten mit verschwörerischem Beiwerk zu umgeben. Die Organisation nannten sie «Harakat at-Tahrir al-Filastin», was zu deutsch «Bewegung der Befreiung Palästinas» bedeutet. Um der Schöpfung einen geheimnisvollen Beiklang zu geben, kehrte man in der Abkürzung die Reihenfolge der Buchstaben um, womit man die Bezeichnung «Fatah» erreichte – und «Fatah» bedeutet im Arabischen sowohl Öffnung wie auch Eroberung.
«Fatah» allerdings war anderen palästinensischen Organisationen, die bereits früher gegründet worden waren, recht ähnlich. Da gab es zum Beispiel in der Beiruter Studentenschaft eine Vereinigung «Arabische Nationalbewegung»; es gab in Universitätskreisen Kairos eine «Generalunion Palästinensischer Studenten». (In dieser Gruppe waren Yassir Arafat und Abu Iyad aktiv.) Und innerhalb der Baath-Parteien und auch in den Reihen der Moslembrüder existierten palästinensische Untergruppen.
David Th. Schiller skizziert die Vorstellungswelt dieser Gruppen in seinem Buch *Palästinenser zwischen Terrorismus und Diplomatie* (1982) folgendermaßen: «Für viele palästinensische Nationalisten war Gamal Abd el-Nasser zu der neuen Symbol- und Vaterfigur ihrer politischen Aspirationen geworden. Das Beispiel der Fedayin-Gruppen im Gaza-Streifen wirkte anreizend, und auch der Ausgang des israelisch-ägyptischen Krieges von 1956 war nicht desillusionierend, sondern verstärkte die arabische Militanz – schließlich waren die Israelis kurz danach zum Rückzug aus dem Sinai gezwungen worden, ein Umstand,

den der ägyptische Führer zu seiner eigenen Imagepflege zu nutzen wußte.»

Die Leute von der «Fatah» verbreiteten ihre Ideen zunächst in der in Beirut sporadisch gedruckten Zeitschrift *Filastinuna – nida al-hayat,* zu deutsch: «Unser Palästina, Ruf des Lebens». In dieser Zeitschrift riefen Männer wie Abu Iyad die Palästinenser zu revolutionärer Gewalt auf, und wann immer ihnen sich die Möglichkeit bot, setzten sie, einem Kettenprinzip folgend, den Aufbau ihrer Zellen fort. Weltanschaulich setzten sie sich mit den Theorien von Mao Tse-tung, Frantz Fanon und Ché Guevara auseinander; sie sprachen über die Erfolge der Guerillas in Vietnam, und sie zeigten sich immer wieder vom Vorgehen des Front de Libération National, dem FLN, in Algerien beeindruckt. Daß die Theorien vieler der so heiß verehrten und intensiv studierten Autoren auf dem Atheismus beruhten, sie selbst sich aber mehrheitlich der religiösen Verpflichtung der Moslembrüder verbunden fühlten – dieser Widerspruch störte die Führungspersönlichkeiten der «Fatah» damals nicht.

Die Beziehungen zwischen den Organisationen der Palästinenser und den arabischen Regierungen waren von Anfang an voller Zweideutigkeiten und Widersprüche. Das hatte sich schon unmittelbar nach dem Krieg zwischen den Arabern und dem neugegründeten Staat Israel 1948 gezeigt. Damals reisten drei palästinensische Delegationen nach Lausanne, jede mit dem Anspruch, die Gesamtheit der Flüchtlinge zu vertreten – aber die Repräsentanten der dort versammelten arabischen Regime weigerten sich, sie zu empfangen. Bei der Gründung der «Fatah» im Jahr 1959 mußten die Initianten sich vor allem vor den Geheimdiensten Ägyptens, Jordaniens, des Libanon und Syriens abschotten; denn die Regierungen dieser Länder wollten um keinen Preis ein unkontrollierbares palästinensisches Machtzentrum entstehen lassen. «Fatah» stellte sich im übrigen in Gegensatz zu damals bei den Regierungen modischen panarabischen Tendenzen, indem sie erklärte: «Die arabische Einheit kann nur durch die Befreiung Palästinas erreicht werden.» Im Klartext bedeutete das: Ägypter, Iraker, Syrer sollten sich der Taktik der «Fatah» unterordnen, bevor sie aus eigener Kraft den Traum von der arabischen Einheit verwirklichen dürften.

Nun fürchteten die etablierten arabischen Politiker auf der einen Seite zwar die möglichen Konsequenzen solcher Rhetorik. Andererseits versuchten sie aber immer wieder, sich das in den Reihen der Palästinenser abzeichnende Potential zunutze zu machen. Abd el-Nasser prägte 1959 das Wort von der «Palästinensischen Einheit», die in einer (in Kairo stationierten und daher kontrollierbaren) Exilregierung ihre Ausdrucksform finden sollte. Die irakische Regierung unter General Kassem sprach von der Gründung einer «Republik Palästina» im Gebiet Cisjordaniens (das damals von der Haschemiten-Dynastie Jordaniens kontrolliert wurde) und im Gaza-Streifen. Im August 1960 formierten die Iraker in den Reihen ihrer eigenen Armee eine palästinensische Einheit. Das weitere Umfeld in jenen Jahren schildert Schiller prägnant: «So konnte es nicht ausbleiben, daß der ‹Palästinismus› zum neuen Spielball innerarabischer Rivalitäten wurde, wobei die verschiedenen Staaten in einem Rennen gegen die Zeit versuchten, Mittel und Organisationen zu finden, um den palästinensischen Nationalismus für ihre Zwecke auszunutzen. Bereits 1959 begann Ägypten, die spürbar wachsenden palästinensisch-nationalistischen Strömungen in der Lagerbevölkerung durch die Gründung der ‹Palästinensischen Nationalunion› in den Flüchtlingszentren der VAR zu kanalisieren. Militanter Aktivismus drückte sich in einer Vielzahl kleiner und kleinster Untergrundzellen aus, die in den Jahren nach 1960 – angeregt durch das algerische Beispiel – in den Camps und Slumvororten der palästinensischen Flüchtlingslager entstanden. Im Libanon, in Ägypten, Syrien und dem Gaza-Streifen wurden Zellen gegründet, von denen die wenigsten außer anspruchsvollen Namen auch über Waffen, ein Konzept oder Organisationsmuster verfügten. Die meisten dieser Gruppen, die sich ‹Arabische Front›, ‹Schwarze Hand› oder ‹Rote Hand›, ‹Jugend der Rache› oder ähnlich nannten, gelangten nie über die erste Phase hinaus. Andere waren die eher ‹privaten› Unternehmen einiger palästinensischer Offiziere in den arabischen Armeen. Einige wenige wurden durch die militärischen Geheimdienste Ägyptens oder Syriens gefördert.»

1963 begann die Wende: In diesem Jahr herrschte in der arabischen Welt weitherum Aufregung wegen jener Pläne Israels, das Jordanwasser für die Bewässerung der Landwirtschaft in Galiläa nutzbar zu machen. Abd el-Nasser versuchte damals, sich zum eindeutigen Protektor der Palästinenser zu machen, die, wegen der Folgen für die Landwirtschaft im Jordantal weiter südlich, von einer Ableitung des Jordanwassers am unmittelbarsten betroffen schienen. Er motivierte die Arabische Liga, bei der Schaffung einer allumfassenden palästinensischen Organisation aktiv zu werden, und infolgedessen wurde Ahmed Shukeiry Beobachter der Palästinenser bei der Arabischen Liga.

Shukeiry entstammte einer angesehenen palästinensischen Familie aus der Stadt Akko. Seine Ausbildung erhielt er in Jerusalem und in Beirut, und er engagierte sich früh in der Politik. Als 21jähriger tat er sich 1929 erstmals als Redner hervor. Es wird überliefert, daß er im Anschluß an eine Prozession von Schwerter tragenden Gläubigen in Jerusalem ausrief: «Diese Waffen sind makellos, abgesehen vom Blut, das sie vergießen sollten!» Ein halbes Jahr später, im August 1929, fehlte den Schwertern in dieser Hinsicht nichts mehr; in diesem Monat wurde bei Massakern viel jüdisches Blut vergossen.

Ahmed Shukeiry wurde syrischer UNO-Delegierter, dann, von 1957 bis 1962, UNO-Delegierter für Saudi-Arabien. Nach Meinung des israelischen Politologen Eliezer Beeri «benutzte Shukeiry die Plattform der Vereinten Nationen ohne jegliche Hemmung für verbale Aggressionen. Ab 1960 war er der bekannteste Aktivist unter den Palästinensern in bezug auf Attacken gegen Israel. Um diese Zeit gab es ein palästinensisches Wiedererwachen, das sich gegen die Tendenz der 50er Jahre abhob – damals waren es fast immer die arabischen Staaten gewesen, welche gegen Israel agitierten» *(The Palestinians and the Middle East Conflict,* 1976).

Im Januar 1964 erklärten die Monarchen und Präsidenten der Teilnehmerländer an der ersten Gipfelkonferenz der Arabischen Liga in Kairo feierlich ihre Bereitschaft, eine «Palästinensische Einheit» anzuerkennen. Und Shukeiry, damals in den Augen der Politiker ein achtbarer Mann, wurde beauftragt, dieser Vorstellung einen organisatorischen Rahmen zu geben. Auf den Mai des gleichen Jahres lud Shukeiry 422 Palästinenser zur Konstituierung des Nationalkongresses der PLO nach Jerusalem ein, und am 2. Juni 1964 beschloß diese Versammlung die Gründung der «Palästinensischen Befreiungsorganisation», der PLO. Shukeiry wurde von den Anwesenden, die ihm ihre Funktion in dieser neugeschaffenen Organisation verdankten, einstimmig zum Vorsitzenden gewählt, und die PLO schuf sich ihren Nationalpakt, in dem unter anderem festgehalten wurde: «Der bewaffnete Kampf ist der einzige Weg, Palästina zu befreien. Daher ist er die übergeordnete Strategie, nicht nur eine taktische Phase. Das palästinensische arabische Volk stellt seine absolute Entschlossenheit und feste Entschiedenheit fest, den bewaffneten Kampf fortzusetzen und für eine bewaffnete Volksrevolution zur Befreiung seines Landes und seiner Rückkehr zu arbeiten.»

Es war damals umstritten, wieviel Militanz sich diese PLO leisten sollte, und umstritten war noch etwas anderes: Sollte zuerst die Einheit der arabischen Nation verwirklicht werden – das forderten damals die Nasseristen und die Baathisten –, oder sollte Vorrang haben, was als Befreiung Palästinas bezeichnet wurde? Im übrigen wurde nicht ganz klar, welche Gebiete man zu Palästina zählen wollte. Shukeirys PLO bekräftigte auf der zweiten Arabischen Gipfelkonferenz im September 1964 «den rechtmäßigen Anspruch des palästinensisch-arabischen Volkes auf sein Heimatland» und erklärte die «Befreiung Palästinas» zur «patriotischen Pflicht der arabischen Nation». Sie verzichtete aber auf einen nationalen Vertretungsanspruch in jenen Teilen Palästinas, die 1949 von Transjordanien, Ägypten und Syrien annektiert worden waren. Sie tat das

mit den Worten: «Diese Organisation hat weder über die Westbank im Haschemitischen Königreich Jordanien noch über den Gazastreifen und das Hamma-Gebiet eine regionale Souveränität.»
Verschiedene arabische Regierungen versuchten, die radikalen Kräfte bei den Palästinensern in einer sogenannten Palästinensischen Befreiungsarmee (PLA) zu bändigen, welche den nationalen Kommandostrukturen Ägyptens, Iraks und Syriens unterstellt werden sollte. Aber die «Jungtürken» in den Reihen der PLO – zu ihnen gehörten Arafat, Kaddumi, Abu Iyad und Abu Jihad – setzten sich über diese Tendenzen hinweg und begannen Ende 1964 mit Guerilla-Aktionen auf israelischem Territorium. (Eine Minderheit im Zentralkomitee der PLO hatte damals mit Guerilla-Aktionen noch warten wollen, bis al-Fatah zu einer Massenbewegung angewachsen und besser bewaffnet sei.) Wie erfolgreich die Freischärler-Aktionen waren, schildert Friedrich Schreiber in seinem Buch *Die Palästinenser, Schicksal eines semitischen Volkes* (1983): «Nur ein Teil der Fatah-Kommandos überschritt am 31. Dezember 1964 die Grenze nach Israel. Der ägyptische Geheimdienst bekam Wind und verhaftete die im Gazastreifen konzentrierten Fatah-Guerilleros. Doch die von der Westbank und vom Libanon aus angreifenden Gruppen konnten nach Israel eindringen und kehrten unbehelligt in ihre Basen zurück. Angeblich griffen die Kommandotrupps der Fatah die israelischen Pumpanlagen zur Umleitung des Jordanwassers an. Eine Unterbrechung dieses Projektes, das die arabischen Frontstaaten besonders provozierte, mußte die Volksmassen in Amman, Damaskus, Kairo und Bagdad tief beeindrucken.»
In den sechziger Jahren waren die Leute von der PLO innerhalb der arabischen Welt sowohl Drahtzieher wie Gezogene. Syrien benutzte die Palästinenser bei Aktionen wie jener von Ende Dezember 1964 unter anderem auch dazu, um die Ägypter in Verlegenheit zu bringen. Ähnlich war die Situation vor dem Ausbruch des Juni-Krieges von 1967. Damals provozierte das Damaszener Regime die Israeli durch Terrorangriffe in der Nähe der Golan-

Grenze. Und Ahmed Shukeiry, der sich durch ein zwielichtiges privates Verhalten in den Augen der Araber allerdings selbst mehr und mehr diskreditierte, rief: «Die Juden werden aus Palästina verschwinden müssen. Wir werden ihre Reise in ihre frühere Heimat erleichtern. Wenn alte palästinensische Juden überleben, können sie bleiben. Aber ich habe den Eindruck, daß keiner von ihnen überleben wird.»

Nach dem Sechstagekrieg vom Juni 1967 mit seinen verheerenden Folgen für das Selbstverständnis der Araber und dem Prestigezuwachs Israels wurde die PLO umgebildet. Das Exekutivkomitee erzwang unter dem Einfluß der Guerilla-Organisationen und der PLA den Rücktritt Shukeirys, und in einem bis ins Jahr 1969 dauernden Verhandlungsprozeß übernahm die «Fatah» und mit ihr Yassir Arafat die Führung innerhalb der Palästinensischen Befreiungsorganisation. Und diese neugeformte PLO konnte von den arabischen Frontstaaten die Zusage erzwingen, daß die palästinensischen Guerilleros volle Bewegungsfreiheit in den betreffenden Territorien bekommen sollten. (Dieses Versprechen wurde später allerdings durch die Praxis wieder wesentlich eingeschränkt, insbesondere in Ägypten und Syrien, danach auch in Jordanien.) Sie setzten auch durch, daß der «Volkskrieg zur Befreiung der Heimat» vom Boden der Nachbarländer Israels aus geführt werden sollte.

In Jordanien führte dieser Anspruch bald zum Konflikt. Nach dem Juni-Krieg des Jahres 1967 strömten weitere palästinensische Flüchtlingsmassen ins Reich König Husseins. Zwei Drittel der Bevölkerung Jordaniens waren nun Palästinenser. Die Macht im Staate wurde aber weiterhin von den alteingesessenen Beduinen-Familien ausgeübt. Beinahe hätte sich das geändert: Nach der Schlacht in der jordanischen Ortschaft Karameh, ausgetragen zwischen palästinensischen Guerilleros und einer Einheit der israelischen Armee, stieg die Popularität der PLO bei weiten Schichten der Bevölkerung Jordaniens derart an, daß eine Umschichtung der Machtstrukturen in Amman unvermeidbar schien. Schon patrouillierten die Milizen der

PLO offen in den Straßen der Hauptstadt, schon wurden die Fahrzeuge der PLO mit eigenen Kennzeichen versehen, schon bildete dieses neue Establishment einen Staat im Staate – da ergriff König Hussein im November 1968 zum ersten Mal die Flucht nach vorn. Er verhängte ein Ausgehverbot über die Flüchtlingslager und versuchte, die prominentesten Guerilla-Führer zu verhaften.
Dazu hatte er einen unmittelbaren Anlaß. Der Radio-Sender der al-Fatah hatte nämlich die jordanischen Streitkräfte aufgefordert, das Wort König Husseins «Wir sind alle Feddayin» ernst zu nehmen und sich auf die Seite der palästinensischen Kampforganisationen zu stellen. Die Volksfront unter Georges Habash und die demokratische Front unter Nayef Hawatmeh forderten offen zum «Sturz der Oligarchie» in Jordanien auf und wünschten den König ins «wohlverdiente Exil» in die USA.
Die Kämpfe zwischen jordanischen Einheiten und PLO-Kampfgruppen in den Flüchtlingslagern um Amman (vor allem in den Lagern Jebel Ashrafieh und Jebel Hussein) forderten 28 Todesopfer, aber die geplante Verhaftung der Anführer der Palästinenser mißlang. Hussein sah sich zu einem Kompromiß mit der PLO gezwungen, durch den die Guerilleros Aktionsfreiheit zugesichert erhielten, im Gegenzug aber versprachen, sich nicht mehr in die innenpolitischen Angelegenheiten Jordaniens einzumischen und auf den Versuch zu verzichten, König Hussein zu stürzen.
Doch das Abkommen führte nur vorübergehend zur Beruhigung der Lage in Jordanien. Im Sommer 1969 zerstörten PLO-Guerilleros den Ost-Ghor-Kanal, der auf jordanischer Seite parallel zum Jordan verläuft. (Die Israelis sicherten daraufhin der jordanischen Regierung zu, sie würden keine Angriffe auf die Reparatur-Kommandos ausführen.) Weitere Guerilla-Aktionen über den Jordan hinweg führten zu immer neuen Spannungen, und im Februar 1970 schien Jordanien wieder einmal am Rande eines Bürgerkrieges zwischen Palästinensern und den regulären Einheiten der Armee zu stehen.
Innerhalb der PLO zeigten sich schwere Risse. Abdallah

Frangi, PLO-Vertreter bei der Liga der arabischen Staaten in Bonn, äußerte in seinem Buch *PLO und Palästina* (1982): «Während al-Fatah immer wieder nach einem politischen Weg für einen Modus vivendi suchte, setzten andere auf den Sturz des Königs.» Im Juni 1970 erteilte Hussein seine Zustimmung zum Plan des damaligen amerikanischen Staatssekretärs Rogers, in dem eine Waffenruhe zwischen Jordanien und Israel festgeschrieben wurde und den Guerillaverbänden die Möglichkeit zu bewaffneten Aktionen über den Jordan hinweg genommen werden sollte. Die PLO setzte sich jedoch über diese Vereinbarung hinweg und attackierte weiterhin israelische Siedlungen im Jordantal. Israel antwortete mit Vergeltungsangriffen seiner Luftwaffe.

Abdallah Frangi: «Die Ereignisse überschlugen sich nun. Am 1. September scheiterte ein weiteres Attentat auf König Hussein. Es war das zweite innerhalb weniger Monate. Am 6. September entführte die Volksfront für die Befreiung Palästinas drei Flugzeuge, später noch ein viertes. Eines wurde in Kairo aus Protest gegen Nassers Vereinbarungen über eine Truppenentflechtung am Suez-Kanal in die Luft gesprengt. Die anderen landeten auf dem ehemaligen britischen Flughafen «Dawson Fields», 25 km von Amman entfernt. Die Eskalation der Gewalt war nicht mehr aufzuhalten. Nachdem der König am 16. September die jordanische Zivilregierung aufgelöst und Militärs an ihre Stelle gesetzt hatte, begann am Morgen des 17. September 1970 der Angriff der jordanischen Armee auf Amman und die palästinensischen Flüchtlingslager. Das Ausmaß der Konfrontation war gewaltig. Amman sank in Schutt und Asche. Die jordanische Armee schonte weder die Zivilbevölkerung noch die Gefangenen. Gegen die überlegenen Panzerverbände der jordanischen Armee hatten die Feddayin in den Straßenkämpfen mit ihren leichten Waffen keine Chance. (...) Trotz anderslautender vorheriger Versprechungen von seiten einiger arabischer Länder waren die Palästinenser in den entscheidenden Momenten ganz auf sich allein gestellt.»

Soweit Abdallah Frangi, der an dieser Stelle geflissentlich

übersieht, daß die Syrer damals die PLO-Kampfgruppen vor der völligen Vernichtung retteten. Syrien war mit 200 Panzern über die Grenze nach Jordanien vorgestoßen und hielt die jordanischen Streitkräfte bei ihrer Verfolgung flüchtender palästinensischer Verbände auf.
Die PLO gab 3 400 Tote und 10 800 Verwundete als Opfer der Kämpfe an. In der Folge wurde zwar ein Waffenstillstandsabkommen zwischen Hussein und der PLO geschlossen, in dem den Guerilla-Organisationen wiederum die volle Bewegungsfreiheit (außerhalb der Städte Jordaniens) zugesichert wurde, durch den aber die Macht der PLO in Jordanien in Wirklichkeit zerschlagen wurde.
Die Konsequenzen dieser Entwicklung: Die PLO wich in den siebziger Jahren in den Libanon aus, wo sie ihre Machtbasen, insbesondere im Süden des Landes, so stark ausweiten konnte, bis sie zu einem Staat im Staate wurde. Und die Obrigkeit des Libanon war – im Gegensatz zum Regime Jordaniens – zu schwach, um sich gegen die Ansprüche der Palästinenser auf Lebens- und Bewegungsraum klar abzugrenzen. Kommt hinzu, daß die libanesische Regierung schon seit der Unterzeichnung des «Kairoer Abkommens» vom November 1969 keine Handhabe mehr hatte, um der PLO Direktiven auf dem Gebiet des südlichen Libanon zu erteilen. Im Abkommen war festgehalten worden, daß die Palästinenser sich bei ihren Aktivitäten in den Städten des Libanon zurückhalten, daß sie andererseits aber weitgehende Vollmachten in der Region nahe der Grenze zu Israel erhalten würden.
Die Jahre kurz vor dem Ausbruch der Kämpfe in Jordanien und der Verschiebung der Machtbasen der PLO nach dem Libanon waren Blütezeiten für Ideologen und Abenteurer. Georges Habash, ein Arzt aus christlicher Familie mit gutbürgerlichem Hintergrund, wollte zusammen mit Nayef Hawatmeh und Wadi Haddad die vertriebenen Palästinenser zur Rückgewinnung des verlorenen Landes mit Waffengewalt mobilisieren. Seine Anhängerschaft spezialisierte sich einige Jahre lang auf Flugzeugentführungen. (Im Zeitraum von 1968 bis 1970 gab es elf Terrorakte dieser Art.) 1968 wurde Habash von den Syrern ins

Gefängnis gesteckt und beschuldigt, er habe sich an einem Putschversuch beteiligt. Acht Monate lang blieb er inhaftiert, dann befreiten ihn die Guerilleros seiner «Volksfront für die Befreiung Palästinas». In den blutigen Auseinandersetzungen zwischen den Palästinensern und den jordanischen Streitkräften profilierte sich Habash dadurch, daß er die Passagiere eines der von den Terroristen nach Jordanien entführten Flugzeugs im Intercontinental-Hotel in Amman als Geiseln festhielt und mit der Sprengung des Hotels drohte, falls die jordanische Regierung weiterhin palästinensische Kämpfer hinrichten lassen würde.

Noch während der Zeit seiner Inhaftierung in Syrien hatte Habash die Kontrolle über einen Teil seiner Anhänger an Nayef Hawatmeh verloren; bis heute vermag niemand schlüssig zu erklären, was die ideologischen Differenzen zwischen den beiden Männern sind. Beide bekennen sich zum Marxismus-Leninismus, beide fordern auf dieser Grundlage die Schaffung eines palästinensischen Staates. Spricht man in Damaskus, dem Standquartier der Organisationen Habashs und Hawatmehs, mit den Anhängern der beiden, so bekommt man immer wieder zur Antwort: Da gibt es keine tiefergehenden Meinungsunterschiede, es handelt sich vielmehr um eine «Unverträglichkeit der Charaktere».

Hawatmeh traf ich zuletzt in den Monaten nach der Vertreibung der PLO aus Beirut, gegen Ende des Jahres 1982. In den damaligen Büros des Marxisten im Keller eines Wohnhauses in einem durchschnittlichen Wohnquartier von Damaskus herrschte Bunkeratmosphäre. Im kahlen Büro gab es ein zersessenes Sofa, einen kargen Schreibtisch, der sich kraß von den Repräsentativ-Möbeln anderer Palästinenserführer in Damaskus unterschied, zwei Asketen-Stühle – und kein Bild an der Wand.

Dr. Hilal, ein zerbrechlich wirkender Mitarbeiter Hawatmehs, unterhielt sich bei meinem Eintreten mit einem etwa 13jährigen Jungen. Der wollte sobald wie möglich in eine Kampfeinheit der Palästinenser eintreten, am liebsten bei Hawatmehs «Demokratischer Volksfront», weil da am konsequentesten dem Ideal der Gleichheit und Brüderlichkeit nachgelebt werde, weil man in den Rängen dieser Truppe noch wirklich revolutionär eingestellt sei. Die Stimmung war von einer freundlich-scherzhaften Leichtigkeit geprägt – bis Nayef Hawatmeh selbst ins Büro kam. Da aber verflog im Nu all das, was nicht ernst wirkte, und machte einem Kult des Seriösen Platz, einer Konzentration aufs Ideologische und einer Hingabe an eine stille Art von Verbissenheit.

Man kann diese Grundstimmung vielleicht im Rückblick auf Hawatmehs Leben verstehen. Der aus Jordanien stammende Mann war – nach einem halbfertigen Philosophiestudium – schon als etwa 20jähriger in revolutionäre Aktionen hineingeraten. Mit 23 Jahren wurde er in Amman zum Tode verurteilt, konnte aber fliehen und gründete im Irak die «Haraka» (Bewegung). Im Zusammenhang mit dem Putsch gegen General Kassem wurde er 1959 in Mossul verhaftet und gefoltert. Nach der Lostrennung von Georges Habash gründete er seine «Demokratische Volksfront für die Befreiung Palästinas», einen Flügel mit marxistischer Ausrichtung und einer ausgeprägten Verachtung für alles sogenannte Kleinbürgerliche.

Was konnte er noch unternehmen, nachdem die PLO im Libanon ihre große Niederlage hatte einstecken müssen, nachdem ihre Kämpfer in die ganze arabische Welt zerstreut worden waren – ein Zwangsexil, aus dem Tausende in den zwei folgenden Jahren allerdings wieder zurückkehrten? Hawatmeh meinte damals: «Gegen uns ist ein schwerer militärischer Schlag geführt worden, aber andererseits sind wir sicher, daß wir diesen Schlag innerhalb weniger Monate überwinden werden. Vor allem werden wir in den von Israel besetzten Gebieten eine Basis entwickeln, um politisch und militärisch so aktiv wie möglich zu werden.»

Glaubte er an den Erfolg solcher Versuche? Mußte er nicht längst eingesehen haben, daß die relative Passivität der palästinensischen Bewohner Cisjordaniens und des Gaza-Streifens bei weitem stärker ist als die Neigung zu sogenannt revolutionären Aktionen? Nein, Hawatmeh wollte auch in den bitteren Stunden der offenkundigen

Niederlage, nach dem Krieg vom Sommer 1982, weder daran glauben noch an die Begrenztheit des politischen Aktionsradius der linken innerisraelischen Opposition: «Wir werden, wenn ein unabhängiger Staat auf dem Territorium der israelischen Aggression von 1967 einmal gebildet ist, in den Gebieten Cisjordanien, Gaza-Streifen und des arabischen Jerusalem mit den progressiven Kräften Israels in Kontakt treten. Um mit ihnen gemeinsam über die Entwicklung der palästinensischen und der israelischen Gesellschaft zu beraten.»
Im bunkerartigen Keller in Damaskus tönte das alles etwas formelhaft und streckenweise auch tief verbittert. Da war die Rede von «arabischem Chauvinismus», der sich in die Bestrebungen der Palästinenser nach Selbstverwirklichung einmische, und da wurden leise, aber enttäuscht-kalte Worte über die Eigensüchtigkeit der verschiedenen arabischen Regime laut.
Nayef Hawatmehs Stil des Auftretens war auch 1982 noch von einer Verachtung für das Materielle geprägt. Seine Organisation zählte ja auch nicht zu den Reichen innerhalb der PLO, die als erste an der Reihe sind, wenn die Gelder aus Regierungsquellen, die «Steuern» bei den in Saudi-Arabien arbeitenden Palästinensern (angeblich jeweils drei Prozent der Lohnsumme) und die Profite aus den wirtschaftlichen Institutionen der PLO verteilt werden. Die wirtschaftliche Infrastruktur wurde weitgehend in den siebziger Jahren aufgebaut. Der kommerzielle Flügel der PLO, «Samed» genannt, war 1969 als winziges Werkstättchen mit sechs Nähmaschinen gegründet worden. Bis zum Beginn der achtziger Jahre verzeichnete «Samed» Einkünfte von jährlich rund einer Milliarde Dollar. Insider meinen allerdings, das sei nur ein kleiner Teil jenes Unternehmens, das allgemein den Spitznamen «PLO Ltd.» hat und über die bekannten Infrastrukturen hinaus größere Investitionen in New York, Großbritannien, Mexiko, der Schweiz, Italien, Frankreich, Belgien, der Bundesrepublik und Japan getätigt hat und entsprechende Einkünfte beziehen soll. Außerdem verfüge die PLO über neun Fabriken in der Konsumgüterindustrie,

ein Filmstudio, zwei landwirtschaftliche Betriebe in Syrien und sechs Modellfarmen in Afrika. Gesamtbestand der Belegschaft im kommerziellen Sektor: 6 500 ständig angestellte Mitarbeiter und rund 4 000 Teilzeit-Beschäftigte. Und noch nie hat jemand herausfinden können, wieviel des Profits in die Kassen der PLO fließt und welche Beträge in die Taschen von Einzelpersonen auf verschiedenen Ebenen der Hierarchie gelangen. Finanzskandale spielen jedenfalls immer wieder eine Rolle, wenn es darum geht, einen Funktionär aus der PLO-Machtpyramide zu verdrängen. Und die Verteilung der Gelder ist auch dort undurchsichtig, wo niemand Beweise für eine mißbräuchliche Verwendung hat, ganz oben an der Spitze der PLO. Yassir Arafat, so erfährt man aus gutunterrichteter Quelle, erhält zum Beispiel die Zuwendungen des saudischen Staates direkt auf eines seiner privaten Konten überwiesen, nicht auf das Konto der PLO als Organisation. Wem aus diesem Konto anschließend wieviel zugeteilt wird, ist unkontrollierbar und völlig dem Willen des Vorsitzenden überlassen. Ein aus der näheren Umgebung Arafats abgesprungener PLO-Funktionär schilderte mir einmal, wie der PLO-Vorsitzende bei seinen Gesprächen in Amman, in den Jahren 1984/85, Leute buchstäblich gekauft habe, um für seine Verhandlungstaktik mit dem jordanischen König eine breite Unterstützung zu erhalten. Jedem als wichtig erachteten Besucher sei in bar eine bestimmte Summe, abgestuft nach der Bedeutung des betreffenden Mannes, in die Hand gedrückt worden. Um Geld, so der ehemalige PLO-Funktionär, sei es auch im Kern der Auseinandersetzungen gegangen, die 1983 zum Auseinanderbrechen der Gefolgschaft Arafats führten.
In den siebziger Jahren verliefen die Prozesse des Terraingewinns und des Machtverlustes der PLO vielschichtig. Je gemäßigter die Organisation als Ganzes oder einzelne Persönlichkeiten in den verschiedenen Untergruppierungen sich zu geben versuchten, desto besser kamen sie bei ihren Kontakten zur nicht-arabischen Umwelt voran. Je mehr Yassir Arafat andererseits der Diplomatie den Vorrang gegenüber den bewaffneten Aktionen einzuräumen ver-

suchte, desto deutlicher wurde er in seinem eigenen Lager von radikaleren Kräften ins Abseits gedrängt. Völlig ausbooten konnten ihn seine Widersacher allerdings nicht. Nur Arafat konnte darauf pochen, daß er 1974 wie ein Staatsmann vor der Vollversammlung der Vereinten Nationen in New York hatte sprechen können. Wer außer Arafat wäre von Papst Johannes Paul II. empfangen worden? Yassir Arafat behauptete sich auch noch, nachdem der damalige ägyptische Präsident Anwar as-Sadat im Zusammenhang mit seiner Jerusalem-Reise vom November 1977 und der Unterzeichnung der Vereinbarungen von Camp David die PLO als Organisation ausschalten wollte. Als wendiger Politiker arrangierte er sich vorübergehend sogar mit seinem Widersacher, dem syrischen Präsidenten Hafez al-Assad, und später auch mit dem jordanischen König Hussein. Eigentliche Risse innerhalb der PLO zeigten sich erst 1981 anläßlich der arabischen Gipfelkonferenz von Fes in Marokko. Damals unterlag die von Arafat propagierte Linie einer relativen Mäßigung dem harten Kurs, den damals PLO-Außenminister Faruk Kaddumi verfocht. Von einer politischen Lösung des Konfliktes mit Israel wollten die «Falken» prinzipiell nichts wissen, und so lehnten sie von Anfang an den Nahost-Plan des damaligen saudischen Kronprinzen Fahd wegen dessen angeblicher Kompromißbereitschaft vehement ab.
Die nächste große Belastungsprobe kam 1982 während des Krieges im Libanon. Israels Steitkräfte machten mit den PLO-Einheiten im Süden des Libanon kurzen Prozeß. Deren Umstellung auf konventionelle Kriegführung – inspiriert, wie schon angedeutet, vorwiegend durch die Sowjets – erwies sich in der großen Auseinandersetzung als Fiasko[1]. Nach wenigen Tagen gab es nur noch in Beirut bewaffnete PLO-Kampfgruppen, während die Grup-

[1] Der israelische Autor Itamar Rabinovich gibt zu dieser Entwicklung eine andere Interpretation (*The War for Lebanon, 1970–1983,* Cornell University Press, 1984): «Als der Krieg ausbrach, plante die PLO innerhalb ihrer Strategie einen geordneten Rückzug in den Norden. Dabei sollte den israelischen Truppen soviel an Schaden wie möglich zugefügt werden. Die Verteidigung des Territoriums wurde demgegenüber als untergeordnet gewertet. Diese Strategie lief den israelischen Zielsetzungen in der entsprechenden Kriegsphase zuwider, denn

pen im Süden ausgeschaltet worden waren. Arafat hielt mit einigen tausend Getreuen in West-Beirut aus, dann mußte er sich der Übermacht des Gegners beugen und der Evakuierung und Zerstreuung der Kämpfer in verschiedene Länder der arabischen Welt zustimmen. Er selbst zog, via Athen, ins relativ ferne Tunesien, wo er sich mit einer kleinen Garde im Selwa-Hotel beim Ort Burj Cedria etwa 50 Kilometer südlich von Tunis einquartierte. (Seinen Wohnsitz nahm er ganz in der Nähe des Hotels.)
Wer immer dieses neue Hauptquartier besucht hat, muß von der Ähnlichkeit der Atmosphöre politischen Pläneschmiedens, an deren Verwirklichung kaum jemand glauben wollte, mit jener in den alten Büros in Beirut überrascht gewesen sein: Die Zwangsevakuierung hatte offenkundig keinen neuen Denkprozeß im Umkreis des PLO-Chefs in Gang gesetzt. Mohammed Labadi, der damalige Presse-Sprecher Arafats – Labadi wurde dem Chef später untreu und schlug sich zu den Rebellen um Abu Mussa im Libanon –, gab im Interview wohl zu, die PLO habe einen schweren Schlag erlitten, aber er zeigte sich nach wie vor überzeugt davon, daß das alte System von Ordnung-in-der-Unordnung bald wiederhergestellt werden könnte.
Wie?
Labadi sprach von der Mobilisierung der palästinensischen Bevölkerung in den von Israel besetzten Gebieten – die sich auch in den Folgejahren nicht konkretisierte – und von dem zu erwartenden Widerstand gegen die israelische Besatzungsmacht im Libanon – der Wirklichkeit wurde, weil insbesondere die Schiiten in den aktiven Kampf gingen. Den Westmächten schoben die Leute in den Vorzimmern Arafats im etwas heruntergekommenen Strandhotel in Tunesien eine Hauptverantwortung bei der

dadurch wurde der schnelle Vormarsch in Richtung Beiruts und in Richtung der Straße Beirut-Damaskus allzusehr erleichtert. Später, als der weitere Vormarsch Israels gestoppt worden war, wirkte sich die Konzentration von mehreren tausend zusätzlichen PLO-Kämpfern in Beirut in dem Sinne aus, daß die Position der palästinensischen Organisation während der Belagerung verstärkt wurde.» (S. 151)

Lösung der Krise zu – wider besseres Wissen wahrscheinlich, denn schon wenige Wochen nach dem Ende des Krieges im Libanon wurde klar, daß die USA ihre Haltung gegenüber Israel nicht grundsätzlich ändern würden.
Yassir Arafat reiste im Jahr nach dem Krieg fast unablässig durch die arabische Welt, um seine Kräfte neu zu organisieren. Nach mehrmaligen Verschiebungen gelang es ihm schließlich, den Nationalrat der Palästinensischen Befreiungsorganisation in Algier zusammentreten zu lassen. Der Nationalrat ist theoretisch das höchste Gremium der PLO, in Wirklichkeit allerdings werden die wesentlichen Entscheidungen von einem Exekutivrat – er umfaßt 30 bis 40 Mitglieder – gefaßt. 315 Mitglieder zählt der Nationalrat, und alle Mitglieder sind ernannt, niemand von der Basis gewählt.
Es war allgemein erwartet worden, der Nationalrat würde an seiner Tagung in Algier die Politik der PLO neu definieren, aber darin sollte man sich täuschen. Die Tagung endete mit Erklärungen, in denen im wesentlichen nur die alten Forderungen der PLO wiederholt wurden. Die Errichtung eines unabhängigen palästinensischen Staates in den von Israel besetzten Gebieten, mit Jerusalem als Hauptstadt, wurde als «absolutes Minimum» bezeichnet. Gleichzeitig postulierten verschiedene PLO-Leute die Fortsetzung des bewaffneten Kampfes.
Daß sich mit solchen Leerformeln nichts Wesentliches erreichen ließ, war selbst zahlreichen Teilnehmern des Nationalkongresses klar. Eine grundsätzliche Weichenstellung, eine neue Doktrin, eine Abkehr von den alten Rezepten – das alles wagte jedoch niemand offen zu empfehlen, aus Furcht vor Repressalien von seiten des harten Kerns um die alte Garde. Da gab es nur eine Ausnahme: Issam Sartauwi trat für eine Verhandlungslösung des Nahost-Konfliktes ein, und im Gegensatz zur offiziellen Linie der PLO erkannte er auch ausdrücklich das Existenzrecht Israels an. Knappe zwei Monate nach dem Kongreß des Nationalrates zahlte Sartawi für seinen Mut mit dem Leben. Er wurde am Rande der Tagung der Sozialistischen Internationale im portugiesischen Ort Albufeira ermordet.

Zu jenem Zeitpunkt war die Spaltung innerhalb der PLO schon in eine weitere Phase getreten. Um den 56jährigen Haudegen Abu Mussa hatte sich die sogenannte «Nationale Allianz» gebildet. Sie setzte sich zum Ziel, Fakten gegen jeglichen Kompromiß zu schaffen. (Zu den Kompromissen zählte in den Augen der Anhänger Abu Mussas auch jene Entscheidung, die der Nationalrat der PLO 1974 gefällt hatte und welche die Errichtung eines palästinensischen Staates neben Israel, nicht anstelle Israels, vorsah.) Monate später bekämpfte die «Nationale Allianz» mit syrischer Hilfe die Anhänger Arafats im nordlibanesischen Tripoli.
Parallel dazu formierte sich in Damaskus die «Demokratische Allianz» mit Führungsleuten wie Georges Habash und Nayef Hawatmeh, eingeschworen auf das Ziel, jeglichen amerikanischen Nahost-Lösungsvorschlag zu vereiteln. Arafat stürzen konnten diese Kräfte in den folgenden Monaten zwar nicht, aber es gelang ihnen immerhin, die Position des nominellen PLO-Chefs soweit auszuhöhlen, daß seinen Worten und Vereinbarungen auch in der arabischen Welt nur noch bedingt Glauben geschenkt wurde. Selbst die Abmachungen Arafats mit dem jordanischen König Hussein über die Zusammenstellung einer Delegation für Verhandlungen mit Israel blieben daher von zweifelhafter Legitimation.
Die Differenzen sind Ausdruck der Ratlosigkeit, ob und wie man wenigstens noch einen Teil jenes Traumes in Wirklichkeit umsetzen könne, der in der vielbeschworenen Vorstellung von der «Heimkehr» verdichtet und sublimiert wird. Man begegnet ihr bei den Palästinensern auf Schritt und Tritt, in Bildern und Worten. In vielen Buchhandlungen und Kiosken hängt ein Druck an der Wand, der einen gebeugten Fischer mit der al-Aqsa-Moschee im Fangnetz auf dem Rücken darstellt. Er versinnbildlicht die Mühsal und auch die lange Zeit, die notwendig ist, um endlich ans Ziel zu gelangen. Von einer gewaltsamen Eroberung ist in diesem Bild nichts zu erkennen: Nur geduldige Arbeit ist erforderlich, bis aus Jerusalem wieder «al-Quds», die Heilige, geworden ist. Und nichts verbindet

das Bild vom müden, geduldigen Fischer mit dem in Exilkreisen gängigen Spruch: «Palästina ist eine Braut, die mit Blut bezahlt werden muß.»
Mangels wirklichkeitsnaher Konzepte flüchtet sich der Traum von der Heimkehr in die Legende. Faris Glubb, ein aus Europa stammender Autor, der sich als Palästinenser fühlt, versetzte in seiner Erzählung *Die Heimkehr* das Geschehen ins 21. Jahrhundert. In seiner Vision hat Israel den Dritten Weltkrieg ausgelöst, haben die Supermächte sich gegenseitig durch Atombomben zerstört. «Nach und nach wurde in der Welt eine Radiostation nach der anderen stumm», schreibt er als Auftakt zu jener Story, die es verdient, in größeren Auszügen wiedergegeben zu werden:

> Später landete ein Dutzend Palästinenser in einem eroberten israelischen Kanonenboot auf einer fruchtbaren Insel mit idyllischen Sandstränden, Palmen und einem Überfluß an Lebensmitteln. Der größte Teil der Menschheit und fast die ganze menschliche Zivilisation war zerstört. Palästina jedoch überlebte in den Herzen von acht Männern und vier Frauen auf einer fernen Insel.
> Jahre waren vergangen. Zum Glück waren die Einwohner der Insel gastfreundliche Leute, die es den Palästinensern gestatteten, mit ihnen zu leben. Zwei der Partisanen hatten Inselmädchen geheiratet. Abu Adnan hatte Falma zur Frau genommen. Ein dunkelhaariges, furchtloses Mädchen aus Haifa, cinc begeisterte Kämpferin für Palästina.
> Es waren Jahre des Friedens. Eines Friedens, wie ihn die Palästinenser nie zuvor gekannt hatten. Aber für Abu Adnan waren es Jahre der Qual und des Heimwehs.
> Schließlich, am 20. Geburtstag seines ältesten Sohnes Adnan, hatte er entschieden: Es ist Zeit, die Rückkehr zu riskieren.
> Es war nicht leicht gewesen, sich zu entscheiden. Auf ihrem fernen Außenposten hatten die Handvoll Exil-Palästinenser und ihre Kinder kaum genaue Informa-

tionen über die Ausmaße der Zerstörung im Rest der Welt. Wie viele Kernbomben waren auf die arabische Welt gefallen? Die Tatsache, daß alle Radiostationen verstummt waren oder zumindest nicht von dem starken Kurzwellenempfänger des Kanonenboots empfangen werden konnten, deutete an, daß die Zerstörung groß gewesen war. Gab es noch Strahlungsgefahr in Palästina oder irgendwo unterwegs? Abu Adnan wußte nichts Genaues über die Art der Kernbomben, die in jenen Teilen der Welt explodiert waren, die sie durchqueren mußten, oder in Palästina selber. Er konnte also nicht die Halbwertszeit der betreffenden Strahlung berechnen. Eine Heimkehr nach Palästina konnte qualvollen Strahlungstod bedeuten. Schließlich kam die kleine Gemeinschaft zu einer Kompromißlösung. Ein Segelboot sollte gebaut werden (unter der Leitung von Mustafa, der einst Fischer in Gaza gewesen war), und zehn Personen sollten darauf die Reise nach Palästina antreten, unter dem Kommando von Abu Adnan. Mustafa meldete sich zur Teilnahme an der Reise, er war Kapitän des Schiffes.

Jetzt, in den ersten Jahren des 21. Jahrhunderts, kehrten diese Palästinenser nach Palästina zurück.

Ihre Schritte hallten wider von den Mauern zerschlagener und zerstörter Gebäude, als sie die Stadt betraten. Sie sprachen immer noch nichts, denn ihre Gemüter waren zu voll von Erinnerung und Trauer. Sie betraten Haram al-Scharif, das heilige Gebiet rund um die al-Aqsa-Moschee. Zwischen den uralten Pflastersteinen sprossen dünne Grashalme – ein beruhigendes Zeichen, daß die Strahlung nicht tödlich sein konnte.

Abu Adnan betrat die Moschee. Ein großer Käfer lief aufgescheucht davon, die Ecken waren voller Spinnweben. Werden die Insekten eines Tages die Erde von der Menschheit erben, oder haben sie es schon getan? dachte Abu Adnan. Er wandte sich gegen Mekka und begann sein Gebet.

Eine leichte Brise setzte den Staub in Bewegung, als Abu Adnan und seine Gefährten aus der Moschee traten. In der Luft lag Leben. Grüne Flecken waren auf den Hügeln der Umgebung zu sehen, und in der Ferne hörte man etwas wie Vogelgesang. Der Himmel war tiefblau, der Wind trieb nur einige wenige weiße Flöckchen darüber hin. Es duftete nach frischen Kräutern.

«Seht», rief Mustafa, «wir sind nicht allein!» Abu Adnan blickte in die Richtung, in die Mustafas Finger wies. Ein schwarzgekleideter Mann mit einem Hut auf dem Kopf näherte sich mit langsamen Schritten. Als er näher kam, sahen die Palästinenser, daß an seinen beiden Schläfen lange graue Ringellocken herabhingen. Er zögerte, als er die Waffen der Palästinenser sah, aber dann kam er weiter heran. Die Neugier war stärker als die Angst.

«Shalom», sagte er und fügte arabisch hinzu: «Ich komme in Frieden, und ich habe keine Waffen.»

«Und Friede sei mit dir», erwiderte Abu Adnan. «Bist du allein, oder sind andere mit dir?» – «Es sind noch drei andere hier: meine Frau, ein Freund und seine Frau. Wir alle sind ältere Leute. Wir sind orthodoxe Juden und wollen unsere letzten Tage in Jerusalem verbringen. Andere kamen mit uns vor einigen Wochen, aber sie sind gestorben. Soviel ich weiß, ist sonst niemand in der Stadt. Zum erstenmal kam ich vor vielen Jahren her, als junger Mann, als Pionier voller Ideen von Ruhm und Eroberung. Dann begann ich zu erkennen, wohin all diese Torheit führen würde: zur Zerstörung. Ich fürchte, ich sah nur zu genau. So ging ich wieder. Aber nun hat die Zerstörung ihr Werk getan. Ich werde alt und wollte die Heilige Stadt wiedersehen!»

«Willkommen, Bruder», sagte Abu Adnan, «Palästina lebt noch, und es ist Platz hier für euch und uns.»

Die Erzählung *Die Heimkehr* von Faris Glubb ist in der von der PLO herausgegebenen Broschüre *Stars in the Sky of Palestine* enthalten. Sie scheint mir bezeichnend für eine im geheimen bei den Palästinensern weitverbreitete, aber kaum je offen geäußerte Meinung: Aus eigener Kraft wird es den Palästinensern nicht gelingen, ihren Traum von der Heimkehr zu verwirklichen. Nicht einmal ein Konflikt zwischen den Arabern und Israel könnte zu diesem Ziel führen, sondern nur ein Weltkrieg. Von einer Verhandlungslösung ist in der Literatur der Palästinenser praktisch nie die Rede. Selbst jene Dichter, die im besetzten Cisjordanien leben, begnügen sich damit, theoretische Gesprächsansätze zwischen Palästinensern und Israeli aufzuzeigen, ohne aber als Konsequenz eine Entspannung in den menschlichen und politischen Beziehungen zu skizzieren.

Im Werk Sahar Khalifas, der 1941 in Nablus geborenen Autorin, wächst, der Not gehorchend, eine neue Generation von Widerstandskämpfern heran: «Atme tief ein! Tränen. Staub. Nebel. Geruch von den verbrannten Zitronenbäumen um den zertrümmerten Innenhof. Die Soldaten in ihren dunklen Autos tun wichtig. Tief drinnen lehnt man sich auf, bebt man vor Groll. Ich bin kein Tyrann, aber ein Rächer.» So schildert sie in *Der Feigenkaktus* die Reaktion der Leute nach der Sprengung eines Palästinenser-Hauses durch israelische Soldaten – und die bekamen Order aufgrund eines palästinensischen Terroraktes.

Raymonda Tawil, eine andere Autorin aus dem besetzten Gebiet, beendete ihr Buch *Mon pays, ma prison* so:

> Ich war nicht mehr unter Hausarrest.
> Aber war ich nun frei?
> Sicher nicht.
> Wie hätte ich frei sein können?
> Ich bin eine Palästinenserin, die unter der Besetzung lebt.
> Ich bin eine Frau, die in einer reaktionären Gesellschaft lebt, und sie wird von Männern beherrscht.
> Ich bin eine Ehefrau in einer Gesellschaft, die Männer zu Göttern gemacht hat und Frauen zu unterworfenen Puppen.

Meine Inhaftierung ist zu Ende, aber nicht mein Sklavendasein.
Mein Kampf beginnt erst jetzt.

Und Raja Shehadeh, ein Rechtsanwalt aus dem von Israel besetzten Ramallah, beendet seine *Aufzeichnungen aus einem Ghetto* (deutsch 1983) mit den Sätzen:

> Ich fühle mich leer, wie eingesperrt in die Mitte eines Rades mit rostigen Speichen. Auf jeder Speiche steckt ein Kopf – eine gequälte, verfolgte, gefühllose Totenmaske.
> Ich sehe viele israelische Gesichter vorbeifliegen. Drei jedoch fallen ins Auge, halten das Rad für einen Augenblick des nackten Entsetzens fest. Da ist zuerst das leicht schwammige, bebrillte Gesicht des ashkenasischen Intellektuellen, umgeben von seinen sephardischen und drusischen Nachahmern. Sie sehen mich mit der Arroganz der Kolonisatoren an. In ihren Augen steht eine Mischung aus Überraschung und Zorn, daß ich, der Eingeborene, es wage, mir einzubilden, ich würde ihre Absichten durchschauen. Dann kommt das derbe, fast faltenlose Gesicht von Ariel Sharon und seiner Schlächterbande, eine furchterregende Verbindung von Beschränktheit und Macht: Sie wollen Böses, und sie werden es durchsetzen. Ihre Gesichter sind leer, fast völlig frei von jeder Gewissensregung. Schließlich, und in mancher Hinsicht am erschreckendsten von allen: das schwächliche Gesicht des «schönen Israeli», den die Okkupation stört, aber nicht, weil sie Unrecht ist, sondern weil sie sein gutes Aussehen ruiniert. Und er hat guten Grund, sich Sorgen zu machen, denn die Falten in seinem Gesicht sind tatsächlich unansehnlich: Es sind die Falten eines verwöhnten Narzißten, dem seine ständige Selbstbespiegelung zeigt, daß seine Schönheit welkt – und der zu schmollen anfängt.
> Die israelischen Seiten der Masken sind im ganzen

> rosiger, praller, selbstzufriedener. Doch das kommt daher, daß sie die Rückseiten ihrer Köpfe nicht sehen, nicht sehen können. Sie wissen nicht, daß wir zusammen auf die Speichen eines Rades gebunden sind, dessen Kreisen uns alle in den Tod führt.

Gewiß, das alles klingt doch weniger aggressiv als etwa der Ruf der palästinensischen Dichterin Fatwa Tukan – auch sie lebt unter israelischer Besetzung, in Nablus –, welche in den siebziger Jahren in einem Gedicht die Guerilleros des Vietcong nach Nablus herbeiwünschte, damit sie sich mit den palästinensischen Frauen paarten und eine Generation von Untergrundkämpfern heranzüchten würden. (Welche Ohrfeige für die so um ihre Würde und Ehre besorgten Männer Arabiens!) Aber Hoffnung auf ein friedliches Ende des Dramas spricht dennoch aus keinem der hier auszugsweise zitierten Texte. Die Literatur stimmt in dieser Hinsicht weitgehend mit Untersuchungen über die Vorstellungen der jungen palästinensischen Generation überein, gleichgültig, ob die betreffenden Familien sich der PLO direkt zugehörig fühlen oder nicht.
Bassem Sirhan, ein im Libanon lebender Palästinenser, führte in den siebziger Jahren eine Umfrage bei 10- bis 15jährigen Kindern durch. (Ihre Resultate sind enthalten in der Broschüre *Die Generation der Befreiung, Palästinensische Kinder,* erschienen bei der Edition ‹etcetera› Basel, 1975). Sie erstreckte sich auf Flüchtlingslager in Jordanien und im Libanon und auf Stadtbewohner in Amman, Beirut und Sidon. Sirhans Studie gehört zu den wenigen empirischen Arbeiten einer arabischen Sozialwissenschaft, die auch heute noch erst in Ansätzen vorhanden ist. Die meisten der von Sirhan befragten Kinder haben Palästina selbst nie gesehen, aber alle gaben an, sie wollten dorthin «zurückkehren». «Ein Hauptgrund für den Wunsch, zurückzukehren», führt Sirhan aus, «war der Wille, ‹unsere Würde wiederzuerlangen›. Hatte das Kind angegeben, es wolle zurückkehren, lautete die nächste Frage: ‹Du sagtest, du wolltest nach Palästina zurückkehren – werden die Juden das zulassen?› Dies wurde von allen Kindern

(100 %) negativ beantwortet. Alle waren sicher, daß die Juden ihnen nicht erlauben würden, in ihre Heimat zurückzukehren. Die Anschlußfrage lautete: ‹Da sie dich nicht zurückkehren lassen werden, wie wirst du hinkommen?› Alle befragten Kinder (100 %) glaubten, daß sie durch Waffengewalt zurückkommen könnten. Die meisten (86 %) drückten dies als ‹Krieg›, ‹Kämpfen› oder ‹Revolution› aus. Ein paar Kinder meinten, daß ihnen arabische Streitkräfte dabei helfen würden, andere (20 %) glaubten, daß ein Volkskrieg der einzige Weg zur Rückkehr sei.»

Es gibt keinen Grund zur Annahme, daß sich an der Grundhaltung der jungen Generation bei den Palästinensern seit der Veröffentlichung der Umfrage Sirhans Wesentliches geändert hätte, und wenn, dann wohl eher in die Richtung von mehr Distanz, mehr Skepsis, mehr Resignation.

Die PLO, die für die Mehrheit der Palästinenser eher Pannenhelfer als Träger einer politischen Ideologie ist, versucht, zwischen der selten geäußerten Resignation und dem öffentlich geäußerten Kampfeswillen hin und her zu lavieren. Eine grundlegende Weichenstellung in eine andere als die bisher eingeschlagene Richtung wird sie wahrscheinlich so lange nicht vollziehen, als die Gründungsgeneration an den Schalthebeln der begrenzten Macht bleibt. Yassir Arafat, Abu Iyad, Abu Jihad, Faruk Kaddumi, Georges Habash, Nayef Hawatmeh – sie alle sind Gefangene ihrer eigenen Doktrinen, welche Unmögliches wollen und mit allen Erklärungen und Aktionen eigentlich nur eines erreicht haben: daß die palästinensische Frage nicht in Vergessenheit geraten ist. Gemessen am Leid, das die palästinensische Bevölkerung in den Lagern und im Exil erleidet, ist das entsetzlich wenig.

Drei Jahre nach der Vertreibung aus Beirut und der Zerschlagung der alten Infrastruktur der PLO zeichnete sich eine neue Phase ab. Ihr äußeres Anzeichen war ein dramatisches Anwachsen des Terrors. 1985 war von Gewalt und Blutvergießen gekennzeichnet: Palästinensische Kommandos ermordeten drei israelische Staatsangehörige auf Zypern, worauf die israelische Luftwaffe das Hauptquar-

tier der PLO in Tunesien angriff. Mindestens siebzig Menschen fielen dem Angriff zum Opfer. Palästinensische Trupps versuchten mehrmals, mit Booten in Richtung Israel vorzudringen. Die Israeli fingen die Boote ab und versenkten mehrere. Ein palästinensisches Kommando schließlich wollte mit dem Kreuzfahrtenschiff *Achille Lauro* nach Israel gelangen und im Hafen von Ashdod ein Blutbad anrichten. Dieser Plan konnte nicht durchgeführt werden, aber die Terroristen kaperten die *Achille Lauro* und erschossen einen jüdischen Passagier amerikanischer Staatsangehörigkeit. Ein brutales Entführer-Quartett brachte etwa einen Monat später ein Flugzeug der ägyptischen Luftlinie zwischen Athen und Kairo in seine Gewalt, zwang den Piloten zur Landung auf Malta und begann, kaltblütig einen Passagier nach dem andern anzuschießen oder zu erschießen. Eine ägyptische Militäreinheit sollte die Maschine schließlich erstürmen und die überlebenden Geiseln befreien, operierte aber derart dilettantisch, daß weitere 58 Menschen ums Leben kamen. Und im Dezember 1985 kamen zwei Terroristengruppen aus Beirut über die Schweiz nach Wien und Rom, wo sie auf den Flughäfen Schwechat und Fiumicino Handgranaten in die Reihe von wartenden Passagieren warfen und blindwütig um sich zu schießen begannen. Drei Todesopfer und etwa vierzig Verletzte forderten der Wahnsinn und die Terrorabwehr in Wien, sechzehn Tote und über siebzig Verletzte in Rom. Überlebende und gefangengenommene Terroristen erklärten, der Krieg gegen Israel und all jene, die Israel direkt oder indirekt unterstützten, würde weitergehen, und die amtliche libysche Nachrichtenagentur ließ verlauten, Libyen betrachte die Attentäter als Helden. Und Libyens Herrscher, Muammar al-Ghaddafi, äußerte schließlich, er würde, sollte es zu militärischen Maßnahmen gegen sein Regime kommen, die ganze Welt mit Terror in Schach halten.
Aufgrund der Aussagen festgenommener Attentäter, insbesondere nach dem Massaker in Rom, wurde deutlich, daß eine Spur verschiedene palästinensische Splittergruppen mit kriminellen Organisationen in Westeuropa ver-

band, insbesondere mit der Mafia in Italien. Offen blieb die Frage, in welchem Maße die offizielle PLO mitverantwortlich war für den brutal entflammten Terror. Arafat distanzierte sich von den Aktionen der Attentäter. Seine Erklärungen waren halbwegs glaubhaft; denn der PLO-Chef kann aus Terror gegenüber dem Westen keinen Profit ziehen, im Gegenteil. Je mehr Blut vergossen wird, desto radikaler wird er vom diplomatischen Parkett, das er nach Jahren langwierigen Taktierens mit einem Fuß hat betreten können, wieder verjagt. Offen ist andererseits die Frage, wieviel Bedeutung der PLO-Vorsitzende überhaupt noch hat. Die jüngste Entwicklung zeigte: Wenn Arafat nicht Drahtzieher oder Mitverantwortlicher der blutrünstigen Taten war, so besitzt er auf jeden Fall keine Kontrolle über die militanten Gruppierungen der Palästinenser. Aus diesem Grunde fragt sich, welchen Wert eine Vereinbarung mit Arafat über eine Regelung in Nahost heute überhaupt noch haben könnte, ob die Männer an den eigentlichen Schaltstellen nicht vielmehr Muammar al-Ghaddafi und Abu Nidal heißen.

Die Terrorakte insbesondere des Jahres 1985 haben gezeigt, daß Abu Nidal in größerem Maße, als ursprünglich angenommen wurde, junge Palästinenser für Selbstmordaktionen rekrutieren kann. Im Spektrum der militanten Splittergruppen wird er zwar als isoliert geschildert, mit Kontakten angeblich einzig und allein zum Flügel von Ahmed Jibril. Andererseits wird er von Libyen – dies behaupten zumindest amerikanische Quellen – mit jährlich etwa 32 Millionen Dollar finanziert, und in der kuwaitischen Zeitung *Al Kabas* kann er sich auch relativ regelmäßig zu Wort melden. Er selbst behauptete 1985 einmal in einem Interview mit *Al Kabas*, er habe gute Verbindungen zu einer Gruppe von ägyptischen Gruppierungen innerhalb der Armee. In Kairo, so erklärte er, «gibt es eine Organisation gutinformierter junger Soldaten, die sich selbst ‹revolutionäre Ägypter› nennen. Ihr Ziel ist es, Camp David rückgängig zu machen und Ägypten auf jenen Platz in der arabischen Welt zurückzuführen, der diesem Land gebührt. Ich unterstütze diese Leute voll und ganz.»

Abu Nidals Vergangenheit war lange Zeit in Dunkel gehüllt, und vieles von dem, was 1985 und 1986 über ihn bekannt wurde, ist nicht nachprüfbar. Gegenüber dem Herausgeber der Monatspublikation *France–Pays arabes* schilderte er seine familiäre Herkunft: Er entstammt einer wohlhabenden Familie namens Al Banna aus Jaffa. Nach 1948 wohnte ein Teil der Familie in Cisjordanien. (Noch heute ist ein Bruder Abu Nidals als Händler in Nablus tätig.) Ein anderer Teil der Familie zog nach Saudi-Arabien. Aufgrund finanzieller Unterstützung durch die UNO-Agentur UNRWA absolvierte er nicht näher umschriebene Studien. «Ich bin ein Mensch wie viele andere auch», sagte er im Interview mit *France–Pays arabes,* «ich habe ein Herzleiden, ich wurde dreimal operiert, ich bin verheiratet und habe drei Kinder.» Da sein ältester Sohn den Namen Nidal trägt, nahm er selbst den Namen Abu Nidal (Vater Nidals) an.
Seine politische Laufbahn begann im Irak, zunächst als Vertreter von Arafats «Fatah». 1972 brach er mit der PLO und gründete eine eigene Organisation, die sich «Schwarzer Juni» nannte. Im Dienste Iraks attackierte er damals syrische und jordanische Ziele (unter anderem das Hotel Sémiramis in Damaskus und das Hotel Intercontinental in Amman, 1976 auch die Botschaften Syriens in Italien und in Pakistan). 1981 überwarf er sich jedoch mit den Irakern und wechselte über zu deren Rivalen, nach Syrien. Seine Mordlust an Israeli und an Juden, die nicht die israelische Staatsbürgerschaft besitzen, blieb. Seine Leute verübten Anschläge auf den israelischen Botschafter in London, Schlomo Argow (1982), auf den Wiener Stadtrat Nittel (1981), auf den israelischen Diplomaten Barsimantow (1982), auf jüdische Kinder in Antwerpen (1980), auf die Synagogen in Wien (1981) und Rom (1982), auf das jüdische Restaurant *Goldenberg* in Paris (1983), auf Issam Sartauwi (1984). Ein Bombenanschlag auf ein Flugzeug der Gulf Air in Abu Dhabi (1983), der 111 Todesopfer forderte, wird Abu Nidal zugeschrieben, ebenso Anschläge auf britische Feriengäste in einem Athener Hotel, auf ein Café in Rom und auf das Büro der British-Airways im

Jahr 1985, ebenfalls in Rom. Bei der Entführung der *Achille Lauro* und vor allem der Air-Egypt-Maschine von Athen nach Malta im November 1985 deutete so manches auf Verbindungen zu Abu Nidal und zu libyschen Hintermännern.

Die syrische Epoche Abu Nidals scheint vor einigen Jahren zu Ende gegangen zu sein. Jetzt läßt er sich von Libyens Revolutionsführer Muammar al-Ghaddafi unterstützen, der ja auch daran glaubt, daß die arabische Einheit eines Tages durch einen «Volkskrieg» zustande gebracht werde, und der, wie Abu Nidal, gegen alle «Reaktionäre» im arabischen Lager zu Felde ziehen will. Die mehrere Jahre lang übliche Bezeichnung für seine Gruppierung «al-Assifa» (der Sturmwind) wurde aufgegeben; jetzt heißt die Anhängerschaft Abu Nidals «al-Fatah – Revolutionärer Rat». Als Aufenthaltsorte des Terror-Drahtziehers werden, je nach Quelle, entweder Libyen oder Südjemen, bisweilen auch Beirut genannt. Was Abu Nidal politisch letzten Endes anstrebt, ist nicht ganz klar. *Le Monde* wies einmal darauf hin, daß er nie von einem unabhängigen palästinensischen Staat spreche, sondern immer wieder darauf hinweise, Palästina sei ein Teil Syriens: «Palästina gehört in jeder Hinsicht zu Syrien. Ebenso wie der Libanon wird Palästina eines Tages integraler Bestandteil Syriens sein.»

Die Bilanz der Wegstrecke zu ziehen, welche die PLO und die palästinensischen Organisationen seit dem Debakel von Beirut im Sommer 1982 zurückgelegt haben, ist zutiefst pessimistisch. Die Zerstreuung der bewaffneten Einheiten aus der Hauptstadt des Libanon hat nicht zu der von den Israeli damals erhofften Liquidierung des Gewalt-Potentials geführt, sondern zur Bildung von abgespaltenen Bewegungen, die sich in der Anwendung von Gewalt gegenseitig zu übertreffen suchen. Arafats seinerzeitiges Pannenhelfer-Fahrzeug für die Palästinenser, die alte PLO, hat selbst eine schwere Panne erlitten. Der Kontroll- und Machtverlust Arafats hat sich als destabilisierend erwiesen. Diese Feststellung muß auch ein Beobachter machen, der die frühere Taktik der palästinensischen

Organisation mit Skepsis beurteilt und der die Rolle der PLO-Verbände im Süden Libanons, vor dem Krieg von 1982, als höchst problematisch eingestuft hat.

Die nächste Machtprobe für die PLO kam zu Beginn des Jahres 1987, als palästinensische Verbände und schiitische Milizen sich im Südlibanon erbitterte Schlachten um die Kontrolle verschiedener Flüchtlingslager lieferten. Eine Wende zugunsten der PLO brachten auch sie nicht – in dieser Zone des Libanon gaben nunmehr die Schiiten den Ton an.

Hätte der Weg ins PLO-Verhängnis vermieden werden können? Möglicherweise – in begrenztem Sinne – kann diese Frage mit Ja beantwortet werden. Voraussetzung dafür wäre gewesen, daß Israel sich im Sommer 1982 auf die Zerschlagung der Machtstruktur der palästinensischen Verbände im Süden des Libanon beschränkt und die Idee aufgegeben hätte, dem Libanon als Ganzem eine neue Struktur aufzuzwingen. Nicht die damalige Militäraktion im Süden Libanons führte zum Verhängnis, sondern erst der Vormarsch nach Beirut, der mit der Vorstellung verknüpft war, man könne sich die christlichen Maroniten zu Freunden machen, die PLO außer Landes jagen, den Einfluß der Syrer entscheidend eindämmen und mit den Schiiten freundschaftliche Beziehungen herstellen. So wie die Dinge verliefen, wurde der Kern der PLO zwar außer Landes genötigt, aber die Vertreibung führte nicht zum Erlahmen der Militanz, sondern zu einem Zustand der Unkontrollierbarkeit und einem weiteren Anwachsen des Fanatismus.

IV. An Assad führt kein Weg vorbei

Bis zum letzten Moment war ich nicht sicher, ob meine Absicht sich verwirklichen lassen würde. Syrien ist für ausländische Journalisten ein problematisches Pflaster, und so war bis zum Moment der Landung in Damaskus nicht abzusehen, ob die Zusage des Presseamtes von Präsident Hafez al-Assad für ein Interview mit dem Schweizer Fernsehen wirklich gültig war. Unzählige Journalisten und Fernsehteams hatten schon zwei oder drei Wochen in Damaskus verbracht, jeden Tag und bis in die Nacht hinein wartend, daß aus dem Präsidentenamt die definitive Zustimmung käme. Und manche Berichterstatter sind nach nervenaufreibender und kostspieliger Wartezeit ergebnislos wieder abgereist!

Ich hatte über etwa zwei Jahre bei jeder Visite in der syrischen Hauptstadt auf das Interview hingearbeitet. Manchmal gab es im Informationsministerium, bisweilen auch im Pressebüro des Präsidenten, hoffnungsvolle Hinweise. Sie zerschlugen sich allesamt, bis eines Tages, für mich recht unerwartet, ein Telex des Schweizer Botschafters Maurice Jeanrenaud in meinem Büro in Zürich eintraf, Präsident Assad sei bereit, mich zum Gespräch zu empfangen. Bedingung: Ich müßte, mitsamt der Kamera-Equipe, innerhalb von 48 Stunden reisebereit sein.

Den Grad von Sicherheit oder Unsicherheit in Syrien mißt man zunächst am besten an der Präsenz der Ordnungskräfte im Stadtbild, an der Häufigkeit oder Seltenheit von Kontrollen beim Betreten öffentlicher Gebäude, an den Komplikationen bei den Formalitäten der Einreise. In Damaskus gibt es darüber hinaus noch ein weiteres Meßinstrument: Es besteht in der Höhe der Mauern um die Ministerien.

Als insbesondere zwischen dem Massaker in einer Kadet-

tenschule in Aleppo 1979 und der blutigen Zerschlagung der Revolte der Muslimbruderschaft in Hama im Februar 1982 in der syrischen Hauptstadt Bombenanschläge gegen die Infrastruktur des Regimes immer häufiger wurden, da schützte das Regime seine Ministerien, die Offiziersklubs und andere potentiell gefährdete Institutionen durch etwa zwei Meter hohe Mauern. Man wollte es dadurch Attentätern unmöglich machen, Autos mit Bomben vor dem Eingang der Gebäude zu plazieren oder bewaffnet in die Hauseingänge einzudringen. Suchte man als Journalist in jenen Jahren gewisse Ministerien auf, so mußte man erst seinen Paß über die Mauer werfen, worauf man – nach gebührender Wartezeit – mißtrauisch eingelassen, abgetastet und schließlich weitergeleitet wurde.
Im Herbst 1983 war in Damaskus, aktuellen politischen Entwicklungen zum Trotz, eine Art von Entspanntheit festzustellen. Vor den Ministerien waren manche Mauern bis auf die Sockel von etwa fünfzig Zentimetern abgetragen und durch Blumenbeete verschönert worden. Anderswo waren sie überhaupt nicht mehr vorhanden, und die Zahl der jungen, dem Innenminister unterstellten Angehörigen der sogenannten Verteidigungskompanien war ebenfalls spürbar zurückgegangen. Nur ein oder zweimal passierte es mir, daß ich von einem Milizionär mit Maschinenpistole aufgefordert wurde, rasch auf die andere Straßenseite hinüberzuwechseln – wahrscheinlich, weil auf der entsprechenden Seite das Wohnhaus oder das Büro eines hohen Mitglieds des Regimes stand und weil dieses Regime streng darauf achtet, daß zwischen seinen Repräsentanten und den Bürgern eine klare Trennlinie bestehenbleibt. Hochentwickelt blieb allerdings das Sicherheitssystem in der Umgebung des Präsidenten Hafez al-Assad selbst. Da wurde nicht nur ein Haus abgeschirmt, sondern ein ganzes Quartier. Und wer den Sitz des Präsidenten selbst betreten konnte, der wurde bis auf den Kugelschreiber durchsucht, und der mußte sogar noch auf seine Tauglichkeit als Schreibinstrument hin überprüft werden. Das galt nicht nur für Ausländer, die sich dem Staatsoberhaupt nähern durften,

sondern auch für die Mitarbeiter in den Kanzleien der Präsidentschaft.
Drei Tage nach der Ankunft in Damaskus konnten wir Assad dann tatsächlich interviewen. Die Zwischenzeit war bis in die späte Nacht hinein mit Warten, einmal bis nach Mitternacht, verbracht worden. Assad pflegt einen unregelmäßigen Tagesablauf. Er improvisiert, zum Leidwesen seiner direkten Arbeitsumgebung, oft von Stunde zu Stunde, und er hat bisweilen die Angewohnheit, auch gegen Mitternacht noch einmal in seine Arbeitsräume zurückzukehren. Kam hinzu, daß er in jenen Tagen, im Oktober 1983, familiäre und offensichtlich auch gesundheitliche Probleme hatte. Zweimal flog er in der Woche, da ich im Hotel *Vendôme* mit der Filmequipe auf den Gesprächstermin wartete, mit dem Helikopter in die Stadt Lattakia, um am Begräbnis eines Verwandten teilzunehmen. Und drei Wochen später verschwand er für längere Zeit ganz aus der Öffentlichkeit – wahrscheinlich wegen einer schweren Herzerkrankung.
Die Begegnung mit Assad hatte etwas innerlich merkwürdig Unstimmiges. Der Mann wirkte herzlich, humorvoll, in sich ruhend, unprätentiös und doch selbstsicher. Das alles teilte sich mit Sekundenschnelle dem Besucher mit, und gleichzeitig wußte dieser Besucher: Assad ist auch jener skrupellose Politiker, der große Teile der Stadt Hama ausradieren ließ, um seine Gegner einzuschüchtern. Er scheute nicht davor zurück, mit seiner Artillerie Tausende von syrischen Bürgern zu erschießen, um die Revolte einiger hundert Muslimbrüder zu zerschlagen. Dieses Wissen wollte sich kaum mit dem äußeren Bild des Mannes decken, dem ich im Oktober 1983 gegenübersaß, der übrigens etwas älter wirkte als auf den offiziellen Plakaten und Monumentalbildern des Malers Ihsan Madhi und der auch etwas weniger martialisch erschien als in der offiziellen Darstellung auf Fotos und Gemälden. Assad ist im übrigen auf eine den ländlichen Ursprung verratende Weise auf sein Syrer- und Arabertum bezogen, was unter anderem bedeutet: Er spricht, obwohl einst Luftwaffengeneral, keine Fremdsprache, sondern nur Arabisch. Höch-

stens, so teilte die Umgebung des Präsidenten mit, verstehe er noch etwas Englisch.

Wir sprachen zunächst über den Libanon. Assad wollte damals vor allem die Israeli wieder aus dem Libanon hinauszwingen, ohne allerdings sich selbst mit Waffengewalt zu engagieren. «Interne Zwiste waren es gewesen, die den Bürgerkrieg im Libanon ausgelöst hatten», meinte er, «und obwohl die Libanesen und die Syrer ein einziges Volk sind, griffen wir damals nicht aus eigenem Willen ein. Wir wurden im Gegenteil von der legitimen Obrigkeit Libanons um Intervention ersucht. Die libanesische Regierung hätte in der Zeit zwischen dem Bürgerkrieg von 1975/1976 und dem Beginn der israelischen Invasion im Sommer 1982 uns auch durchaus auffordern können, unsere Truppen wieder zurückzuziehen, und wir wären dieser Aufforderung gefolgt. Wir wollten das sogar, aber man bat uns ausdrücklich, im Libanon zu bleiben.»

«Aber sagten Sie nicht bei anderer Gelegenheit, sämtliche ausländischen Truppen müßten den Libanon verlassen?»

«Es gibt dort nur eine ausländische Armee, jene Israels. Israel ist dort ein Fremdkörper. Es hat eine andere Sprache, andere Interessen und Strukturen, die nichts mit jenen Libanons gemeinsam haben. Wir jedoch haben die gleiche Sprache und die gleiche Kultur wie die Libanesen.»

«Und die Herrschaft des libanesischen Präsidenten, Amin Gemayel, werden Sie sie weiterhin unterstützen oder zumindest tolerieren?»

«Es geht um eine generelle Politik, nicht um eine bestimmte Regierung. Wir unterstützen jede libanesische Regierung, sofern sie gegenüber Israel keine Konzessionen macht. Schließlich wünschen wir uns einen in sich geeinten Libanon, der als Ganzes eine arabische Rolle erfüllen soll.»

«Sehen Sie in bezug auf den Libanon eine Möglichkeit, daß die Vereinigten Staaten von Amerika eine Vermittlerrolle übernehmen?»

«Die USA sind total einseitig zugunsten Israels engagiert und daher in keiner Weise qualifiziert, im Nahen Osten

eine konstruktive Rolle zu spielen. Im Libanon hat Amerika sich nicht als Friedensmacht profiliert, sondern wurde zu einem Teilnehmer am libanesischen Bürgerkrieg.»
«Und welche Rolle sehen Sie für die Sowjetunion?»
«Unsere beidseitigen Beziehungen sind freundschaftlich.»
«Könnten Sie sich vorstellen, daß Sie die UdSSR einmal um direkte militärische Intervention bitten würden?»
«Bis jetzt ist eine solche Situation nicht entstanden. Aber wir haben andererseits ständig Kontakt mit der Sowjetunion und können jederzeit jedes Thema vorbringen, das uns dringlich erscheint.»

Was ist das für ein Mann, der es fertigbringt, eines der schwerstregierbaren Länder des Nahen Ostens sechzehn Jahre lang durch alle Fähr- und Wirrnisse von Kriegen, inneren Auseinandersetzungen, bilateralen Konflikten und religiösen Streitereien zu führen, ein Land zudem, das in den fünfziger und sechziger Jahren nicht weniger als 22 Staatsstreiche und Staatsstreichversuche erlebt hat? Was ist das für ein Politiker, der eigentlich nur einen Minderheitsanhang unter seinem Volk besitzt, der zudem einer Minderheitssekte entstammt, jener der schiitischen Alawiten, und der darüber hinaus eine Ideologie vertritt, die wiederum nur die Überzeugung einer kleinen Schicht reflektiert, jene der Baath-Partei nämlich, und der es trotzdem geschafft hat, zur Schlüsselfigur in der spannungsgeladenen Region zu werden, an der kein Weg zum Frieden in Nahost vorbeiführt?
Henry Kissinger hatte vom syrischen Präsidenten Assad das Bild eines Staatsmannes gezeichnet, der zwar härter sei als jeder israelische Führungspolitiker, aber auch flexibler als Ägyptens Anwar as-Sadat. Diese Charakterisierung stammt aus jener Zeit, als durch die Pendeldiplomatie des amerikanischen Außenministers das Truppenentflechtungsabkommen am Golan erarbeitet wurde, aus dem Jahr 1974. Assad war damals vier Jahre im Amt des Präsidenten, des Oberkommandierenden der Streitkräfte und des Generalsekretärs der Baath-Partei. Hätte jemand prophezeit, Hafez al-Assad würde 13 Jahre später immer

noch, ausgestattet mit derselben Machtfülle, das vielschichtige Zehn-Millionen-Volk der Syrer beherrschen, so wäre er als Phantast bezeichnet worden. Hätte gar jemand voraussehen können, daß Syrien in der Zwischenzeit in eine Vielzahl von neuen Problemen verstrickt würde – ins Libanon-Engagement, in die Auseinandersetzungen mit der Muslim-Bruderschaft, in die Belastungsprobe nach der ägyptisch-israelischen Annäherung, in die Spannungen mit Irak und Jordanien –, so hätte er das Ende der Ära Assad voraussagen müssen – in Verkennung der hervorstechendsten Eigenschaft dieses Regimes, jener der Flexibilität, die ihrerseits gepaart ist mit Härte und Skrupellosigkeit.

Flexibilität heißt in bezug auf Hafez al-Assad vor allem Pragmatismus. Ideologische Zwänge gibt es nicht, auch wenn die syrische Baath-Partei sich ein Programm linker Ausprägung gegeben hat. Kommunisten wurden in Assads Syrien unter Kontrolle gehalten, obgleich dieses Regime seit 1980 durch einen sogenannten Freundschaftsvertrag mit der Sowjetunion verbunden ist. Flexibilität bedeutet außerdem, daß die regierungs- und parteinahen Zeitungen Syriens die Westmächte geißeln dürfen (oder müssen), während andererseits auf der höheren Ebene immer wieder die Bereitschaft bekundet wurde, mit den USA auf einen begrenzten und kontrollierbaren Annäherungskurs zu gehen. Flexibilität bedeutet auch, daß Syrien zwar in Worten eisern gegen Israel polemisierte, daß es aber einem wirklichen Konflikt dennoch seit mehr als einem Jahrzehnt auswich. Über die gemeinsame Grenze am Golan drangen jedenfalls nie Guerilleros nach Israel ein, und seit 1974 ist an jenem Grenzabschnitt auch kein einziger Schuß gefallen. Diese Ruhe widerspiegelt das Interesse beider Seiten, sie ist aber bis zu einem bestimmten Grade auch das Resultat der Präsenz der UNO-Truppen, die minutiös darauf achten, daß beide Parteien sich an die Abmachungen aus dem Jahr 1974 halten. In der an die verminte Grenze anschließenden Zone dürfen weder Israeli noch Syrer Soldaten oder Waffen stationieren, in den dahinterliegenden Verdünnungszonen sind die

Bestände auf beiden Seiten der UNO-Kontrolle unterworfen. Verletzungen des Abkommens beschränken sich auf Kleinigkeiten, im Einzelfall auf eine syrische Artilleriestellung, die ein paar Kilometer mehr Reichweite hat, als eigentlich erlaubt wäre, im anderen auf eine Raketenposition. (Aber die Raketen könnten immer noch das Territorium der Gegenseite erreichen, auch wenn sie um zwei oder drei Kilometer zurückgezogen worden wären.)

Syrien ist eines der schillerndsten nahöstlichen Länder. In der westlichen Publizistik wird es mal als Teufel in Person, dann wieder als ein Opfer selbstgeschaffener politischer Paranoia beschrieben, als linksfanatisch, Störenfried und als einziges Hindernis für einen umfassenden Nahostfrieden. Das alles sind Verallgemeinerungen. Sie sind entstanden, weil die Geschichte dieses Landes wenig in Rechnung gestellt wird und weil darüber hinaus die vertrackte Minderheitenproblematik Syriens nur schwer verständlich gemacht werden kann.[1]

Jahrhundertelang war Syrien, wie etwa Nikolaos van Dam in seinem Buch *The Struggle for Power in Syria* nachweist (London, 1981), ein Refugium für religiöse und ethnische Minderheiten. Stammesrivalitäten und nationale Meinungsverschiedenheiten nahmen oft den Charakter religiöser Kämpfe an. Diese Problematik wurde durch die Geographie verstärkt: die abgelegenen Talschaften waren verkehrsmäßig schlecht erschlossen, und so steigerte sich die Tendenz zur Herausbildung lokaler Loyalitäten. Das galt insbesondere für Regionen wie die Gegend um Latakia oder den Jebel al-Duruz. Eine starke Zentralgewalt gab es in Syrien nur selten. Zumindest konnten sich Minderheiten, die sich einer solchen Autorität entziehen wollten, dank geographischer Gegebenheiten absondern. Und andererseits hatten die zahlenmäßig dominierenden Mus-

[1] 82,5% der syrischen Bevölkerung sprechen, gemäß der Untersuchung von Gabriel Baer, arabisch; 68,7% sind sunnitische Muslime. Zieht man Sprache und Religion zusammen, so zeigt sich: 57,4% sind arabisch sprechende Muslime. Bei den religiösen Minoritäten sieht das Grundmuster so aus: ca. 6% Alawiten, 3% Drusen, 1,5% Ismaeliten, 14,1% Christen. Unterteilt man nach ethnischen Minoritäten, so ergibt sich folgendes Bild: 8,5% Kurden, 4% Armenier, 3% Turkomanen und Kaukasier.

lime auf dem Gebiet Syriens im Verlauf der Geschichte nur selten ein ausgesprochenes Machtbedürfnis gegenüber den Angehörigen anderer Religionen gezeigt. Sie ließen Christen, Drusen oder Juden mehr oder weniger in Frieden. Laut van Dam herrschte vor der Entstehung eines arabischen Nationalismus in Syrien eine Denkweise, welche Identität vorwiegend in Gefühlen der Zugehörigkeit zu Gemeinschaften wie der Sunniten, der Alawiten, der Drusen, der griechisch-orthodoxen Christen oder der Juden zum Ausdruck brachte, ohne einen nationalen Zusammenhalt. «Die meisten von ihnen sprachen arabisch, aber dies war im allgemeinen ohne politische Konsequenz. Die Mehrheit der Bevölkerung, d.h. die Sunniten, hatten nicht den Eindruck, sie lebten unter einer Fremdherrschaft, also jener der türkischen Ottomanen. Und wenn es islamische Intoleranz gab, dann richtete sie sich in erster Linie gegen die Schiiten und andere heterodoxe Muslime wie die Alawiten, die Drusen oder die Ismaeliten, selten aber gegen Christen und Juden.»

Erst im 19. Jahrhundert vertiefte sich der Graben zwischen den muslimischen Sunniten und verschiedenen religiösen Minderheiten. Etwa gleichzeitig entstand in Ansätzen der arabische Nationalismus. Ihn verbindet eine Linie mit jener politischen Richtung, die in unserem Jahrhundert die einzige in der nahöstlichen Region einigermaßen deutlich umrissene Ideologie erschuf, mit dem Baathismus.

«Baath» bedeutet Auferstehung, Wiedererweckung Toter zum Leben. Die Ideologie der Baath-Partei ist von den Syrern Michel Aflak und Salah al-Din al-Bitar in den dreißiger und vierziger Jahren entwickelt worden. Im Verbotenen war der Baath schon in der Herrschaftszeit der Franzosen aktiv gewesen, aber erst 1947 fand der erste Nationalkongreß der Partei statt. Bei den Wahlen vom November 1949 konnte der Baath nur einen einzigen Abgeordneten ins Parlament bringen. Die Partei war damals antiwestlich, aber auch antisowjetisch und anti-haschemitisch. Bitar ging es zunächst vor allem um die Realisierung fortschrittlicher Arbeitsgesetze. Später entwickelte der Baath panarabische Vorstellungen. Theoretisch sahen die

Baathisten sich in Übereinstimmung mit Ägyptens Gamal Abd el-Nasser, aber in praktischen Belangen war das Trennende stärker als das Einigende. Auch mit den irakischen Baathisten zerstritten sich die verschiedenen Flügel des syrischen Baath. Dennoch blieb die Partei verbal panarabisch eingestellt, denn nur gemeinsam, so glaubte man seit den dreißiger Jahren oder sogar schon seit dem 19. Jahrhundert, könnten die Araber zu ihrer eigenen Identität finden. Das Problem bestand andererseits darin, daß die Identitätssuche, sobald die Kolonisatoren verschwunden waren oder sich nur noch als wirtschaftliche Macht bemerkbar machten, sich auf den verschiedensten Geleisen verfuhr, bald über falsch gestellte Weichen fuhr und schließlich zum Stillstand kam, als dem weltlichen Ideal des Panarabismus das religiöse Ideal im Rahmen einer «Re-Islamisierung» und eines politisch gefärbten Islam, des Islamismus, entgegengestellt wurde.

Hafez al-Assads Werden und Aufstieg verlief inmitten dieser komplizierten, bisweilen wirren Entwicklung. Er wurde 1930 in der Ortschaft Qirdaha in der Gegend von Latakia als Sohn eines Bauern der Alawiten-Sekte geboren. Zu den Alawiten, einer gnostischen, auf Erlösungsvorstellungen konzentrierten islamischen Gruppe, gehören in Syrien etwa 500 000 Menschen. Alawite bedeutet «Getreuer Alis», Getreuer also des Schwiegersohns Mohammeds. Die Alawiten wären somit Schiiten – aber von den Zwölfer-Schiiten in Iran oder den Fünfer-Schiiten im Jemen unterscheiden sich die Alawiten durch synkretistische, teils dem Christentum nahestehende Aspekte. Die Zahlen bezeichnen die Anzahl der Imame, der mit «vollem Wissen» ausgestatteten geistlichen Führungspersönlichkeiten, welche von der jeweiligen Gruppe, in der Nachfolge des Propheten Mohammed, anerkannt wird. Die Alawiten kennen zum Beispiel eine Darbringung von Brot und Wein, und sie bekennen sich zu Vorstellungen, welche der christlichen Dreifaltigkeit nahekommen.

Um den Zeitpunkt der Geburt Hafez al-Assads war die Mehrheit der Alawiten zu arm, um sich vom Militärdienst freikaufen zu können – und die damals über das Gebiet

Syriens herrschenden Franzosen nahmen überdies recht gern Angehörige von Minderheiten in Dienst, weil sie dadurch die sunnitische Mehrheit (etwa sechzig Prozent der Gesamtbevölkerung) neutralisieren wollten. Hafez al-Assad soll ein guter Flugschüler, ja sogar ein Meister im Kunstflug geworden sein. 1959 erreichte er die Position eines Staffelkapitäns, aber 1961 wurde er aus der Armee entlassen, weil er gegen die Auflösung der unseligen Union zwischen Syrien und Ägypten opponierte, in der die Syrer eindeutig benachteiligt wurden, die aber ein Symbol für die arabische Einheit war. 1963 begann dann sein politischer Aufstieg. Ein Flügel der Baath-Partei übernahm die Macht mit der Ankündigung: «Im Namen Allahs und der arabischen Nation. Seit dem Beginn der Geschichte hat Syrien seine Pflicht erfüllt im Kampf für die arabische Welt und die arabische Einheit. Das arabische Volk von Syrien hat nie seine Grenzen als endgültig angesehen, unser Volk anerkannte nur die Grenzen der arabischen Nation. Unsere Nationalhymne feiert nur das große arabische Volk und den heroischen Krieg, den alle Araber zu führen haben.» Warum mußte er nach der Niederlage im Krieg von 1967 keine persönlichen Konsequenzen ziehen, warum wurde Assads Aufstieg zur Spitze allmählich unaufhaltsam? Er bezeichnete den Chef der Panzerverbände als Hauptschuldigen für das Debakel, wurde selbst im Jahr 1968 Premierminister und errang 1970 das Amt des Staatspräsidenten, des Oberkommandierenden und des Generalsekretärs der Baath-Partei.

John F. Devlin erwähnt in seinem Buch *The Baath Party* (erschienen in der Hoover Institution Press), die Wirrnisse um den «Schwarzen September» in Jordanien im Herbst 1970 hätten in Syrien die Stellung Assads gestärkt. (Es handelte sich um die Auseinandersetzung zwischen Palästinensern und dem jordanischen Regime, in der die Syrer den Palästinensern sehr begrenzt zu Hilfe kamen, ohne Einsatz der Luftwaffe.) Assad, so behauptet Devlin, hätte im Zusammenhang mit dem begrenzten syrischen Eingreifen eine Gelegenheit gefunden, einen Zwist zwischen seinen Anhängern und jener Gruppe von Militärs und Zivilisten in der Baath-Partei auszuräumen, die bis dahin den politischen Prozeß in der Partei beherrscht habe. Beim 10. Parteikongreß gelang es ihm, das Regionalkommando auszuschalten, um, wie er erklärte, Fehlentwicklungen der Vergangenheit zu korrigieren. (Im Baath gibt es eine sogenannte nationale Führung, die den theoretisch aufrechterhaltenen Führungsanspruch über die ganze arabische Welt umfaßt, und eine regionale Führung, die auf das einzelne Land bezogen ist.) «Bei den Parteiwahlen, die einige Monate später stattfanden, tauchte dann, aus den Parteiorganisationen der Provinzen, eine völlig neue Garde auf», schreibt Devlin. Viele Mitglieder der alten Führungstruppe wurden verhaftet, andere gingen ins Exil oder wurden pensioniert. Zu ihnen gehörten die Gründungsmitglieder des militärischen Komitees. Hafez al-Assad war der einzige politische Überlebende von jenen Männern, die sich ein Dutzend Jahre vorher heimlich in Ägypten getroffen hatten.

1971 verbreiterte Assad seine Basis ein wenig. Er formierte eine sogenannte «Nationale Progressive Front», in der neben den Baathisten auch die Nasseristen (Arabische Sozialistische Union), die Arabische Sozialistische Partei, die von den Baathisten abgesplitterten Sozialistischen Unionisten und die Kommunistische Partei in untergeordneten Rollen mitspielen durften. Nicht mehr an die Schaltstellen der Macht kamen die noch in den sechziger Jahren einflußreichen Repräsentanten der städtischen sunnitischen Familien. Ihre Positionen wurden nun mehr und mehr von Leuten mit ländlichem Hintergrund wahrgenommen und insbesondere von Angehörigen der Minderheitengruppen in der syrischen Bevölkerung.

Verlor Assad nach dem Krieg von 1967 auch einen zweiten Krieg, jenen des Jahres 1973? Syrien mußte damals zwar Gelände preisgeben, aber dennoch bildete sich nach dem Ende des Konflikts (und dem durch Kissinger vermittelten Entflechtungsabkommen am Golan) der Mythos, die Araber hätten nun ihre Ehre wiederhergestellt. Und Syrien machte sich unter Führung Hafez al-Assads daran, nach neuen Aufgaben zu suchen. 1976 begann das Engagement des syrischen Militärs im Libanon. Erst wollten die Syrer die Christen Libanons gegen die Palästinenser schützen, dann nahmen sie mehr und mehr Partei zugunsten der Palästinenser, der Drusen, der Schiiten und der sogenannt linken Muslim-Gruppen. Sorgfältig berechnetes Manipulieren der verschiedenen Interessengemeinschaften kennzeichnete Assads Libanon-Politik seit der Mitte der siebziger Jahre. Er konnte seine Positionen halten, ja sogar verstärken, nachdem Israel im Sommer 1982 in den Libanon eingedrungen war. Später arbeitete er – erfolgreich – an der Widerrufung jenes Abkommens, das Libanons Obrigkeit mit den Israeli geschlossen hatte und das den Israeli gewisse Kontrollmöglichkeiten über den südlichen Teil des Landes gegeben hätte. Keine einzelne Kraft im Libanon zu stark werden lassen, sondern rivalisierende Gruppierungen gegeneinander auszuspielen – darin bestand das Rezept für Assads Stärkezuwachs im Libanon. Er befolgte diese Taktik auch zu Beginn des Jahres 1987, als sich in Beirut sogenannte linke Muslim-Gruppen und Schiiten mörderische Gefechte lieferten.

Gegenüber Jordanien operierte er ähnlich raffiniert. Assad wollte dem Liebäugeln König Husseins mit dem Nahost-Plan des amerikanischen Präsidenten Reagan (September 1982) einen Riegel vorschieben. Aus diesem Grunde ging Syrien das Risiko einer Einmischung in die inneren Streitereien bei der PLO ein. Syrien unterstützte Abu Mussas Rebellion innerhalb der Fatah und suchte eine engere Verbindung zu der Volksfront für die Befreiung Palästinas von Georges Habash. Diese Bewegungen liierten sich sodann mit den von Syrien kontrollierten Palästinenserorganisationen, mit Saika und mit Ahmed Jibrils PFLP-Generalkommando. So entstand die sogenannte Nationale Errettungsfront als Gegenkraft zu Yassir Arafat, der ja während längerer Zeit eine Annäherung an Hussein und somit indirekt an den Prozeß des Ausgleichs mit Israel gesucht hatte. Als Assad sein Spiel mit den Palästinensern gewonnen hatte, kam es zur Aussöhnung zwischen dem Regime in Damaskus und Jordanien oder genauer: zu einer Annäherung der Nahost-Politik Husseins an jene Assads.

Die allmähliche Hinwendung Syriens zur Sowjetunion entsprang eher einer Enttäuschung über die pro-israelische Politik des Westens als ideologischer Vorliebe. Selbst der 1980 abgeschlossene Freundschaftsvertrag mit dem Kreml – der, wäre es nach dem Willen Moskaus gegangen, schon zehn Jahre vorher hätte unterzeichnet werden sollen – entsprang mehr der Not als dem eigenen Trieb. Was freilich nichts Grundlegendes daran ändert, daß die Sowjetunion mit Syrien einen im Krisenfall aktivierbaren Allianzpartner in Nahost erhielt. Über das in Damaskus vorliegende Dispositiv für den Fall einer direkten militärischen Konfrontation zwischen Syrien und Israel, die Syrien nicht gewinnen könnte, rätseln in der syrischen Hauptstadt allerdings alle ausländischen Diplomaten – während die Syrer selbst sich in Schweigen hüllen. Der Beistandsvertrag mit der Sowjetunion hat nach dem Krieg des Sommers 1982 im Libanon, bei dem Syrien rund 400 Panzer, 86 Kampfflugzeuge und etwa 3 000 Soldaten verlor, zu einer starken Wiederaufrüstung Syriens mit sowjetischen Waffen geführt. Die Arsenale Assads wurden soweit modernisiert, daß der damalige Verteidigungsminister Mustafa Tlas sich rühmen konnte, der Negev im israelischen Süden läge jetzt «im Bereich unserer Projektile». Syrien bekam neue Raketen, etwa 160 Kampfflugzeuge und ungefähr 800 Panzer vom Typ T-72, welche die veralteten Geräte vom Typ T-54 und T-55 ersetzten. Der Wert der von den Sowjets nach dem Krieg von 1982 gelieferten Waffen wurde auf 2 Milliarden Dollar geschätzt. (Die Syrer bezahlten, so wurde allgemein angenommen, mit jenem Geld, das sie von den ölreichen «konservativen» arabischen Staaten bekamen.) Die syrisch-sowjetischen Beziehungen sollten dennoch mit Zurückhaltung beurteilt werden. Will man sie realistisch einschätzen, so darf man nicht übersehen, daß Damaskus sich mehrmals über sowjetische Wünsche hinweggesetzt hat. Als die Sowjets etwa im Gegenzug von Syrien die Nutzungsrechte für eine Flottenbasis in Latakia forderten, lehnte Assad ab. 1976 handelte er gegen den Willen der Sowjets, als Syrien ein Truppenkontingent nach dem Libanon entsandte. Differenzen mit dem Kreml gab es auch wegen des Konflikts um die Führung in der PLO und um Yassir Arafat. Wenn es um Möglichkeiten eines direkten militärischen Engagements der Sowjets in Nahost ging, verhielt Assad sich stets vorsichtig. 1982, nach dem Libanon-Krieg, stellten mehrere westliche Militärattachés in Damaskus mit einigem Erstaunen fest, daß im Verlauf des Konflikts keine neuen russischen Waffen eingesetzt worden waren, ja, daß Panzer, die bei Kämpfen in der Bekaa-Hochebene beschädigt wurden, nach Syrien zurückgeholt, dort repariert und wieder in den Libanon zurückgeschafft wurden. Das sogenannte «Pre-Stocking», die Lagerung sowjetischer Waffen in Syrien (als Bestandteil des syrisch-sowjetischen Abkommens), ist somit entweder von untergeordneter Bedeutung, oder es könnte nur unter Umständen zum Tragen kommen, die allgemein als wenig wahrscheinlich gelten, im Falle einer Existenzbedrohung des Regimes nämlich.

Der Bedeutungszuwachs Syriens zählt zu den bemerkenswertesten Entwicklungen in der Krisenregion Nahost seit dem Krieg Israels gegen die PLO im Libanon vom Sommer 1982. Das Phänomen kann zunächst so erklärt werden: Hafez al-Assads Regime erfüllt für viele andere Araber eine Ersatzfunktion. Es ist ein sogenannter Frontstaat gegen Israel, und es wird für die Wahrnehmung dieser Rolle von den ölreichen Staaten im arabischen Lager entlöhnt. 1,2 Milliarden Dollar flossen jahrelang von Saudi-Arabien und von den Golfstaaten nach Syrien, damit das Regime gegenüber einem vielgesichtigen Gegner das Banner des arabischen Patriotismus hochhalten konnte. Übrigens muß dieser Gegner nicht unbedingt und nicht immer Israel sein, ja nicht einmal unbedingt ein Staat als solcher, sondern er kann auch eine bestimmte Wertvorstellung verkörpern, die als araberfeindlich, als Bedrohung der arabischen Identität interpretiert wird. Etwas vereinfacht könnte man sagen: Das arabische Lager benötigt ein Zentrum, das durch militante Worte und Gesten beweist, wie sehr die arabische Gemeinschaft gesamthaft bereit ist, ihre eigenen Wertvorstellungen zu verteidigen, insbesondere gegen die Gefahr der Verwestlichung und gegen das, was als Produkt einer westlichen Verschwörung gilt. Syrien ist prädestiniert für diese Rolle, und zwar einerseits aus geographischen Gründen, andererseits aufgrund jener Tradition, die in die Anfangszeiten des arabischen Nationalismus, ins 19. Jahrhundert, zurückreicht. Im Libanon, so reden sich tonangebende Kreise im arabischen Lager immer wieder ein, vollzog sich eine Verschwörung zwischen christlichen Maroniten, westlichen Mächten und Israel. Syriens Aufgabe sei es, ungeachtet der vielschichtigen Risse in der arabischen Welt, als Vorkämpfer gegen diese Verschwörung aufzutreten. Daher waren Regime wie jene Saudi-Arabiens, der Golfstaaten und möglicherweise sogar Ägyptens keineswegs dagegen, daß Syrien, auch nach dem Rückzug der Israeli, mit rund 30 000 Mann im Libanon blieb. Syrien hilft mit, so eine weitverbreitete arabische Interpretation, den arabischen Charakter des Libanon zu erhalten.

In den Beziehungen Syriens zur arabischen Umwelt kommt über die abstrakten Interessensphären hinaus etwas Konkretes hinzu, das der Westen meistens übersieht: die Bindung zwischen der Familie des Präsidenten Assad und dem saudischen Königshaus. Einer der jahrelang einflußreichsten Männer Saudi-Arabiens, Kronprinz Abdullah, ist mit einer Nichte des syrischen Staatschefs verheiratet. Im weiteren Kreis des saudischen Königshauses gibt es eine Anzahl weiterer solcher Bindungen mit den Syrern. So treffen sich, ungeachtet angeblicher Gegensätze der Weltanschauung, immer wieder Saudis mit den Syrern im trauten Familienkreis und besprechen die Angelegenheiten der Region mit einer durch die Familientradition vorgegebenen Bereitschaft zur Einigung. Wer darauf zählt, daß Saudi-Arabien in der Nahostdiplomatie Druck auf Syrien ausüben würde, täuscht sich gründlich. (Die USA taten das jahrelang, obgleich amerikanische Nahostkenner wie Robert G. Neumann, ehemaliger Botschafter in Saudi-Arabien und anderen Staaten der Region, immer wieder davor gewarnt haben.) Saudis und Syrer tragen zwar bisweilen familieninterne Zwiste aus, wie etwa auf der islamischen Gipfelkonferenz vom Januar 1983 in Casablanca, als es um die Frage der Wiederzulassung Ägyptens ging. Sie stehen jedoch nach außen hin meistens in engem Schulterschluß zusammen. Je größer der Druck von außen, desto stärker wird das Gefühl der Zusammengehörigkeit und um so bedeutender wird die Rolle Syriens.

Syriens Stellung innerhalb der nahöstlichen Umwelt hängt allerdings nicht nur von den Beziehungen mit Saudiarabien und den Golfstaaten ab. Immer wesentlicher ist in den letzten Jahren die Bindung zu Iran geworden, die ihrerseits wieder im Zusammenhang mit Syriens Rivalität gegenüber Irak gesehen werden muß. Materiell hat die Interessengemeinschaft zwischen Damaskus und Tcheran handfeste Vorteile gebracht: Iran liefert Syrien täglich mindestens 150 000 Faß Erdöl zu einem um mehrere Dollar reduzierten Preis. Insgesamt ergibt das, nach ausländischen Schätzungen, für Syrien jährliche Einsparungen von zwischen 150 und 200 Millionen Dollar. Zusätzlich schenkt Iran Syrien jährlich etwa eine Million Tonnen Erdöl. Regelmäßig besuchen iranische Touristen – als Pilger – Syrien, und jahrelang waren 1 000 bis 1 500 iranische Revolutionsgardisten in der von Syrien kontrollierten libanesischen Bekaa-Ebene stationiert. Umgekehrt lieferte Syrien lange Zeit Waffen sowjetischer Herkunft an den Iran und hinderte Irak daran, sein Erdöl durch jene Pipeline zu exportieren, die syrisches Territorium durchquert.

Über die politischen Gemeinsamkeiten hinaus verbindet Syrien mit dem Iran ein imaginärer Feind, jene westlich-israelische Interessenallianz nämlich, die in der Verschwörungstheorie ins Gigantische gesteigert wird. Dabei bleibt zu beachten: Iran nimmt diesen Kampf gegen Windmühlen mit oft sogar selbstmörderischer Zielstrebigkeit auf, während Syrien innerlich zerrissen ist zwischen dem Wunsch nach Krieg und der Sehnsucht nach geistigem Frieden. Denn ebenso stark wie die patriotische Besessenheit ist in Syrien die Vorliebe für eine westliche Lebensweise. Beide Tendenzen liegen phasenweise in einem Konflikt, der selbst für die Beteiligten nur schwer durchschaubar ist. Äußerlich tritt in der Hauptstadt Damaskus immer noch ein aufgeklärtes, französischen Idealbildern anhängendes Bürgertum als tonangebende Schicht in Erscheinung, aber in der gesamtsyrischen Entwicklung verliert diese Schicht zunehmend an Bedeutung. Jene etwa fünfzig großstädtischen Familien, welche vor der Machtergreifung durch die Baathisten das politische, wirtschaftliche und kulturelle Leben des Landes weitgehend geprägt hatten, sind in den Hintergrund gedrängt worden, und mit ihnen jene Verflechtung von Großgrundbesitz und landesweitem Einfluß auf die verschiedensten Interessengebiete. Vor 1963 befand sich etwa ein Drittel des kultivierbaren Landes im Besitz von 3 000 Eigentümern. Die Damaszener Besitzerschicht herrschte wirtschaftlich selbst im Libanon, wo ihr runde 35 Prozent aller Güter in der Bekaa-Ebene gehörten. Die neuen Baathisten machten Schluß mit der Ausbeutung der Kleinbauern durch die Oberschicht, oder zumindest behaupteten sie dies.

Fährt man in Syrien allerdings übers Land, so drängen sich Zweifel an den Errungenschaften der Kleinbauern auf. Da herrscht noch immer äußerste Genügsamkeit, ja sogar Armut. Das Regime hat zwar als Bindeglieder zu den Leuten draußen auf dem Land Bauernverbände geschaffen und garantiert den Bauern auch eine Beteiligung an den politischen Entscheidungen, aber das ist mehr Theorie als Praxis. Möglicherweise hängt das Abseitsstehen der Bauern im syrischen System aber auch mit ihrem Festhalten an Traditionen zusammen. Der Syrer Hussam Eddin Falioun schreibt in seiner Dissertation (*Die Baath-Partei,* 1977, Münster): «Die arbeitenden Massen, vor allem ein großer Teil der Bauern, die die Mehrheit der Bevölkerung in Syrien ausmachen, halten an der Traditon und dem Glauben fest und bleibt den säkularen Vorstellungen des Baath, wie dessen Organisation, fern. Ihre Loyalität zu ihrer Volks-, Interessen- oder Religionsgemeinschaft widersetzt sich jeder Verschmelzung in eine

nationalistische, überfamiliäre und überdörfliche Suprage-meinschaft.»
Das öffentliche Leben im Lande wird weitgehend von der Partei beherrscht, obschon sie nur etwa 50 000 Vollmitglieder und etwa 200 000 Kandidaten für die Mitgliedschaft hat. Die Baath-Partei allein kann einen Präsidenten vorschlagen, der dann durch die Volksversammlung gewählt wird, und nur die Baath-Partei darf sich innerhalb der Streitkräfte politisch betätigen. Sie hat die Instrumente für die Aufrechterhaltung des Gesundheitswesens, für den Unterhalt der Schulen, für die Elektrifizierung und die Entwicklung der Landwirtschaft. Sie bestimmt, wer allenfalls als «Feind der Revolution» gelten soll und daher, wie in der Einteilung zum Grundgesetz erwähnt wird, «isoliert» werden kann. Schließlich kann als «Feind der Revolution» abgestempelt werden, wer sich dem Willen der Parteispitze nicht fügen will.
Innerhalb der Partei hat in den letzten Jahren allerdings die Bedeutung der Armee immer mehr zugenommen. Beim Kongreß der Baathisten im Januar 1980 waren schon etwa dreißig Prozent der Delegierten Militärs. (Für das Militär wird ja auch mehr als die Hälfte des syrischen Budgets aufgewendet.) Und militärisches Gehabe prägt rein äußerlich in wachsendem Maße den Auftritt der Baathisten. Bei den Zusammenkünften der Partei auf verschiedenen Ebenen werden mit Vorliebe Schulkinder aufgeboten, die preußisch anmutende Rituale vollführen. Und tritt ein Redner ans Pult, um die Regierenden mit blumigen Worten zu preisen, so wird er jeweils einem eingeübten Ritual folgend mit rhythmisch akzentuierten Gruppen-Zwischenrufen unterbrochen, des Inhalts etwa: «Hafez Assad, rams ath-thaura l'arabiyya» (Hafez Assad, Symbol der arabischen Revolution).
Solche Veranstaltungen und das Ehrfurchtszeremoniell, das die unmittelbare Umgebung beim Erscheinen des Präsidenten abrollen läßt – und das Hafez Assad selbst mit einer Mischung aus naiver Freude und einem Lachen auf den Stockzähnen zu quittieren scheint –, lassen den Schluß zu, daß Syrien eine «one-man-show» ist, ein voll

und ganz auf den Staatschef zugeschnittenes Regime. Und in der Tat: Außer ihm selbst und, bis zu seiner teilweisen Entmachtung, seinem Bruder Rif'at al-Assad, scheint im 10 Millionen-Volk der Syrer niemand die Befugnis zu haben, wesentliche Entscheidungen zu treffen. Selbst jene Männer, die Assad aufgrund langjähriger Treue eng um sich geschart hat – zu ihnen zählen Außenminister Khaddam, der schon seit 1970 im Amte ist, oder der langjährige Verteidigungsminister Mustafa T'las –, sind eher Sprecher des obersten Chefs als eigenverantwortliche Politiker. Das entspricht durchaus dem Inhalt des Grundgesetzes, das dem Präsidenten diktatoriale Vollmachten zuerkennt. Er nominiert die Exekutive und die Justiz, er kann die Legislative mehrmals hintereinander auflösen, er kann die Gesetzgebung außer Kraft setzen, wenn die Lage im Land ihm dies erforderlich erscheinen läßt. Und außerdem leitet er in eigener Person auch noch das oberste Gericht. Im Herbst des Jahres 1986 schien Assad vorübergehend doch noch an die Grenzen der Macht und des Machbaren zu stoßen: im Anschluß an den Prozeß gegen den Terroristen Hindauwi in London bildete sich in Westeuropa eine Tendenz heraus, das syrische Regime zu isolieren und zu ächten. Hindauwi, ein Araber mit jordanischem Paß, der in Opposition zu seiner eigenen Regierung stand, hatte versucht, eine Bombe an Bord eines israelischen Passagierflugzeugs schmuggeln zu lassen. Der Plan wurde glücklicherweise vereitelt. Hindauwi suchte Zuflucht beim syrischen Botschafter in London und erhielt syrische Protektion, wobei offen blieb, welche Stelle im Machtapparat des Regimes tatsächlich mit ihm kooperierte. Die britischen Behörden beschuldigten den syrischen Präsidenten der direkten Mitwisserschaft, brachen die diplomatischen Beziehungen ab und motivierten andere westeuropäische Regierungen, ihre Kontakte zu Damaskus einzuschränken.
Hafez al-Assad entzog sich mit Geschick auch dieser Schlinge. Er verhielt sich gelassen und zeigte um die Jahreswende 1986/87 seine Mäßigung durch Vermittlungsaktionen zugunsten einiger der im Libanon festgehaltenen

westlichen Geiseln. Im Februar 1987 nahm er nochmals die Gelegenheit zu einer Vermittlungsaktion im Libanon wahr: als schiitische Milizen und sogenannte linke Muslim-Gruppierungen sich in Beirut blutige Gefechte lieferten, ließ er Truppenkontingente in der libanesischen Hauptstadt einmarschieren, deren Aufgabe es sein sollte, die Streithähne zu trennen und eine Beruhigung der Situation herbeizuführen.

So schaffte Assad es einmal mehr, der Außenwelt seine eigene Notwendigkeit vor Augen zu führen und zu demonstrieren, daß im Raum Nahost kein Weg an Syrien vorbeiführen kann.

V. Spuren des arabischen Nationalismus

Der Historiker Ibn Khaldun erarbeitete im 14. Jahrhundert unserer Zeitrechnung die geistigen Grundlagen eines nationalstaatlichen Denkens. Er befaßte sich mit der Frage, wie sich gesellschaftliche Gruppen (Stämme, Völker usw.) bilden, worauf ihr innerer Zusammenhalt beruht und welche Stadien diese Menschengruppen im Gang der Geschichte durchlaufen. Bassam Tibi schildert den Kern der Gedankengänge Ibn Khalduns prägnant so: «Nach Ibn Khaldun ist die *'Asabiyya* jenes Band, das den Zusammenhang einer Gruppe in Abgrenzung zu anderen ermöglicht. Jede Gruppe entwickelt sich vom nomadischen Gesellschaftszustand zur Zivilisation und Staatsbildung. Am stärksten ist die *'Asabiyya* in der nomadischen Phase ausgeprägt; mit zunehmendem zivilisatorischem Fortschritt büßt sie an Konsistenz ein. Mit dem Absterben ihrer *'Asabiyya* geht eine Gruppe schließlich unter; an ihrer Stelle treten Gruppen mit noch junger und daher starker *'Asabiyya.* Auf jeden Zivilisationszustand folgt somit sein Untergang.» (*Nationalismus in der Dritten Welt am arabischen Beispiel,* 1971)

Der Ausdruck *'Asabiyya* wurde später bisweilen als Nationalitätsidee, gelegentlich sogar als Nationalismus übersetzt und gedeutet, während die scharfsinnigsten Interpreten den zentralen Begriff Ibn Khalduns schließlich mit Machiavellis *virtù* verglichen und somit andeuteten, daß im arabischen Raum staatspolitisches Gedankengut dem europäischen Geistesleben um gute hundert Jahre voraus war. (Ibn Khaldun lebte, wie erwähnt, im 14. Jahrhundert, während Machiavellis *Der Fürst* erst 1513 erschien.) In der Tat: Vergleicht man den großen arabischen Historiker mit dem politischen Denker Italiens, so fällt die bemerkens-

werte Präzision Ibn Khalduns auf, während Machiavelli eine Tendenz zur Verdunkelung zeigt. Machiavelli schildert die *virtù* in der Einleitung zum zweiten Buch der *Discorsi* als eine geheimnisvolle Substanz, die in wenig faßbarer Form immer vorhanden und jeweils sehr verschiedenartig erkennbar gewesen sei. *Virtù* konzentriere sich manchmal an einem Punkt oder an wenigen Stellen, dann wieder zerteile sie sich zu kleinen Einheiten und verstreue sich über viele Gegenden der Welt. Auch bleibe sie nie für immer an den Orten, wo sie einmal in Erscheinung getreten sei. Sie wandere vielmehr, tauche hier auf und bleibe dort weg. Wo sie sei, da blühten die Staaten; wo sie verschwinde, verfalle die Kraft des Herrschers.
Bei Ibn Khaldun ist das Denken um dieses Ferment, das die politische Bindekraft unter den Menschen erzeugt, präziser an bestimmte Gruppen gebunden. Bassam Tibi schreibt: «Die *'Asabiyya* nimmt nach Ibn Khaldun verschiedene Formen an, die je dem historischen Zyklus entsprechen, in dem sie erscheinen. Im primitiven Nomadentum hat die *'Asabiyya* die Gestalt einer Solidarität, die auf dem Glauben an eine Blutsverwandtschaft und gemeinsame Abstammung beruht, wobei Ibn Khaldun ausdrücklich betont, daß diese Bewußtseinsform substanzlos sei, da nirgendwo in Wirklichkeit Blutsverwandtschaft und gemeinsame Abstammung gegeben seien. Doch stärke der Glauben an diese Verbundenheitsform die *'Asabiyya* und somit die Gruppe selbst, wirke also positiv. In dem folgenden Zyklus beruht die *'Asabiyya* auf Bündnis- und Schutzverhältnissen innerhalb derselben Gruppe.»
Wird da in gewissem Sinne nicht nur Machiavelli, sondern auch Rousseaus *Gesellschaftsvertrag* vorweggenommen? Findet sich nicht auch etwas von John Lockes *Treatises on Government*, die erst dreihundert Jahre später geschrieben werden sollten? Wirkt Ibn Khalduns Äußerung zur Rolle der Religion nicht geradezu modern, wenn er formuliert, die religiösen Bande könnten keine primäre Form sozialer Verbindlichkeit sein?
Zentrale Gedanken des großen Historikers aus dem 14. Jahrhundert fanden ihren Widerhall in den Ideen der Pio-

niere des arabischen Nationalismus im 19. Jahrhundert. Aus räumlicher und zeitlicher Distanz betrachtet, ist deren Weg, bei aller Verschlungenheit im Einzelfall, im ganzen betrachtet eigentlich recht klar: sie lehnten sich immer an eine politische Gedankenwelt an, durch die sie nicht direkt bedroht waren, und sie versuchten, durch diese geistige Anlehnung jene Macht loszuwerden, die im gegebenen Augenblick die Herrschaft über den arabischen Raum ausübte.

So weit, so logisch – jedenfalls ist damit erklärbar, daß der arabische Nationalismus sich zu Beginn des 19. Jahrhunderts mit westlichem Denken verbunden fühlte, weil man in dieser geistigen (und literarischen) Allianz die Türken in die Defensive drängen wollte, die damals die arabische Welt beherrschten. Frankreich und Großbritannien waren den arabischen Nationalisten Vorbilder, bis eine dieser beiden Mächte, nämlich Frankreich, die Herrschaft über Syrien auszuüben begann. Da verstärkte sich im nationalistischen Denken der Araber der Trend zugunsten Großbritanniens, das sich angeblich für die Errichtung selbständiger arabischer Nationalstaaten einsetzen wollte. Mit dem Bekanntwerden des britisch-französischen Sykes-Picot-Abkommens (1916), das im «Orient» die Einfluß- und Machtsphären zwischen Paris und London aufteilen sollte, setzte die nächste Entwicklungsstufe ein: Der arabische Nationalismus wurde anti-englisch, antifranzösisch und germanophil. Im Zuge dieser Germanophilie und starker rassistischer Untertöne kam es auch zu einem Bündnis zwischen weltlichen Nationalisten und feudalreligiösen Kräften. Der Groß-Mufti von Jerusalem, Amin Husseini, pflegte als Repräsentant dieser nationalen wie religiösen Strömung Kontakte zum Dritten Reich; er hatte sogar einen Privatsekretär, dessen besonderer Arbeitsbereich darin bestand, den Kontakt mit Berlin aufrechtzuerhalten.

Die Kette von Gewährsmännern für die Entwicklung des arabischen Nationalismus führt zunächst zurück zu Nasif Yazigi (1800–1871), einem Philologen aus christlicher Familie. «Der arabische Nationalismus war in seiner frühen Phase unpolitisch. Er resultierte aus der Beschäftigung mit der arabischen Kultur und der Modernisierung der arabischen Sprache unter der Ägide vorwiegend amerikanisch-protestantischer Missionen», schreibt Tibi. Die Spuren führen weiter über Persönlichkeiten wie den Syrer Butrus Bustani (1819–1883), dann den Sohn Nasif Yazigis, Ibrahim Yazigi (1847–1905); er forderte die Araber dazu auf, bestimmte politische Ideen Europas zu übernehmen, die helfen sollten – das war sein Hintergedanke –, die arabischen Christen aus dem Zustand der Diskriminierung herauszuführen und die Gleichstellung mit den Moslems zu erreichen. Pathetisch schilderte er die Tugenden der Araber:

«Wir sind der Ursprung jedes Großen,
Aus unsren Werken schöpfte das Geschlecht
der Menschen.
Und – frag im Westen nach des Ruhmes Werken –
Ihr Zeichen stehet an der Stirn der Zeit,
Doch nicht Erinnerung kann uns mehr genügen:
Ihr Band gewähret Zuflucht nicht.
Wir werden eifern nach den Höhen,
Bis daß sie Stützen haben von Bestand.»

(*Zitiert nach der Übersetzung von Walther Braune*)

Zum ersten eigentlichen Höhepunkt fand der arabische Nationalismus in der Person von Jamal al-Din al-Afghani (1838–1897), den man allerdings mit ebensoviel Berechtigung zu den Vorkämpfern für eine religiöse Renaissance rechnen könnte wie zu den nationalistischen Denkern. Seine Theorie für die Realisierung einer arabischen Identität ging auf einfache Prinzipien und Erkenntnisse zurück: Die Staaten, welche in der zweiten Hälfte des 19. Jahrhunderts die arabischen Völker beschützen sollten, befanden sich in einer beklagenswerten Situation. Gegenüber den Ambitionen der Europäer waren sie schwach, und dies könnte sich nur ändern, wenn die Muslime ihre Geschicke in ihre eigenen Hände nähmen. Sie sollten die Herrschenden zwingen, starke Regierungen zu bilden, und sie sollten sich vereinigen, um gemeinsam den Europäern entgegenzutreten. Der Islam sollte bei diesem Unternehmen den wesentlichsten Faktor darstellen, denn er sei das einzige Band zwischen den arabischen Völkern. Gelänge es, dieses Band zu stärken, so könnte der Islam zu einer Quelle neuen Lebens und zur Triebkraft für die Loyalität der Völker werden.

Ungelöst bleibt bei Afghani die Spannung zwischen dem Bestreben, von Europa eine bestimmte Wissenschaftskultur zu übernehmen, und dem Festhalten am Islam. Er steuerte, wie Udo Steinbach in seinem Buch *Der Islam in der Gegenwart* angeführt hat, «einen Kurs zwischen fundamentalistischer Rückbesinnung und imitativer Verwestlichung». Offen bleibt die für den Islam typische Untrennbarkeit der Beziehung zwischen Diesseits und Jenseits. Ein wirklich islamisches Leben kann ein Muslim ja nur in einem Staate führen, der auf der Grundlage des religiösen Gesetzes handelt, in dem die Herrschenden in großen Zügen auch jenem Satz entsprechen, den ein früher islamischer Mystiker geprägt hat: «Sei mit dem Diesseits, als ob Du es nie betreten, und mit dem Jenseits, als ob Du es nie verlassen hättest.»

In bezug auf den arabischen Nationalismus wurde die unlösbare Spannung zwischen den verschiedenen Ansprüchen allerdings nur punktuell fühlbar, denn die Mehrheit der Denker der früheren Phase waren ja nicht Muslime, sondern Christen, die aus ihrer Benachteiligung hinausstrebten und sich im Sinne eines Loyalitätsnachweises in besonders profilierter Weise für panarabische Ideen einsetzten. Auch Antun Sa'adah (1904–1949) zählte zu ihnen; dieser libanesische Christ wollte Groß-Syrien (Libanon, Syrien und Palästina) als gesonderte Einheit sehen und gehörte daher zu den Propagandisten eines regionalen Trends innerhalb des arabischen Nationalismus.

Bei den germanophilen Nationalisten stößt man sodann auf Sati al-Husri (1880–1968), den Bassam Tibi in seinem Buch *Nationalismus in der Dritten Welt* ausführlich geschildert hat. Im Grunde ist er es gewesen, der den Begriff der arabischen Nation auf das gesamte arabisch sprechende Gebiet erweiterte. Als Komponenten des Nationalismus nannte er die Sprache und die Geschichte. Im Gegensatz etwa zu Afghani interessierte ihn im Rahmen seiner politischen Theorie die Religion nicht; als bewegende Einigungskraft sah er einen säkularen panarabischen Nationalismus.

Von Sati al-Husri führt die Entwicklungskette dann mehr oder weniger direkt zu den Begründern der Baath-Ideologie Michel Aflak – wiederum ein Christ, 1910 als Sohn einer wohlhabenden Familie in Damaskus geboren – und Salah al-Din al-Bitar, auch er ein Damaszener.

Die Frage, wie ernst die frühen Apologeten eines arabischen Nationalismus genommen wurden, ist kaum schlüssig zu beantworten. Im politischen Feld waren sie Außenseiter. (Die ganze Bewegung begann ja bei den Philologen und Literaten.) Noch 1916 war die Idee eines arabischen Nationalismus wenig verbreitet; die damalige Arabische Revolte von Mekka wurde eigentlich nur von einer kleinen Gruppe von Stämmen und von einigen ehemaligen Offizieren des Ottomanischen Reichs getragen. Im gleichen Jahr wurde dann allerdings ein arabisches Selbstbewußtsein angefacht durch das bereits erwähnte Sykes-Picot-Abkommen. (Es wurde von den Westmächten Großbritannien und Frankreich zusammen mit dem zaristischen Rußland geschlossen und nach der russischen Revolution von den Bolschewisten bekanntgemacht und diskreditiert.) In noch stärkerem Maße wurde es dann durch die Balfour-Deklaration vom November 1917 geweckt, die den Juden das britische Mandatsgebiet Palästina als «Nationale Heimstätte» versprach. Doch erst die arabische Revolte des Jahres 1936 in Palästina gab dem Nationalismus klarere Umrisse. Bis zu diesem Zeitpunkt hatte sich auch Groß-Syrien als eigentliches Zentrum des arabischen Nationalismus entwickelt; die Anstöße kamen vor allem von der jungarabischen Gesellschaft *al-Fatah*, die sich später den Namen «Arabische Unabhängigkeitspartei» geben sollte.

Zwischen dem Wunschdenken der arabischen Ideologen und der Welt der Politiker blieb, trotz allem, noch viele Jahre lang ein Vakuum. Bei der Bevölkerung jener Länder, in denen die arabischen Nationalisten nun endlich politisch aktiv zu werden begannen, fanden die intellektuellen Ideologen in den vierziger Jahren ebensowenig Begeisterung wie beim politischen Establishment. Michel Aflak, der Begründer der Baath-Partei, konnte in Syrien bei den Wahlen weder 1943 noch 1954 einen Parlamentssitz erringen, und der Baath erhielt insgesamt nur 16 von 142 Mandaten, obwohl die äußeren Umstände in jenen Jahren der Ideologie der Baathisten durchaus zu entsprechen schienen. Großbritannien hatte das Mandat über Palästina und verwickelte sich in seinen Bemühungen, die Anliegen von Juden wie Arabern zu berücksichtigen, in Widersprüche. Die arabische Welt befand sich damals deshalb bereits im Konflikt mit den Juden; das Palästinenserproblem als solches war erkannt; die «Liga der arabischen Staaten» 1945 bereits gegründet worden. Im Irak hatte im Frühling 1941 Raschid Ali al-Gilani und in Ägypten General Aziz al-Masri bei (zwar erfolglosen) Putschversuchen den Briten gezeigt, daß eine Wende in Mittelost näherrückte. Großbritanniens Außenminister Anthony Eden nahm die neuen Bewegungen so ernst, daß er sich zur Erklärung aufschwang: «Viele Araber streben für ihre Völker ein größeres Maß an Einheit an. Sie hoffen bei diesen Bestrebungen auf unsere Unterstützung. Appelle unserer Freunde in dieser Richtung sollen nicht ohne Echo bleiben.»
Doch selbst britisches Wohlwollen konnte nicht ausräumen, was sich damals und noch immer hemmend der Verwirklichung der Einheit entgegenstellt: die Rivalität zwischen bestimmten Staaten, Mentalitäten, Regionen. Die «Liga der arabischen Staaten» war nicht zuletzt auf ägyptische Initiative geschaffen worden mit dem Ziel, einer (damals denkbaren) Union von arabischen Staaten in der Region des fruchtbaren Halbmonds, von Irak über Syrien bis nach Transjordanien, zuvorzukommen. Wie schwach das Fundament der Liga war, zeigte sich aber schon in

den Jahren 1948/1949 mit aller Deutlichkeit. Es gelang ihr nicht, ihre Mitglieder im Kampf gegen den eben gegründeten Kleinstaat Israel zu organisieren. Ägypten zog sich daraufhin vom Panarabismus zurück, hielt sich abseits, bis Abd el-Nasser wieder eine gewisse Kehrtwendung einleitete. Denn arabische Einheit bedeutete für Abd el-Nasser nicht mehr, als «dem Imperialismus geschlossen gegenübertreten».

Wenn das Streben auch nach der eigenen Identität im Gegensatz zu fremden Kräften und Einflüssen dann für einige Jahre doch noch zum Durchbruch gelangen konnte, so war dafür zu einem guten Teil das unglückliche Suez-Abenteuer der Briten, Franzosen und Israeli im Jahre 1956 verantwortlich. Der Krieg löste in Ägypten, Jordanien, Syrien, Irak und im Libanon eine hohe Welle des Nationalismus aus. Etwa drei Jahre lang befanden sich die Baathisten und die Nasseristen auf einem Annäherungskurs. Man schwärmte von Staatenvereinigungen und setzte sie kurzfristig auch in die Wirklichkeit um (Jordanien mit Irak, Ägypten mit Syrien). Doch bald schon mußte man feststellen, daß der Sprung vom regionalen Nationalismus in den Pan-Arabismus nicht möglich war. Arabische Politiker griffen später trotzdem immer wieder zu solchen Kunstgriffen, weil sie natürlich wußten, daß die demonstrative Bekundung von Einigkeit und Brüderlichkeit ein Mittel war, um einen drohenden Konflikt zwischen einzelnen arabischen Staaten abzubauen. Iraks Saddam Hussein und Syriens Hafez al-Assad gaben noch 1979, als ihre Differenzen schon deutlich zutage getreten waren, eine Vereinigung beider Staaten bekannt. Die Präsidenten des Nord- und des Südjemen versuchten es mit der gleichen Methode, und 1980 unternahmen Libyens Muammar al-Ghaddafi und Syriens Assad noch einmal einen Anlauf in diese Richtung – alle ohne Erfolg.

Während der panarabische Nationalismus auf der Ebene der hohen Politik Schiffbruch erlitten hat, gibt es auf der Ebene des Alltagslebens jedoch ein stetig wachsendes arabisches Gesamt-Nationalbewußtsein. Der Grund dafür liegt in der während des letzten Jahrzehnts gewaltig angestiegenen Mobilität der arabischen Gesellschaft. Diese wiederum ist ein Resultat von zwei Ereignissen: dem Ölpreisboom nach dem Krieg von 1973 (er dauerte immerhin bis in die Mitte der achtziger Jahre) und der Politik der Öffnung Ägyptens. Mehr als zwei Millionen Ägypter arbeiten in anderen arabischen Ländern. Die durchschnittliche Aufenthaltszeit beträgt zwischen einem Jahr und vier Jahren; das bedeutet, daß jeder zehnte oder möglicherweise sogar jeder sechste arbeitsfähige Ägypter während seines Lebens längere Zeit im Ausland lebt. Der Prozentsatz der in der Fremde tätigen Palästinenser ist noch bedeutend höher – mit dem Unterschied allerdings, daß ihre Migration nicht freiwillig erfolgt, sondern durch politische Entwicklungen erzwungen worden ist. Und noch ein Land sendet Arbeitskräfte in großer Zahl ins (ebenfalls arabische) Ausland: Nordjemen nämlich. Von 2,35 Millionen jemenitischen Arbeitern sind schätzungsweise 600 000 in Saudi-Arabien und anderen Ölstaaten der Region beschäftigt.

Ein weiteres Element hat sich zugunsten des Pan-Arabismus ausgewirkt. Eine unbekannte Anzahl von nationalistisch gesinnten Arabern hat nämlich, über die Landesgrenzen hinweg, an Kämpfen und Kriegen teilgenommen, die als gesamtarabische Anliegen deklariert worden sind. Da ist beispielsweise Dr. Chatim Abu Ghazaleh, ein praktischer Arzt in der 50 000 Einwohner zählenden Stadt Nablus im israelisch besetzten Cisjordanien. Als ich ihn Ende der siebziger Jahre besuchte, zeigte er mir ein eben von ihm verfaßtes Manuskript mit dem Titel *Das Camp-David-Abkommen oder Die Auslöschung der palästinensischen Sache.* Der Entwurf zum Umschlag des rund 300 Seiten dicken Werkes zeigte über einer Palästinenserflagge eine erhängte weiße Taube. Bei späteren Besuchen stellte ich fest, daß Doktor Ghazaleh für sein Werk zwar einen Verleger gefunden hatte, daß das Buch sich aber offensichtlich nur schlecht verkaufen ließ, weil in der übrigen arabischen Welt, d.h. in dem nicht von Israel besetzten Teil, ein Mißtrauen gegenüber Autoren aus Cisjordanien herrscht . . .

Enger als Dr. Ghazaleh ist jedoch kaum ein Bewohner der palästinensischen Region mit der Sache der Araber verbunden: Einst focht er als Mitglied des jordanischen Parlamentes für die Anliegen seiner Gesinnungsleute, dann setzte er sich beim FLN in Algerien als Militärarzt für die Araber ein, und nach seiner Rückkehr nach Nablus geriet er mit den Israelis in Konflikt – wegen versuchten Aufbaus einer Untergrundorganisation.
«Sowohl die Iraker als auch die Syrer sollten sich bedingungslos an die Sowjetunion anlehnen, um das notwendige Gegengewicht zum israelisch-ägyptisch-amerikanischen Block zu schaffen», erläuterte er mir einmal an einem ruhigen Nachmittag in den Räumen seiner Arztpraxis im Zentrum von Nablus. Damals herrschte in dieser als Hochburg des Nationalismus geltenden Stadt eine auffällige Stille. Auf den Straßen war kaum ein Fahrzeug zu sehen, nur wenige Läden waren geöffnet, auf den Bürgersteigen kaum Passanten. Selbst im Zentrum von Nablus herrschten Untätigkeit und Lethargie. Hätten an jenem Hauptplatz, der immer wieder als Schauplatz kleinerer und größerer Demonstrationen gegen die Besatzungsmacht dient, nicht etwa zwanzig israelische Soldaten mit automatischen Waffen herumgesessen, so hätte man sich der Illusion hingeben können, in Nablus herrsche Feiertag. Doch in Wirklichkeit gab es hier einen Generalstreik. Die Israelis erwarteten stündlich den Ausbruch von Gewalttätigkeiten oder zumindest Demonstrationen mit Steinwürfen von der militanten Jugend von Nablus. Und wann immer es zu einem solchen Gefecht zwischen ungleichen Kräften kommt, dann können auch Schüsse fallen.
Ab und zu lauschend, was sich draußen in den Straßen der malerischen, engen Stadt abspielen könnte, führte Dr. Ghazaleh aus: «Aus taktischen Gründen sollten die Araber sich an Moskau anlehnen, und zwar bis zu einem Punkte, da eine Konfrontation zwischen den Supermächten zur drohenden Möglichkeit würde.» Aus einer Position der Stärke und mit politischer Hilfe der UdSSR könnten die Araber sich dann an Friedensgespräche mit Israel her-

anwagen, um Verhandlungen über die 1948 an die Juden verlorenen Besitzungen in der Küstengegend und am Mittelmeer aufzunehmen.

Nablus ist weit vom Geist der Machtzentren der arabischen Welt entfernt. Die Stadt liegt eingebettet in jene Hügellandschaft, wo sich seit Jahrhunderten vor Beginn unserer Zeitrechnung die Großmächte die Herrschaft über Menschen und Land streitig gemacht haben, erbaut über den Grundmauern des jüdischen Sichem und somit im Schnittpunkt der Mächte Assyriens, Babyloniens und Persiens einerseits und Ägyptens auf der anderen Seite. Zwei Welten bestimmen heute das Leben in Nablus: Die Verwandtschaftsbande der meisten hier ansässigen Menschen reichen tief in die Struktur Jordaniens hinein, widerspiegeln die Tradition der arabischen Großfamilien und das Zugehörigkeitsgefühl zum einen oder anderen Clan und äußern sich in einer Lebensführung, die scheinbar modern, in einer tieferen Schicht aber nach wie vor muslimisch traditionalistisch verwurzelt ist. Die damit zusammenhängenden Wertvorstellungen stehen oft in unüberbrückbarem Gegensatz zur Lebenshaltung der Israelis, die in Nablus, wie in den anderen Städten Cisjordaniens, ein zwar nicht ständig sichtbares, aber dennoch starkes und fühlbares Besatzungsregime ausüben.

Man gerät in dieser Situation des institutionalisierten Zwiespalts leicht in Gefahr, den Sinn für Realitäten zu verlieren. Dr. Ghazaleh ist es in den langen Jahren seines Kampfes für die politische Unabhängigkeit der Palästinenser natürlich nicht entgangen, daß sich die Versprechen der arabischen Regime und der PLO nicht erfüllt haben; die israelische Besatzungsmacht ist geblieben, in bezug auf die Anliegen der Palästinenser ist arabischer Nationalismus eine leere Parole geblieben. Er weiß aber auch, daß die Schuljugend der Stadt Nablus begierig ist, die durch das Radio übermittelten Aufrufe der PLO zu übernehmen – die Umsetzung dieser Parolen endet jedoch meistens bei einer nur noch für die ausländischen Fernsehkameras effektvollen Demonstration, mit dem Anzünden von ein paar Autoreifen auf dem Hauptplatz der

Stadt vor dem Eingang zu den engen Gassen des alten Viertels.
«Für unsere Identität ist es wichtig, einen Flecken eigene Erde zu haben, ein Stück Land, das wir als Heimat bezeichnen können», sagte Ghazaleh. «Natürlich würde nur ein kleiner Teil jener Palästinenser, die jetzt in Kuwait, am Golf, in Saudi-Arabien oder im Libanon leben, hierher zurückkehren – ebenso wie nur ein Teil der Juden in Israel leben will.» Und nach einer Pause setzte er hinzu: «Und wenn Sie fragen, ob dies dann ein Hort des Terrors wäre, dann antworte ich: Es wäre wohl nicht der erste und nicht der letzte Staat von Terroristen – obgleich ich meine, daß mit der Staatsgründung im wesentlichen das Ende des palästinensischen Terrors gekommen wäre.»
In dem Geflecht von echten Meinungen, von Zweideutigkeiten, nationalistischer Propaganda und spontan geäußerten Stimmungen haben im Nahen Osten manchmal auch zufällig hingeworfene Bemerkungen ihre Bedeutung, die im privaten Gespräch einen Wechsel der Tonart kennzeichnen. Im Haus einer nicht nur in Nablus, sondern auch in Jordanien bekannten Palästinenser-Familie – aus ihr stammte König Husseins Frau Alia, die im Jahr 1977 verunglückt ist – fragte ich an einem stillen Besuchstag den 15jährigen Sohn nach seiner Meinung zu den Israelis. «Die sind stark», sagte er mit einem Anflug von Haßliebe, «und die Araber sind schwach, können nichts.» Und fast unmittelbar anschließend stellte er eine Gegenfrage: «Was halten Sie eigentlich von Hitler?» «Ein schlechter Mann», sagte ich unbeholfen, «ein Verbrecher», und versuchte dann in einigen Worten skizzenhaft eine historische Wertung. Worauf der Junge völlig konsterniert fragte: «Warum? Hitler hat doch Deutschland stark gemacht, hat dem Land Respekt verschafft.»
Es war die Äußerung eines Jungen, der, ohne dessen selbst voll bewußt zu sein, in die Denkweise jener Persönlichkeiten integriert ist, die den arabischen Nationalismus zu einer bewegenden Kraft der Politik in der Region des Nahen Ostens zu machen versuchten.

VI. Zwischen Pomp und Chaos

Der Zufall wollte es, daß der schweizerische Außenminister Pierre Aubert in jenen Tagen Kairo besuchte, als vier palästinensische Terroristen das Kreuzfahrtenschiff *Achille Lauro* kaperten. Die Journalisten, welche den Vorsteher des Eidgenössischen Departements für Auswärtiges begleiteten, waren deshalb vielbeschäftigt. Sie mußten beide Themenkreise für die Leser, Zuhörer und Fernsehzuschauer zu Hause bearbeiten und rasten im dichten Verkehr der 12-Millionen-Stadt ständig von einem Schauplatz zum anderen – von den Ministerien zu den Hotels mit jenen Passagieren, die das Schiff noch vor der Kaperung für einen Landausflug verlassen hatten, dann zu irgendwelchen Pressekonferenzen und schließlich ins Gebäude des ägyptischen Fernsehens, von wo Berichte via Satellit in die Schweiz durchgegeben werden sollten.

Das Drama um die *Achille Lauro* dauerte zwei Tage, dann gaben die Attentäter auf und ließen sich nach Port Said in Ägypten eskortieren. Jedermann ging davon aus, sie würden dort abgeurteilt. Am nächsten Morgen, einem sonnigen, warmen Oktobertag, fuhren wir Schweizer Berichterstatter in Taxis hinter Außenminister Aubert zum Uruba-Palast, dem Amtssitz des ägyptischen Präsidenten. Hosni Mubarak wollte den offiziellen Gast aus der Schweiz empfangen und mir anschließend ein Interview fürs Schweizer Fernsehen geben. So weit, so gut – doch es sollte anders kommen. Vor den Pforten der stattlichen Villa wurde uns mitgeteilt: Der Präsident hat – leider – keine Zeit für die Presse. Trinken Sie doch bitte einen Kaffee!

Ich tat, was mir in solcher etwas eigenartigen Situation eben einfallen mochte: Ich zeigte mich beleidigt, lehnte den Kaffee ab, ließ verlauten, man könne uns ja nicht ein-

fach so von Europa nach Kairo kommen und dann vor dem Palast des Präsidenten stehenlassen, kurz, ich sei nicht bereit, diese Situation zu akzeptieren. Daraufhin begann ein hastiges Hin und Her, und schließlich wurde mir unverbindlich mitgeteilt, vielleicht ergäbe sich im späteren Verlauf des Vormittags doch noch eine Gelegenheit, wenn nicht zu einem ausführlichen Gespräch, dann doch für ein Kurz-Interview von fünf Minuten.
Wir warteten. Es wurde neun Uhr, zehn Uhr, elf Uhr. In diesen Stunden fuhr ein schwarzer Mercedes nach dem andern vor, und ein Minister nach dem andern betrat den Palast. Wir vertrieben uns die Zeit mit Beobachten. Etwa um elf Uhr hastete in dem für die in Kairo akkreditierten Berichterstatter freigehaltenen linken Flügel des Uruba-Palastes ein schlaksiger junger Mann in Jeans, Sporthemd und Golfermütze herbei. Er stellte sich mir als Dave MacDonald und Korrespondent der amerikanischen Fernsehgesellschaft NBC vor und meinte, wir sollten am besten gemeinsam versuchen, Präsident Mubarak beim Verlassen des Gebäudes zu überzeugen, uns ein Interview zu geben.
«Und wie macht man das?» wollte ich wissen.
«Wir rufen einfach.»
«Rufen was?»
«Wir rufen: Herr Präsident, hier ist das Schweizer Fernsehen oder hier ist NBC, wollen Sie uns nicht ein Interview geben? Das ist vielleicht etwas ungewöhnlich bei einer Begegnung mit einem Staatsoberhaupt, aber ich mache das oft so. Ich bin seit vier Jahren hier. Es ist eine Möglichkeit, Mubarak zu bekommen. Versuchen wir's doch. Und am besten rufen Sie als erster, weil die Tatsache, daß das Schweizer Fernsehen speziell hergereist ist, eventuell seine Aufmerksamkeit erregt.»
Gegen halb zwölf begannen die Mitglieder des Kabinetts den Palast zu verlassen. Einer nach dem andern stieg in seinen schwarzen Mercedes und fuhr weg. Als Boutros Ghali, der Staatsminister für Außenpolitik, in Rufnähe kam, versuchte ich es bereits einmal: «Herr Minister, hier ist . . .» Boutros Ghali, den ich von früheren Besuchen in Kairo her kannte, winkte freundlich zurück und legte

dann seine Finger an die Lippen, mit einer Geste, die wahrscheinlich besagen sollte, Interviews gäbe es heute keine.
«Sollen wir's trotzdem weiterhin versuchen?» fragte ich Dave. Er sagte: «Warum nicht. Bleibt der Präsident einen Augenblick stehen, so gibt er uns damit zu verstehen, daß er sprechen möchte. Diesen Moment müssen wir erwischen.»
Die Palastgarde stellte sich etwa eine Viertelstunde später in Positur, und tatsächlich, wenig später trat ein würdevoll, ja imperial blickender Mubarak vor die Pforten. Der gepanzerte Mercedes war bereits vorgefahren, die Tür wurde aufgerissen – da versuchte ich es noch einmal: «Herr Präsident ...»
Mubarak blieb, die Hand schon an der Tür des Wagens, tatsächlich stehen und fixierte uns. Worauf Dave MacDonald und ich, neben unseren Kamera-Männern und Ton-Operateuren, das Mikrofon in der Hand, den Staatspräsidenten wie eine Beute anzuschleichen begannen, bis wir unmittelbar vor seinem Wagen standen. Und wechselweise warfen wir Mubarak nun unsere Fragen zu.
«Was ist mit den Geiselnehmern hier in Ägypten, Herr Präsident? Wo sind sie und was geschieht mit ihnen?»
«Die Leute haben das Land schon wieder verlassen. Wir ließen sie gehen, nachdem wir erfahren hatten, daß sie niemanden umgebracht haben.»
«Aber der italienische Botschafter hat doch erklärt, ein Passagier sei getötet worden, gleich nachdem das Schiff Syrien habe anlaufen wollen und die Landeerlaubnis von den Syrern verweigert worden war?»
«Als wir sie festnahmen, wußten wir nichts davon. Diese Information bekamen wir erst fünf Stunden später. In dieser Zeit verließen sie Ägypten.»
«Und wo sind sie jetzt?»
«Ich weiß es nicht.»
«Wäre es denkbar, daß sie sich in Tunesien befänden?»
Mubarak riß die Augen auf, schaute mich – ich hatte diese Frage zufällig gestellt oder aus dem einfachen Grund, weil Tunesien in jenen Stunden das denkbarste Ziel war – groß

an, machte eine ausladende, vage Geste, schürzte die Lippen und sagte so, als wäre ihm dieser Einfall jetzt gerade gekommen: «Tunesien. Ja, Tunesien, das wäre möglich, sehr wohl möglich.»
Mubarak warf uns einen letzten majestätischen Blick zu, stieg in die schwarze Limousine und fuhr davon. Wir Reporter stürzten uns in die seit Stunden wartenden Taxis. Im notorischen Verkehrschaos Kairos krochen die Taxis geradezu zum Fernsehgebäude am Nilufer, wir suchten in dem fast unüberschaubaren Gebäudekomplex die Montageräume und machten das Interview, nichts Böses ahnend, sendefertig. Schließlich ergab sich, ungeachtet technischer und bürokratischer Widrigkeiten, im Verlauf des Tages doch noch die Möglichkeit, den Beitrag über Satellit nach Europa beziehungsweise in die USA zu übermitteln, und am gleichen Abend flimmerten die Aussagen des ägyptischen Präsidenten über die Bildschirme.
Der nächste Morgen sollte die große Überraschung bringen, die Mubaraks Glaubwürdigkeit erschütterte. Man hatte während der Nacht versucht, die Terroristen – die sich, entgegen Mubaraks Aussagen, noch immer in Ägypten befunden hatten – mit einem ägyptischen Flugzeug nach Tunesien auszufliegen. Amerikanische Abfangjäger zwangen die Maschine jedoch zur Landung auf einem Nato-Stützpunkt in Sizilien, und die vier Entführer der *Achille Lauro* wurden, samt dem PLO-Mann Abu al-Abbas, festgenommen (Rom ließ Abu al-Abbas später, ungeachtet massiver amerikanischer Proteste, wieder laufen) und von einem Gericht in Genua verurteilt.
Selbstverständlich hatte Präsident Mubarak davon gewußt, daß die Terroristen zum Zeitpunkt des Interviews noch in Ägypten waren. Schließlich hatte er, wie wir Journalisten beobachten konnten, zuvor noch Beratungen mit allen prominenten Kabinettsmitgliedern geführt. Wäre er bei dieser für seine Glaubwürdigkeit kritischen Gelegenheit hinters Licht geführt worden, so hätte er Minister entlassen oder sogar die ganze Regierung umbilden müssen. Doch davon war keine Rede. Mubarak nahm den Verlust an Prestige hin, kritisierte seinerseits die Amerikaner

wegen der Abfangaktion, ließ einige Tage lang Mißstimmung zwischen Kairo und Washington aufkommen, um dann wieder außenpolitische Normalität zu bekunden. Die USA ihrerseits drängten Kritik an Kairo allmählich in den Hintergrund. Die Reagan-Administration war sich im klaren darüber, daß sie mit Hosni Mubarak ein einigermaßen harmonisches Verhältnis pflegen mußte, wollte sie nicht Gefahr laufen, ihren Einfluß auf die bilateralen Beziehungen zwischen Ägypten und Israel zu verlieren. Eine längerfristige Abkühlung ihrer Beziehungen wollten weder die Reagan-Administration noch Präsident Hosni Mubarak verursachen.
Ägypten erhält von den USA jährlich etwa eine Milliarde Dollar an ziviler und 1,3 Milliarden Dollar an militärischer Hilfe. Das ist der Preis, den Amerika Ägypten für den Frieden mit Israel zahlt. (Israel bekommt gegen 3 Milliarden US-Hilfe in verschiedener Form.) Ein Großteil der nicht-militärischen Hilfe wird direkt oder indirekt schlicht für das physische Überleben der unglaublich bescheiden lebenden unteren Bevölkerungsschichten eingesetzt; Grundnahrungsmittel und Energie werden massiv subventioniert. Entfiele diese Hilfe für die armen Bevölkerungsschichten in diesem Land mit seinen bereits 48 Millionen Einwohnern, so würde in Ägypten Hungersnot herrschen. Etwa ein Drittel des nationalen Budgets – sein Gesamtvolumen betrug 1985 ungefähr 22 Milliarden Dollar – wird für Subventionen verwendet. Über die Hälfte der in Ägypten konsumierten Nahrungsmittel muß importiert werden, und dieser Anteil nimmt ständig zu – auch wenn gewisse Projekte zur Erschließung von bisher unfruchtbarem Boden nicht so erfolglos sind, wie Kritiker das bisweilen darstellen. Doch die Nahrungsmittelproduktion steigt pro Jahr um bestenfalls 2 Prozent, während die Bevölkerung um jährlich 2,8 Prozent zunimmt. Bei einer gleichbleibenden Bevölkerungszuwachsrate wird Ägypten im Jahre 2000 nicht weniger als 70 Millionen Einwohner haben. Schon heute aber wendet das Land etwa 2,5 Milliarden Dollar für Nahrungsmittel-Einfuhren auf, muß schätzungsweise 80 Prozent der in Ägypten konsumierten Lin-

sen importieren und sich gleichzeitig damit abfinden, daß rund ein Drittel der eigenen landwirtschaftlichen Erzeugnisse verfaulen, bevor sie den Markt erreichen.
Um den Druck auf der Ausgabenseite etwas zu mindern, experimentiert das Regime von Zeit zu Zeit mit der Streichung verschiedener Subventionen. Dabei mußte es gewöhnlich folgende Erfahrung machen: Überläßt man die Preisgestaltung beim Grundnahrungsmittel Brot den Kräften des freien Marktes, so reagieren die von den islamischen Fundamentalisten beeinflußten Massen mit Erbitterung. Brot-Unruhen haben mehrmals Todesopfer gefordert und meist zur Widerrufung bereits getroffener Preis-Verordnungen geführt. So bleibt nur die Möglichkeit, die Subventionen bei Produkten zu streichen, die eher von den besser verdienenden Schichten konsumiert werden, beim Fleisch zum Beispiel oder bei Zitrus-Früchten oder Trauben. (Für diese beiden Produkte wurden die staatlichen Preiskontrollen 1983/84 abgeschafft.) Infolgedessen wird die Speisekarte bei den unterprivilegierten Massen noch armseliger, und Produkte, die bis anhin fast allen zugänglich waren, können nur noch von Familien erworben werden, deren Einkommen wenigstens zum Teil auf Überweisungen von Exil-Ägyptern beruhen, die in anderen arabischen Ländern arbeiten.
Wie viele Ägypter im Ausland arbeiten, ist nicht genau bekannt. Die Weltbank nannte für das Jahr 1985 die Zahl von einer Million, ägyptische Experten aber kommen auf mehr als zwei Millionen. Die Überweisungen dieser Gastarbeiter aus dem Ausland erreichen pro Jahr etwa 2,5 Milliarden Dollar, aber diese Geldmasse ist nicht stabil. Ägyptens Stellung gegenüber anderen arabischen Ländern ist und bleibt aus politischen Gründen labil, und eine Einschränkung der wirtschaftlichen Expansion in Ländern wie Saudiarabien oder den Golfstaaten können bereits dazu führen, daß dort weniger Ägypter Arbeit finden können. Vorläufig machen ihre Überweisungen noch das größte Einkommen Ägyptens aus. Wie lange das so bleiben wird, ist offen.
Der Export von Arbeitskräften ist für die ägyptische Wirt-

schaft keineswegs problemlos. Etwa 48 Prozent der im Ausland beschäftigten Ägypter sind «professionals», Leute mit guter Ausbildung, Lehrer oder geschulte Handwerker. Das hat zur Folge, daß in Ägypten selbst gut ausgebildete Leute häufig fehlen.

Und doch wird es für die Jugend Ägyptens von Jahr zu Jahr schwieriger, dem Ausbildungsniveau entsprechend Arbeit zu finden. Es kommt noch etwas hinzu, auf das Thomas Ross in der *Frankfurter Allgemeinen* hingewiesen hat: «Für junge Leute ohne Vermögen ist es nahezu unmöglich, auch nur eine winzige komfortable Wohnung zu finden. Die Regierung begleitet zwar ihr Bauprogramm mit viel Propagandafanfaren, aber allzumal hat im Bauwesen die Korruption zu besonders schlimmen Mißständen geführt. Jüngst wurden die Direktoren von 14 Hauskooperativen allesamt gefeuert. Sie haben Staatsland zum nominalen Preis von zwei Pfund pro Quadratmeter erhalten und Jahre später für 300 Pfund auf eigene Rechnung verkauft. Ähnlich operierten sie mit Zement und anderem Baumaterial, das sie vom Staat verbilligt erhielten. Als gute Geschäftsleute kassierten sie zugleich Anzahlungen für fiktive Wohnungen. Ein Staatsangestellter, der ehrlich ist, kann sich und seine Familie kaum über Wasser halten. Selbst ein Minister verdient offiziell weniger als ein Installateur, ein Professor weniger als die Chefsekretärin eines Privatbetriebes, ein Arzt einer Regierungsklinik ein Fünfzigstel wie ein Arzt mit Privatpraxis. Solche, für Entwicklungsländer typische Verhältnisse fordern zur Korruption heraus. Der Staat aber ist außerstande, den maßlos aufgeblähten Apparat der Beamten und Angestellten ausreichend zu bezahlen.»

Die Frage, ob sich der Friede mit Israel für den Durchschnittsägypter wirtschaftlich gelohnt hat, läßt sich allgemein kaum beantworten. Es gibt da allzu viele Widersprüche, die auch im Ausmaß ihrer Wirkungen unüberschaubar sind. Profitiert etwa der gewöhnliche Bürger Kairos oder Alexandrias von den jährlich rund 600 Millionen Dollar, die von Unternehmerseite – meistens mit staatlicher Zusatzgarantie – mit ausländischem Geld in Ägypten

investiert werden? Mit diesen Geldern sind zwar Fabriken und Hotels entstanden, aber manche Neuerungen haben auch die Inflation in die Höhe getrieben. Eine Ägypterin aus dem Mittelstand – der nur einen winzigen Prozentsatz der Gesamtbevölkerung ausmacht – schilderte mir einmal nüchtern, wie schwierig es für sie geworden sei, in Kairo ein Taxi zu bekommen – weil die Taxifahrer lieber ausländische Touristen oder Geschäftsleute fahren, die anstandslos ein Mehrfaches der üblichen Gebühren zahlen. Die Inflation stieg schon zur Zeit von Anwar as-Sadats Politik der Öffnung, der *infitah*, die Ägypten dem ausländischen Unternehmertum relativ leicht zugänglich machte. Als Sadat im Herbst 1981 ermordet wurde, sagte mir in Kairo ein Mitglied einer wohlhabenden Kopten-Familie, die von Wirtschaftsproblemen verschont geblieben war: «Die Fundamentalisten haben Sadat erschossen, aber in Wirklichkeit wurde der Präsident von der Inflation getötet, die er selbst geschaffen hatte.» Die Einstellung des Durchschnittsägypters gebenüber Israel wurde noch eine Zeitlang von der Erwartung geprägt, der Friede werde dem Land am Nil soliden Wohlstand bringen – als sich das als Illusion erwies, kam in Kairo eine unfreundlichere, ja allmählich geradezu feindliche Atmosphäre gegen Israel auf. Arnold Hottinger schrieb dazu in der *Neuen Zürcher Zeitung*: «Zu Anwar as-Sadats Zeiten war die Stimmung beim einfachen Volk Israel gegenüber freundlich gewesen. Dies erklärte sich wohl durch Kriegsmüdigkeit und besonders durch Versprechen, daß nach dem Friedensschluß in Ägypten der Wohlstand wachsen werde. Diese Erwartung wurde enttäuscht, und mit der Volkstümlichkeit Israels ist es heute wohl auch bei einfachen Leuten vorbei. Bei den Intellektuellen konnte sowieso nie die Rede davon sein.»
Sadats Israel-Politik zwischen 1977 und 1981 wurde vom Westen allgemein höher gelobt als von den Ägyptern. Sadats Mythos hielt nach seinem Tode noch eine Weile an, aber nach der israelischen Invasion des Libanon mehrten sich überall die skeptischen Stimmen. Die schärfste Kritik an Sadat kam von seinem ehemaligen Mitarbeiter

Mohammed Heikal, der in seinem streckenweise polemischen Buch *Sadat, das Ende eines Pharaos* (1984) schreibt: «In der Rückschau wird deutlich, daß Sadats Hauptfehler darin bestand, langfristige strategische Vorteile kurzfristigen taktischen Manövern zu opfern.»
Heikal übertreibt. Dank des Friedens mit Israel konnte sich Ägypten aus Konflikten heraushalten, die ihm im Zusammenhang mit dem Libanon-Konflikt des Sommers 1982 sonst kaum erspart geblieben wären – und selbst wenn die überwiegende Mehrheit der Ägypter damals den israelischen Feldzug in den Libanon verurteilte, so hätte sie meines Erachtens einen neuerlichen Krieg gegen Israel mit dem Risiko eines Schlags gegen die großen ägyptischen Bevölkerungszentren kaum tragen wollen. Hätte es also keinen Friedensvertrag mit Israel gegeben, so wäre Ägypten damals in einen schweren inneren Konflikt geraten, der Mubaraks Position geschwächt und alle oppositionellen Kräfte entscheidend gestärkt hätte.
Aber wie stark ist Mubaraks Herrschaft überhaupt? Sie konsolidiert sich immer dann, wenn der Präsident Fortschritte in der vorsichtigen Wiederannäherung an das arabische Lager vorweisen kann. Daß die Ägypter sich als zivilisierter, den arabischen Ländern als überlegen betrachten, ändert daran nichts. Außerdem hängt die Solidität des Regimes, wie bereits erwähnt, natürlich davon ab, wie weit es die wirtschaftliche Not der breiten Massen lindern kann. Den Respekt aber, der einst Gamal Abd el-Nasser entgegengebracht wurde, genießt Hosni Mubarak als Person zur Zeit bei weitem nicht, auch nicht die ambivalente Achtung, auf die Sadat sich stützen konnte. Das zeigt sich unter anderem an den Witzen und Anekdoten, die im Volk über den Präsidenten zirkulieren. Eine typische Erzählung lautet: Mubarak kehrte einmal von einer Auslandreise nach Kairo zurück und hatte seinen Paß verloren. Er stand auf dem Flughafen und erklärte dem Beamten, er sei der Präsident, man solle ihn also ohne weitere Formalitäten passieren lassen. Darauf der Grenzbeamte: Das hätten schon so manche Einreisende behauptet, und bei problematischen Fällen habe er dann

immer gefragt, ob der oder die Betreffende einen Beweis ihrer beruflichen Fähigkeiten erbringen könnte. Eine Sängerin habe daraufhin ein Lied gesungen, wurde erkannt und durchgelassen. Eine Tänzerin habe getanzt usw. Die gleiche Frage gelte nun ihm, der sich als Präsident vorgestellt habe. Und Mubarak habe geantwortet: Ich kann nichts. Daraufhin der Beamte: In Ordnung, dann sind Sie wirklich der Präsident, Sie können passieren.

Wie sicher sich die ägyptische Obrigkeit im Umgang mit der Außenwelt fühlt, läßt sich auch an der Art und Weise ablesen, wie ausländische Berichterstatter behandelt werden. Korrespondenten und reisende Journalisten, die für Zeitungen arbeiten, haben es im allgemeinen etwas leichter als die Mitarbeiter der elektronischen Medien, des Fernsehens insbesondere: Sie können Kontakte auf eher unauffällige Art knüpfen und ihre Beiträge telefonisch durchgeben oder die Manuskripte mit nach Hause nehmen, wodurch sie der Zensur entgehen (die theoretisch für die Berichterstattung allgemein seit einiger Zeit abgeschafft ist). Die Fernsehberichterstattung hat es da schwerer, weil Kamerateams optisch so auffällig sind, weil das Medium Fernsehen überdies als ein quasi-offizielles Instrument betrachtet wird (was es in autoritären Staaten und Drittweltländern auch ist) und weil für die Fernsehberichterstattung in Ägypten besondere Regeln gelten. Ausländische Teams bekommen vom Informationsministerium eine Begleitperson zugeteilt, die auch heute noch minutiös darauf achtet, daß nichts aufgenommen wird, was dem Wunschbild der Selbstdarstellung vor der Welt widerspricht. Mit dem offiziellen Begleiter zur Seite ist es beispielsweise schwierig, alltägliche Straßenszenen in der Millionenstadt Kairo zu filmen – für das ausländische Publikum will das Regime jegliche Anzeichen von Armut im Lande unterschlagen.

Nun könnte man zur Rechtfertigung bemerken: Bei gewissen Ländern der Dritten Welt haben europäische und amerikanische Fernsehanstalten jahrelang allzu intensiv die Armut und das Elend in den Mittelpunkt gerückt. (So ist Indien etwa lange Zeit in unverhältnismäßiger Weise aus der Slumperspektive geschildert worden.) Doch in Ägypten waren selbst Szenen «verboten», die auf harmlose Weise Formen des traditionellen Alltags veranschaulichten. Im Herbst 1985 hatte ich größte Mühe, meinen Begleiter vom Ministerium davon zu überzeugen, daß der Anblick eines Esel-Karrens inmitten des Autoverkehrs von Kairo nicht diskriminierend für das Image Ägyptens sei. Schließlich gab er nach, wir konnten in der betreffenden Straße filmen – als ich am gleichen Abend im ägyptischen Fernsehen in Kairo den Bericht zusammenschnitt, trat die in diesem Raum anwesende Zensorin in Aktion und untersagte die Verwendung des Bildes. Optische Information über Ägypten zu vermitteln ist angesichts solcher Umstände ein Problem selbst für Journalisten, die eine faire Berichterstattung liefern wollen. Begreiflich wird es nur aus einer inneren Bedrohung des Regimes.

VII. Ägypten und die islamischen Fundamentalisten

Ein knappes Jahr nachdem Ägyptens Präsident Anwar al-Sadat mit seinem Besuch in Jerusalem die politische Landkarte des Nahen Ostens durcheinandergebracht hatte, rief an einem Freitagnachmittag in Kairo ein Prediger seinen Zuhörern voller Empörung zu: «Israel, Israel – Grenzen setzen! Doch an den Toren seines Parlaments, da gibt es eine Karte und darauf steht: Schafft ein Israel, vom Euphrat bis zum Nil! Und auf der Karte befinden sich die Erleuchtete Stadt (Medina) und die Stadt des Gesandten Gottes (Mekka). Für die Moslems: ein Grund zum Weinen, eines Weinens nicht des Auges, sondern des Herzens.»

Der Scheich, aus dessen Freitagspredigt ich diese Sätze übersetze, heißt Hamid Kishk. Einem deutschsprachigen Publikum mag dieser Name wenig bedeuten; für eine breite Schicht in der Welt des Islams aber steht Kishks Name für «richtiges» islamisches Denken und Handeln. Von Malaysia bis nach Marokko ist Hamid Kishk der Geistliche, der von den islamischen Massen heute wahrscheinlich am meisten beachtet wird. In zehntausendfacher Ausfertigung tragen Tonbandkassetten die eindringliche Stimme des ägyptischen Mahners und Aufrüttlers nach jeder Freitagspredigt weiter. Da Kishk in einem Viertel der ägyptischen Hauptstadt predigt, zirkulieren die Kopien noch am gleichen Tag in Kairo selbst. Ein bis zwei Wochen später erreichen sie Rabat in Marokko, Khartum, Riad, ja sogar die Städte Syriens, in denen die Glaubensinhalte Kishks verboten sind, und die moslemischen Araber im Ostteil Jerusalems.

Ich hatte mich Anfang 1978 für Kishk zu interessieren begonnen. Als ich das nächste Mal nach Kairo kam, fragte

ich fast jeden Ägypter, mit dem ich ins Gespräch kam, ob er Scheich Kishk kenne und was er von ihm halte – vom Liftboy im Hotel bis zum Taxifahrer und zum Andenkenverkäufer auf der Straße. Von achtzig Menschen aus dem einfachen Volk, die ich fragte, äußerten sich über siebzig positiv. Den berühmten Prediger selbst zu sehen gelang mir erst einige Monate später, als ich, eher zufällig als geplant, die Bekanntschaft eines Mannes machte, der regelmäßig die Freitagspredigt in der Moschee *Ain al Hayat,* «Quelle des Lebens», besuchte. Er lud mich ein, ihn zu begleiten, und so nahmen wir kurz nach zehn Uhr im Stadtzentrum ein Taxi und fuhren die lange Strecke hinaus nach Kubba Gardens, vorbei an den Bahnhöfen am Ramses-Platz und weiter draußen an der Koptischen Kathedrale, quer durch die dichtbevölkerten Quartiere der graubraunen Vorstädte der 12-Millionen-Stadt Kairo.
Wir trafen früh ein, aber keineswegs zu früh. Die mittelgroße, architektonisch uninteressante Moschee war schon vor elf Uhr etwa zu zwei Dritteln voll; vielleicht tausend oder tausendfünfhundert Menschen waren bereits da, obgleich noch eine gute Stunde vergehen mußte, bis Scheich Kishk mit seiner Predigt beginnen würde. Die Gläubigen vollziehen die rituellen Waschungen an einem Brunnen im Gebäudeteil, der an die eigentliche Moschee angebaut worden ist – mit Geldern des Religionsministerium übrigens –, und lassen sich auf den mit Teppichen bedeckten Boden nieder. Aus mehreren Lautsprechern erklingen Koran-Rezitationen. Die Menge in der Moschee wird dichter und dichter. Islamische Fundamentalisten – mit dem typischen Bart-Schnitt, bisweilen auch gekleidet in die Gallabieh – sind selten. Die Mehrheit der Männer kleidet sich auf einfache Art westlich und dürfte dem unteren Mittelstand und der Schicht der Arbeiter und Handwerker entstammen.
Etwa um halb zwölf Uhr wurde die Lautsprecher-Koran-Rezitation durch einen leibhaftigen Koran-Rezitator abgelöst; zur Mittagsstunde trat ein Moment der Stille ein. Gespanntes Warten in der unübersehbaren Menge – dann plötzlich der eindringliche Ruf von den hölzernen Trep-

penstufen des *Minbar*, der «Kanzel» vorn in der Moschee: *Al hamdu li-allah rabb al'aalamin* («Gepriesen sei der Herr der Welten»). Der Zuruf läßt die Gläubigen fast versteinern. Gebannt starren Tausende von Augen auf die hagere Gestalt im Halbdunkel auf den Stufen, die sich mit einer Hand locker am hölzernen Handlauf Orientierung verschafft. Ein schmales Gesicht, dessen Augen durch eine dunkle Brille verdeckt sind, ist vage gegen die Menge gerichtet. Scheich Kishk ist blind, und die Blindheit wurde durch eine in den ländlichen Gegenden Ägyptens typische Krankheit verursacht, durch ein Trachom.
Zentraler Begriff der Predigt ist an diesem Freitag das Herz – womit die Fähigkeit des Menschen angesprochen wird, intuitiv das Richtige vom Falschen zu unterscheiden, gutes Handeln zu erfühlen und schlechtes (gleichbedeutend mit un-islamischem) zu meiden. *Ummatun, haaluha assaf*, «O Gemeinschaft, deren Lage so beklagenswert ist», spricht Kishk mit zurückgenommener, eindringlicher Stimme. «Rußland bekämpft die Moslems auf dem Boden des islamischen Afghanistan. Hafez al-Assad tötet die Moslems auf dem Boden des islamischen Syrien; Iran und Irak befinden sich in einem Krieg, dessen Ausgang nur Gott kennt; die Öl-Länder – im Zustand der Gleichgültigkeit; der Führer Libyens aber schloß einen Pakt mit Mengistu, dem Chef Äthiopiens – Mengistu, dem Mann, der den Islam in seinem Lande ausrotten will!» Pause. Empörte Zurufe aus fast zugehaltener Kehle bei den Gläubigen. Und Kishk fährt fort: «Und wir selbst, wir haben keine Stärke und keine Kraft. Doch erinnern wir uns, erinnern wir uns daran, wie Tariq Ibn-Ziyad seinerzeit Andalusien für den Islam eroberte ...» Die Stimme Kishks steigert sich in rhetorischen Wellen, einer dramatischen Pause folgt die Schilderung, wie der Prophet Mohammed dem vor einer spanischen Übermacht noch zögernden Tariq im Traum erschien und ihn zur Eroberung Andalusiens antrieb. (Der Begriff *Fath* für «Eroberung» ist im Arabischen gleichbedeutend mit «Öffnung».) Und ganz leise zitiert Kishk ergänzend den Propheten: *Wa man raa'nii fiil manaam faqad ra'ani haqqan*, «und

wer mich im Traum gesehen hat, dem wird Wahrheit zuteil». Erneut ein gepreßter Kurzzuruf aus der Menge, und Kishk fällt plötzlich in einen Konversationston und erzählt seinen Zuhörern wie nebenbei, was sich dann zwischen dem Propheten Mohammed und Tariq abspielte: «Das Herz Mohammads, das Herz Tariqs – da brauchte man keine telegraphische Verbindung, keinen Draht aus Platin, da sprachen die beiden Herzen direkt miteinander, ohne Vermittler, ohne Stellvertreter, ohne Abgesandten.» Und wieder steigert sich das Stimmvolumen des blinden Predigers, und seine Worte kommen schneller und schneller, wie eine Kaskade, lauter und lauter, aber sie bleiben klar verständlich, sind wunderbar artikuliert und in einem Arabisch, wie es in dieser Qualität nur wenige beherrschen. Allmählich gehen die Worte in einen singenden Ton über: *Ill-Allah, ill-allah, ill-allah*, wohl an die zwanzig- oder dreißigmal. Doch fast unmerklich findet Kishk zurück in einen mitteilsamen Sprechton – und plötzlich befinden wir uns mitten in der politischen Auseinandersetzung: «Israel – Grenzen setzen».

Kishks Predigt dauert weit über eine Stunde, manchmal bis zu 90 Minuten. Geht man nach dem Ende im Strom der Gläubigen auf die Straße hinaus, begegnet man dort einer nochmals vieltausendköpfigen Menge, die draußen der Lautsprecherübertragung der Predigt zugehört hat.

Scheich Hamid Kishk steht an der Grenze zwischen jener Form des islamischen Fundamentalismus, die das ägyptische Regime duldet, und der Radikalenszene. 1933 in einem Dorf unweit von Alexandria in eher ärmlichen Verhältnissen geboren, durchlief er seine Studien – immer mit Auszeichnung – an der al-Azhar-Universität in Kairo. Seit 1964 predigt er in der Moschee Ain al-Hayat. Von 1966 bis 1968 verbrachte er zwei Jahre in den Gefängnissen des Nasser-Regimes; er wurde wieder freigelassen, ohne daß gegen ihn eine präzise Anklage hätte erhoben werden können. Anlaß zu seinem Konflikt mit dem Regime war das Spannungsverhältnis zwischen den Regierenden und den Moslembrüdern. Etwa ab 1972, so schätzt Gilles Kepel, der Autor des Buches *Le Prophète et Pharaon* (Paris, 1984),

wurden Kishks Predigten auf Tonbandkassetten aufgenommen und durch einen immer besseren Verteilapparat in die ganze islamische Welt geschleust. 1981 wurde Kishk ein weiteres Mal ins Gefängnis geworfen, als Anwar al-Sadat verzweifelt versuchte, die islamische Radikalenszene unter Kontrolle zu bekommen. Hosni Mubarak, der Nachfolger Sadats, ließ Kishk im Februar 1982 wieder frei und gab ihm sogar die Möglichkeit, in der islamischen Wochenzeitung der Regierungspartei zu veröffentlichen. Seither schreibt Scheich Kishk regelmäßig seine Kolumnen für *al-Liwa al-islami*, die von einem fundamentalistisch-religiösen und sozialen Engagement getragen sind. Daß Kishk in *al-Liwa al-islami* schreiben darf, ist schon deshalb interessant, weil in dieser Publikation die Meinungen des religiösen Establishments zum Ausdruck gebracht werden und das Establishment im großen und ganzen auf der Seite des Regimes steht. Hosni Mubarak ist offenbar der Meinung, er könne die religiöse Radikalenszene durch ein teilweises Entgegenkommen besänftigen und ihre Wortführer im System integrieren. Kishk aber macht bei jeder möglichen Gelegenheit klar, daß er auch dem jetzigen Regime aus religiöser Sicht jegliche Legitimation abspricht und daß er fest davon überzeugt bleibt, daß nur eine islamische Herrschaftsform fähig wäre, die Probleme Ägyptens zu meistern.
Zur Zeit Sadats enthielten manche Predigten Kishks im Grundton den Vorwurf, die Regierenden kümmerten sich nicht um die Rechte der Moslems auf Jerusalem und verletzten ihre Pflicht, «die Gläubigen zu kleiden», also die Not der unteren Bevölkerungsschichten in Ägypten zu mildern. In einer der Predigten Kishks, an der ich teilnahm, wurde dieser Vorwurf im Zusammenhang mit der Pilgerfahrt nach Mekka erhoben, bezog sich aber dem Sinne nach auf ein viel breiteres Spannungsfeld zwischen dem Regime und den ägyptischen Massen. Was die Kritik am Friedensvertrag zwischen Ägypten und Israel betrifft, so habe ich ein Beispiel bereits angeführt. Gilles Kepel gibt ein weiteres, übersetzt aus einer Predigt Kishks im April 1981: «Hört, was ich in diesem Moment in der Zeit-

schrift *'al da'wa'* gelesen habe: In Ma'adi, einem Vorort von Kairo, hat man eine Gruppe von Leuten verhaftet, die ihr Gebet in Richtung Jerusalem verrichteten. Da haben wir nun wieder eine Sekte von Verwirrten! Eine Gruppe, die nicht in Richtung von Mekka betet, sondern von Jerusalem. Gott hat gesagt: Wir sehen dich oftmals das Gesicht gegen den Himmel richten. Wisse, daß wir dir eine *Qibla* [Gebetsrichtung] zuweisen, die dir gefallen wird. Wende dein Gesicht in die Richtung der Heiligen Moschee [von Mekka]. Wo immer ihr seid, wendet euer Gesicht in diese Richtung. Diese Sekte wollte den Islam übertreten, indem sie sich gegen Jerusalem wandte! Ich sage euch in aller Offenheit – und der Schmerz bedrückt meine Seele –, seit Israel nach Ägypten gekommen ist und eine Botschaft in Kairo hat, gibt es eine verdächtige Sekte, welche ihre Anweisungen von einer verborgenen Hand erhält. Sie soll Zweifel gegen Gott und seinen Abgesandten verbreiten.»[1]

Wie an seinen Tonbandkassetten festzustellen ist, mäßigte Kishk unter Mubarak zwar den Ton seiner Kritik, hält aber in Übereinstimmung mit dem harten Kern der islamistischen Radikalen Ägyptens daran fest, daß auch dieses Regime für ihn keine Legitimität besitzt. Der Unterschied liegt allenfalls darin, daß Kishk – und mit ihm der legale Teil der Moslembruderschaft – zu glauben scheint, das «illegale» weltliche Regime könne eines Tages gewaltlos in eine islamische Herrschaftsform verwandelt werden, während die in der Illegalität arbeitenden Extremisten

[1] Der Prophet hatte bei seiner Übersiedlung von Mekka nach Medina zunächst gehofft, die judaisierten Stämme Medinas würden sich seiner Lehre anschließen. Tilman Nagel führt dazu aus *(Der Koran, Einführung, Texte, Erläuterungen,* 1983): «Wahrscheinlich schon seit den letzten Jahren seines Wirkens in Mekka hatte er mit seinen Anhängern in Richtung Jerusalem gebetet, ein Brauch, der auch im orientalischen Christentum geübt wurde. Als ein Entgegenkommen gegenüber den Sitten der Juden ist es zu bewerten, daß Mohammed den Muslimen das Fasten am Versöhnungstag zur Pflicht machte. (...) Die Hintergründe für den tiefgreifenden Wandel der Politik des Propheten gegenüber den judaisierten Stämmen lassen sich nicht mehr genau nachzeichnen. Nur die Folgen sind erkennbar. Im selben Jahr, in dem Mohammed den Sieg bei Badr erfocht, verkündete er, daß das Fasten am Versöhnungstag für die Muslime nicht mehr Pflicht sei: statt dessen wurde das Ramadanfasten eingeführt. Außerdem wurde nun die Kaaba zur verbindlichen Gebetsrichtung aller Muslime erklärt.»

bekanntlich auch vor Mord und Totschlag nicht zurückscheuen.
Ägypten ist das klassische Land des islamischen Fundamentalismus, aber gleichzeitig «die Wiege der Anpassung des Islams an die Moderne», wie Bassam Tibi in *Der Islam und das Problem der Bewältigung sozialen Wandels* ausführt. Dieser scheinbare Widerspruch reicht zurück bis in die Zeit des 18. Jahrhunderts. Tibi schreibt dazu: «Weil Ägypten seit Ende des achtzehnten Jahrhunderts das zentrale Forum der interkulturellen Konfrontation zwischen dem technisch-wissenschaftlichen Okzident und dem vorindustriellen Orient bildet, ist Kairo bis heute das Zentrum der religio-ideologischen Reaktion auf die europäische Penetration des Orients. Die wichtigsten gesamtislamischen Schreine befinden sich zwar in Arabien, in Mekka und Medina, aber geistig ist Ägypten heute das Zentrum des sunnitischen Islams.»
Arabischer Nationalismus und die Re-Politisierung des Sakralen im Islam sind die beiden wesentlichsten Triebkräfte der Identifikationssuche im heutigen Nahen Osten. Will man den Frieden zwischen Israel und Ägypten noch retten oder will man ihn gar so tragfähig machen, daß er auf andere Länder der Region ausgedehnt werden kann, so gilt es, sich mit diesen beiden Mächten auseinanderzusetzen.
In beiden Phänomenen hat man lange Zeit nur eine Abwehrreaktion gegen die Dominanz des Westens sehen wollen. Inzwischen sind manche Experten jedoch zu der Erkenntnis gekommen, daß auch eine innere Bedingtheit vorhanden sei. Das galt bereits für die Begründung der Moslem-Bruderschaft durch den Ägypter Hassan al-Banna im Jahr 1928, bei der die Forderung aufgestellt wurde, Glaube und Staat müßten ein und dasselbe sein, *din wa daula*. Al-Banna setzte sich kritisch mit der höchsten Lehranstalt des Islam, dem al-Azhar in Kairo, auseinander, weil er erkannte, daß die Gelehrten dieser Institution die Grundsätze des Islam stets in Übereinstimmung mit dem weltlichen Regime zu bringen suchten. Hassan al-Banna lehnte alle fortschrittlichen Ideologien ab; sein

Wahlspruch lautete: «Das Reich Gottes ist unser Vaterland, der Koran unsere Verfassung, der Prophet unser Führer und der Heilige Krieg unsere Richtschnur.» Wie Hamid Kishk heute, verklärte er in seinen Predigten die Frühzeit des Islams. Er weckte die im Bürgertum und an den Universitäten latent vorhandenen anti-kolonialistischen Emotionen, schürte den Willen zur Befreiung und eine gewisse Fremdenfeindlichkeit und förderte den Wunderglauben an einen charismatischen Führer. Die Moslembruderschaft gründete eigene Schulen und soziale Einrichtungen, und es ist ein Zeichen des Vertrauens, das sie bei den Massen genoß, daß nach inoffiziellen Schätzungen die Zahl ihrer Mitglieder in den vierziger Jahren auf über zwei Millionen anwuchs. 1940 verlangten die Moslembrüder die politische Unabhängigkeit für Ägypten, aber Hassan al-Banna gab gleichzeitig zu, daß man noch lange brauchen werde, um die Grundsätze der Bruderschaft in Realität umsetzen zu können. «Wir brauchen drei Generationen für die Verwirklichung unserer Pläne. Eine, um zu hören, eine, um zu kämpfen, und eine dritte, um uns zu behaupten.»

Eine wahre staatliche Führung, so erklärte al-Banna, sei «Ausführungsorgan der göttlichen Vorschriften des Islam». Er forderte von ihr uneingeschränkte Pflichterfüllung nach den Maßstäben der klassischen Theorie, also gemäß *Shari'a* und *Jihad.* Folgt eine Staatsführung diesen Grundsätzen, so ergeben sich überaus verlockende Aussichten: «Wenn wir eine islamische Regierung hätten, wahr im Islam, aufrichtig im Glauben, unabhängig im Denken und im Handeln, die den Besitz der Wissenschaft und die Erhabenheit der ererbten islamischen Ordnung als größten Schatz in ihren Händen erkennt, die glaubt, daß diese Ordnung das Heilmittel für ihr Volk und die Führung für die Menschen insgesamt ist, dann müßten wir diese Regierung auffordern, die Welt im Namen des Islam zu stärken, und von anderen Staaten verlangen, diese Ordnung zu prüfen und zu untersuchen; dann müßten wir sie dazu drängen, durch wiederholte Aufforderungen und Überredung, durch Hinweise und aufeinanderfolgende

Anordnungen, durch andere Mittel des Aufrufs und der Hinführung; so würde sie dann eine geistige, politische und handelnde Position unter den anderen Regierungen erzielen und fähig sein, die Vitalität des Volkes zu erneuern, es dem Ruhm und dem Lichte entgegenzutreiben und in ihm Begeisterung, Eifer und Aktivität zu erwecken.»
Peter Antes hat diesen Ausruf (in *Ethik und Politik im Islam*, 1982) mit folgenden Worten kommentiert: «Die ganze Bewertung dieses Aufrufes hängt vom rechten Verständnis des Begriffes *jihad* ab, zu dem praktisch zwei unterschiedliche Konzeptionen innerhalb des Islam vorliegen: die eine impliziert die militärische Komponente im Sinne des sogenannten ‹Heiligen Krieges›: die andere sieht darin eine geistige ‹Anstrengung›, wie sie immer wieder von der Mystik vertreten wurde und neuerdings auch als Kampf gegen Elend, Unterentwicklung und Hunger interpretiert wird.»
Die Briten konnten durch Verhandlungen nicht dazu gebracht werden, Ägypten zu verlassen. Aber vielleicht wäre ein Guerilla-Krieg geeignet, erste Etappenerfolge auf dem Weg zum fernen Ziel zu erreichen? Die Moslembrüder engagierten sich aktiv im Kleinkrieg gegen die Besatzungsmacht, und sie wurden darin in jener Phase von ägyptischen Politikern und Offizieren – zu ihnen gehörte auch Anwar as-Sadat – ermuntert; ermuntert wurden sie nicht nur im Kampf gegen die Briten und 1948 im Krieg gegen Israel, sondern auch gegen die Wafd-Partei und die ägyptischen Kommunisten. Selbst innerhalb des Regimes trieben einzelne Kräfte die Moslembrüder zu aktivem Handeln an. Zur gleichen Zeit aber erkannte Ministerpräsident Nukrashi Pasha die tödliche Gefahr, die dem politischen Establishment drohen mußte, ließe man die Männer um Hassan al-Banna auf Dauer frei agieren. Noch während des Israel-Kriegs von 1948, in dem, wie erwähnt, Moslembrüder gegen die Israelis kämpften, ordnete der Ministerpräsident eine Verhaftungsaktion an. Demonstrationen unterdrückte das Regime mit harter Hand. Am 28. Dezember 1948 wurde der Ministerpräsident beim Betreten eines Ministeriums von einem Studenten

erschossen, der zur Moslembrüderschaft gehörte. Einige Wochen später trafen die Kugeln von Rächern den Begründer der Bruderschaft, Hassan al-Banna.

Hassan al-Banna, den engagierten Lehrer aus dem Dorf, den Kritiker der städtischen Gesellschaft und Prediger in den Moscheen, muß man sich als einen stämmigen Mann mit Vollbart vorstellen, der fast immer in der traditionellen Gallabieh gekleidet war. Sein geistiger Erbe, Sayed Qutb, war von ganz anderer Erscheinung. Er kleidete sich westlich. Aus einer Familie von kleinen Grundbesitzern in Mittelägypten stammend, war er schon in seiner Kindheit ins Milieu des städtischen Mittelstandes hineingewachsen. Im Gegensatz zu al-Banna war Sayed Qutb kein Volkstribun, keine Persönlichkeit mit Massenwirkung, auch kein Organisator, sondern ein Mann des geschriebenen Wortes. Sechzehn Jahre lang, von 1932 bis 1948, war er Angestellter im Ministerium für öffentliche Erziehung. Er arbeitete Reformprojekte für die Schulen aus, die man höheren Ortes nicht beachten wollte. Er betätigte sich nebenher als Journalist, und er verfaßte Bücher zumeist autobiographischen Inhalts. Im Alter von 39 Jahren begann er 1945 seinen nationalistischen Vorstellungen deutlich Priorität gegenüber seinen literarischen Ambitionen zu geben. König Faruk ordnete Qutbs Verhaftung an, aber dank der Intervention alter Freunde aus der Wafd-Partei wurde er statt dessen 1948 für längere Zeit ins Ausland, in die USA, geschickt.

Wer nun annähme, Qutb sei dadurch dem Westen gegenüber aufgeschlossen geworden, täuscht sich gründlich. Alles, was er in den USA sah, stieß ihn ab. Als er 1951 nach Ägypten zurückkehrte, bezog er derart heftig Stellung gegen die amerikanische Gesellschaft, daß das Ministerium ihn entließ. Qutb schloß sich daraufhin den Moslembrüdern an und erklärte im Alter von 45 Jahren: «Ich wurde 1951 geboren.»

Es war das Jahr vor der Revolution, und Gamal Abd al-Nasser unterhielt sich mehrmals mit Sayed Qutb. Doch das Einverständnis zwischen den Moslembrüdern und den neuen Herrschern dauerte nicht lange. 1954 verübte ein Mitglied der Bruderschaft einen Anschlag gegen Abd el-Nasser, weil Nasser offensichtlich nicht gewillt war, die Religiösen wirklich hochkommen zu lassen – und damit begann die nächste Verfolgung der Moslembrüder durch das Regime. Tausende von Mitgliedern und Sympathisanten der Bruderschaft emigrierten in andere arabische Länder, besonders nach Jordanien und Saudi-Arabien. Sayed Qutb wurde verhaftet und nach einem Kurzprozeß zu 25 Jahren Zwangsarbeit verurteilt. Diese lange Zeit mußte er jedoch nicht absitzen, und kaum hatte er halbwegs seine Bewegungsfreiheit wiedererlangt, da begann er mit der Niederschrift jenes Werkes, das den späteren Radikalen in der Untergrundszene des islamischen Fundamentalismus als Leitwerk dienen sollte, *Ma'alim fi-l tariq* («Wegzeichen»). Das Werk zirkulierte nach sechs Monaten bereits in der fünften Auflage. Als Abd el-Nasser 1965 ein neues Komplott gegen seine Herrschaft aufdeckte, wurde Sayed Qutb erneut verhaftet – und weil man bei fast allen verdächtigen Personen im Umfeld des Umsturzversuchs Exemplare von *Ma'alim fi-l tariq* fand, galt es bald als sicher, daß Sayed Qutb der Chef der Umstürzler war. Er wurde zum Tode verurteilt und elf Monate später, am 29. August 1966, in einem Gefängnis von Kairo erhängt.

Sayed Qutb ist der Wegbereiter der islamischen Radikalenszene, die der weltlichen Gesellschaft den Krieg angesagt hat. Er formulierte die Vorstellungen, denen die rechtgläubigen Menschen nachzuleben haben. Er zeigte die praktischen Konsequenzen für das Leben jedes einzelnen auf, der die Wahrheit gefunden zu haben glaubt und daher konsequenterweise an der Zerstörung der bestehenden Ordnung und dem Aufbau eines «islamischen Systems» arbeiten muß. Gilles Kepel weist in seiner Arbeit *Le Prophète et Pharaon* auf die Bedeutung des zentralen Begriffs in der Schrift Qutbs hin, auf *al jahiliyya*. Dieser bezeichnet den Zustand des Nichtwissens, der Gottlosigkeit, jener Gesellschaft, die nach muslimischer Auffassung vor dem Auftreten des Propheten Mohammed geherrscht hat. Qutb ordnet nun die gesamte zeitgenössische Gesellschaft und ihre Machtträger dem Zustand der *jahiliyya* zu,

d.h., er spricht ihr den islamischen Charakter ab. Diese Gesellschaft muß bekämpft und ihre Machtträger müssen beseitigt werden, damit der Weg frei wird zur Errichtung einer Ordnung in Übereinstimmung mit dem Willen Gottes. Und da die Gläubigen dem Vorbild des Propheten nachleben sollen, müssen sie auch seine Taktik nachahmen, das heißt, sich in Zeiten der Schwäche zurückziehen, im geheimen ihre Kräfte sammeln und sich geistig konzentrieren, bis sie die Fähigkeit erlangen, gegen die Gesellschaft einen *jihad*, einen Heiligen Krieg, zu führen. «Die Errichtung der Herrschaft Gottes auf Erden schafft man nicht durch Gebete und Reden», schreibt Qutb in *Ma'alim fi-l tariq.* Das Schwert und das Buch sind für ihn gleichbedeutend in der Ausführung des höheren Befehls, eine islamische Ordnung zu errichten.
Sayed Qutb wurde nach seiner Hinrichtung von seinen Anhängern zum Märtyrer erklärt, und seither wiederholt sich in Ägypten, was Qutb in seinem Buch *Ma'alim fi-l tariq* postuliert hat: Gruppen von Leuten, welche die Wahrheit erkannt zu haben glauben, ziehen sich von der Gesellschaft zurück, leben in Abgeschiedenheit das Vorbild des Propheten nach und ergreifen die Offensive, wenn sie überzeugt sind, daß sie der durch *jahiliyya* geprägten Gesellschaft einen Schlag versetzen können. Eine Organisationsform finden die Radikalen seit 1973 in *Jama'at islamiyya* oder *Jama'at al-Muslimin*, also in der «Gemeinschaft der Moslems», zu der später die Gruppe gezählt wurde, die den ägyptischen Präsidenten Anwar as-Sadat ermordete und die in der Öffentlichkeit zuerst als *Al Takfir wa-l Hedschra* bekannt werden sollte, beziehungsweise als *al-Jihad.* Eine weitere Gruppe aus diesem geistigen Umkreis – *Hizb at-tahrir al-islami*, «islamische Befreiungspartei» – verübte im April 1974 einen bewaffneten Überfall auf die Militärakademie in Kairo-Heliopolis. Führer des Attentats war ein Dr. Salih Sarriya, der, wie zahlreiche andere Persönlichkeiten aus dem Untergrund der Radikalen, verhaftet und zum Tode verurteilt wurde. Inspiriert von Shukri Ahmed Mustafa, entführte die Gruppe *Al Takfir wa-l Hedschra* 1977 einen ehemaligen

Minister für religiöse Angelegenheiten und ermordete ihn. Mehrere hundert Anhänger der Takfir-Gruppe wurden darauf festgenommen. Im gleichen Jahr entdeckten die ägyptischen Behörden in Alexandria islamische Untergrund-Organisationen, die sich *Dschund Allah* (Soldaten Gottes) und *Jama'at al-jihad*, («Gemeinschaft des Dschihad») nannten. Im Januar 1980 schließlich wurde noch eine Gruppe mit der Bezeichnung *Tanzim al-jihad* («Organisation des Dschihad») entdeckt.

Wesentlicher als ein Nachzeichnen der vielschichtigen Verzweigungen der Radikalenszene – darüber gibt es eine breite Fachliteratur – scheint mir die Feststellung, daß die Moslembrüder in Ägypten sich seit den siebziger Jahren in zwei Gruppierungen aufgespalten haben. Neben dem harten Kern der extremistischen Neo-Fundamentalisten, die zum Terror bereit sind, gibt es die alten Moslembrüder, die als gemäßigt gelten. Ihr Chef, Umar al-Tilmisani, stellt sich zwar gegen die vom Regime geforderte Trennung von Politik und Religion, lehnt Gewalt aber ausdrücklich ab. Dem deutschen Journalisten Wilhelm Dietl erklärte er: «Wir haben alle Muslime auf Erden wieder an Allahs Gebot erinnert. Wir beweisen ständig, daß unser Glaube nicht nur Gebet, Opfer, Pilgerschaft und Fasten ist, sondern Wirtschaft und Politik einschließt. Wir haben ein gerechtes System und zeigen damit, daß alle Menschen gleich sind, ob Regierte oder Regierende, ob Muslime oder Nicht-Muslime. In der wahren islamischen Idee gibt es keine Unterdrückung, keinen Mißbrauch des anderen, nur Friede überall. Hassan al-Bannas Idee war nicht gewalttätig, wie unsere Feinde behaupten. Wir sind die Feinde von niemandem, nicht einmal der Juden. Wir wollen nur unseren Islam leben.» (*Heiliger Krieg für Allah*, 1983)

Tilmisani hat bei dieser Aussage allerdings etwas verharmlost: Auch die als gemäßigt geltenden alten Moslembrüder und keineswegs nur die Extremisten aus dem Umkreis der vielen Gruppen der *Jama'at al-islamiyya* stemmen sich gegen die Verträge von Camp David und den Friedensvertrag mit Israel. Selbst beim religiösen Establishment des *al-Azhar*, der, wie erwähnt, im allgemeinen die Positionen des Regimes unterstützt, ist der Ausgleich mit Israel nicht unumstritten. Oder genauer: Je nach politischer Opportunität verändern die religiösen Gelehrten des *al-Azhar*, der höchsten Autorität des sunnitischen Islams, ihre Einstellung zu Israel. Vor und nach dem Juni-Krieg von 1967 wurde der Kampf gegen Israel als «Kampf zwischen Glauben und Atheismus», somit als Religionskrieg, definiert. Die islamischen Autoritäten entsprachen damals der Politik Abd al-Nassers, der eine «weder-Krieg-noch-Frieden-Politik» verfolgen wollte. Als dann Anwar al-Sadat im Herbst 1977 seine Jerusalem-Reise unternommen hatte und im September 1978 die Verträge von Camp David unterzeichnet wurden, sah sich der *al-Azhar* genötigt, eine modifizierte Haltung einzunehmen. Anfang 1979 gaben die Gelehrten ein 29 Seiten umfassendes Büchlein heraus, in dem ein Friedensvertrag «mit den Feinden der Muslime» zwecks Verwirklichung des muslimischen Gemeinwohls als rechtlich zulässig erklärt wurde. Im Mai desselben Jahres schrieb der Minister für religiöse Angelegenheiten in der Zeitung *al-Ahram*: «Der Vertrag hat weder die Gebote der Religion noch Beschlüsse islamischer Konferenzen und der Konferenz der Ablehnungsfront verletzt.» Miklos Muranyi, Lektor für Arabisch am Seminar für orientalische Sprachen der Universität Bonn, schreibt dazu in einem Aufsatz des Bandes *Der Islam in der Gegenwart*: «In Büchern und Aufsätzen zu Fragen internationaler Beziehungen, die nach Camp David erschienen sind, findet man – abgesehen von Stellungnahmen militanter islamischer Organisationen – keine Ansätze zu einer Kritik, die den Friedensvertrag aus islamischer Sicht in Frage gestellt hätten. In silentio läßt man die Problematik des *jihad*, des im Islam als religiöse Pflicht geltenden Heiligen Krieges, außer Betracht, der – entsprechend der Politik des Propheten – nur zeitlich begrenzte Verträge zuläßt, damit die *jihad*-Idee nicht zum endgültigen Erliegen kommt.»

Könnten in Ägypten jene Kräfte, welche die Re-Politisierung des Sakralen im Islam fordern, und alle bislang nur

mehr oder weniger lose miteinander in Verbindung stehenden Gruppen im Umkreis des Fundamentalismus zusammenfinden, so würden sie im heutigen Ägypten zweifellos die stärkste Machtgruppe darstellen. Bei einer Allianz dieser Kräfte würde Ägypten weiter von den Verträgen mit Israel abrücken. Das würde sich in heftigeren Medienattacken gegen Israel äußern, in einer wachsenden Feindseligkeit gegenüber israelischen Touristen, in offiziellen Stellungnahmen etwa zu bewaffneten Aktionen Israels gegen die Schiiten im Libanon oder gegen palästinensische Freischärler. Und da Israel auf kritische Signale aus Kairo mit noch drastischeren Reaktionen auf Zwischenfälle antworten würde, könnte leicht ein Punkt erreicht werden, da ein Rückfall in die Zeiten der Konfrontation denkbar würde. Die Stärke der religiösen Radikalen in Ägypten entscheidet also durchaus darüber, ob der durch Sadats Jerusalem-Reise und die Verträge von Camp David entstandene Friede zwischen den beiden Ländern Bestand hat oder nicht.
Nach Sadats Ermordung wurde in Kairo allein jene Gruppe, welche von halboffizieller Seite *Al Takfir wa-l Hedschra* genannt wurde, auf 3 000 bis 5 000 Anhänger geschätzt, und die Moslembruderschaft auf 100 000 bis drei Millionen Mitglieder, die sich über das ganze Land in Zellen verteilten, besonders stark aber in den Städten Alexandria im Norden und Assiut im Süden vertreten war. Solche Schätzungen sind natürlich sehr vage und zum Teil auch irreführend, weil ja ein Teil der Moslembrüder sich innerhalb der Legalität bewegt, ein anderer jedoch aus dem Untergrund gegen die *jahiliyya*-Gesellschaft kämpft. Bei den Prozessen gegen die Attentäter Sadats zeigte sich immerhin, daß sich die islamischen Radikalen bis zu einem gewissen Grade in der Verwaltung, der Armee und im Geheimdienst hatten einnisten können. Da trat auch zutage, daß die meisten am Attentat beteiligten Männer massenweise Kassetten mit den Predigten Scheich Kishks besaßen. (Ich beziehe mich hier auf Mohammed Heikal, den bösartigen, aber gutinformierten Publizisten, auf sein Buch *Sadat, das Ende eines Pharaos*, deutsch 1984.)

'Abbud al-Zumur, einer der indirekt am Attentat Beteiligten, äußerte vor Gericht allerdings, die Verschwörer hätten nur eine sehr kleine Zahl von Reserveoffizieren der Armee einbeziehen wollen. Auf die Frage nach dem Grund für solche Beschränkung antwortete er: «Unser Plan basierte auf der Volksrevolution, die, so meine ich, unsere Probleme mit den Streitkräften und der Polizei lösen wird. Das iranische Beispiel hat bewiesen, daß es für die Armee und die Polizei sehr schwierig ist, die Volksmassen zu bekämpfen, welche die Anwendung des göttlichen Gesetzes *(Shari'a)* verlangen. In einem solchen Prozeß kommt es zunächst zu Spaltungen innerhalb der Ordnungskräfte, und mehr und mehr Gruppierungen unter ihnen laufen mit ihren Waffen über zu den Kräften der Volksrevolution. Auf diese Weise gewinnt die Revolution an Macht.»
In den Jahren seit Sadats Ermordung (1981) haben sich die Dinge ein wenig anders entwickelt, aber bis zu einem gewissen Grad entspricht die Entwicklung den Fundamentalisten doch:

1.

Die Zahl der privaten Moscheen gegenüber den staatlichen Moscheen nimmt stetig zu. Das läßt sich bei Fahrten durch die volksreichen Bezirke Kairos deutlich sehen, auch wenn es bisweilen schwerfällt, bestimmte Lokalitäten auf den ersten Blick als Moscheen zu erkennen. Selbst im Gebäude des ägyptischen Fernsehens in Kairo, das sich im gleichen Komplex wie das Informationsministerium befindet, konnte ich im Herbst 1985 eine der Moscheen, die auf jedem Stockwerk eingerichtet sind, durch Beobachtung und Gespräche mit Anwesenden als private Institution ausmachen. Den Statistiken Hamid Ansaris zufolge gab es 1964 14 000 private im Vergleich zu 3 000 staatlichen Moscheen; bis 1970 war die Zahl der privaten Moscheen schon auf 20 000 gestiegen, und für den Oktober 1981 gingen die Schätzungen von 46 000 privaten und 6 000 staatlichen Moscheen aus. Für 1985 laute-

ten die Zahlen nach Bassam Tibi: 60 000 private gegenüber 7 000 staatlichen Moscheen.
Die sogenannten staatlichen Moscheen werden vom Ministerium für religiöse Angelegenheiten (Waqf) kontrolliert. Der Prediger, der die fünf täglichen Gebete und den Gottesdienst des Freitagmittags leitet, ist ein Staatsangestellter (und gewöhnlich ein Absolvent der *al-Azhar*-Universität). Die privaten Moscheen *(Ahli)* dagegen gehören Privatpersonen, und die Prediger für die Gebete werden von den Eigentümern nach freiem Belieben ausgewählt.
Mitglieder von radikalen Organisationen wie *Al Takfir wa-l Hedschra* und ähnlichen Gruppierungen meiden strikt die staatlichen Moscheen, weil diese ja Institutionen einer Gesellschaft sind, die sich im Zustand der *jahiliyya* befindet. Shukri Mustafa, der ehemalige Chef einer *jama'at al-islamiyya*, d.h. von *Al Takfir wa-l Hedschra*, erläuterte bei seinem Prozeß im Jahr 1977, der mit seinem Todesurteil endete, diese Thematik ausführlich, und er erklärte außerdem, daß die wahren Gläubigen keine Erlaubnis hätten, das Freitagsgebet überhaupt zu begehen. Dies Gebet dürfe nämlich nur in «aller Offenheit» zelebriert werden, und das sei nur möglich, wenn die Gesellschaft sich im Zustand der Stärke *(tamakkun)* befinde. Im gegenwärtigen Zustand der *jahiliyya* aber befänden die wahren Gläubigen sich in der Phase der Schwäche *(isdi'af)* und deshalb dürfe gegenwärtig nur das individuelle Gebet, fünfmal am Tag, verrichtet werden.
Bei solchen Hinweisen besteht Grund zur Annahme, daß die wachsende Zahl der privaten Moscheen in direktem Zusammenhang steht mit der zunehmenden Bedeutung des islamischen Fundamentalismus.

2.

In den letzten Jahren ist die Diskussion um die Einführung des islamischen Rechts *(Shari'a)* als einzige Grundlage der Jurisprudenz in Ägypten viel vehementer geworden. Im Gegensatz zu einer im Westen weitverbreiteten

Meinung ist ja Ägypten keineswegs auf das islamische Recht als Quelle jeder Gesetzgebung verpflichtet. Seine Verfassung (Art. 2 Absatz 2) enthält vielmehr die Bestimmung: «Die Grundlagen des islamischen Rechts sind die Hauptquelle der Legislative.» Artikel 1 und 4 der Verfassung umschreiben andererseits die Staatsordnung und das Wirtschaftssystem des Landes als «sozialistisch-demokratisch». Innerhalb dieser Staatsordnung wird der Islam als Staatsreligion anerkannt, womit prinzipiell schon Möglichkeiten zur Trennung zwischen Politik und Religion gegeben werden.

Es gibt aber Schätzungen, die besagen, daß inzwischen zwei Drittel bis vier Fünftel der ägyptischen Bevölkerung die Einführung der *Shari'a* als einzige Rechtsgrundlage unterstützen würden. Thomas Ross schrieb im Juni 1985 aus Kairo in der *Frankfurter Allgemeinen Zeitung*: «Eine breite Volksbewegung, einem langsam fließenden Strom vergleichbar, wenig organisiert und ohne sichtbare Führung, trägt die Islamisierung. Präsident Mubarak und seine Regierung üben eine Rückzugsstrategie. Scheich Hafez Salama, ein populärer Prediger, droht mit einem ‹grünen Marsch› zum Präsidentenpalais, falls die *Shari'a*, das islamische Recht, nicht eingeführt werde; großzügig schob er indessen das Ultimatum hinaus und gewährte der Regierung eine Gnadenfrist, als er mit einem Verbot konfrontiert wurde. Mubarak wird Schwäche und Unentschlossenheit vorgeworfen. Kann man aber vom Präsidenten mehr Widerstand erwarten als von den ‹Liberalen› und ‹sozialistischen› Oppositionsparteien, die bereits ihr Fähnchen nach dem Wind hängen und deren Anhänger in privaten Gesprächen kleinlaut zugeben, daß sie gegen die Strömung nicht schwimmen wollen? Das Spezifische der Islamisierung in Ägypten ist, daß hier keine scharfen Konturen, keine klaren Fronten von Freund und Feind und keine festen Positionen zu erkennen sind.»

Den Forderungen, die aus dieser schwer zu umreißenden Strömung kommen, trug die Nationalversammlung Rechnung, als sie jenen Artikel außer Kraft setzte, der in den siebziger Jahren von Jehan Sadat eingebracht worden war

und der die Rechte der Frau bei der Scheidung beziehungsweise bei der Frage schützt, ob ein Mann neben ihr eine zweite Frau heiraten dürfe oder nicht. In der Nationalversammlung fiel die Entscheidung zugunsten der Forderungen der Fundamentalisten aus, obgleich die Islamisten im Parlament nur eine Minderheit darstellen. (Das im Mai 1984 gewählte Parlament umfaßt 391 Mitglieder der regierenden Nationaldemokratischen Partei und 57 Mitglieder der Neuen Wafd; die Islamisten, die es in kleiner Zahl bei beiden Parteien gibt, machen vielleicht dreißig oder vierzig Abgeordnete aus.) Bis 1984 hatten sich die orthodoxen Gelehrten von *al-Azhar* nicht ausdrücklich für die Einführung der *Shari'a* ausgesprochen, aber im Januar 1985 erklärte der sonst als maßvoll geltende Großscheich der *al-Azhar*-Universität: «Wir wollen die *Shari'a* lieber heute als morgen.» Andere Gelehrte forderten die Befreiung jener Jugendlichen, die den Koran auswendig lernen, vom Wehrdienst. Der Korrespondent des *Spiegels* schrieb im Juli 1985 aus Kairo: «Die Islamisierung Ägyptens, des größten Araber-Staates, lief auch andernorts weiter. In den Sportklubs wurde der Alkohol verboten. Mit saudiarabischen und kuwaitischen Institutionen liierte ‹Islamische Banken› warben in Zeitungsinseraten um Kunden. Scheichs, mit lukrativen Beraterverträgen für die ‹Islam-Banken› ausgestattet, verkündeten in den Moscheen, es sei eine Sünde, Geld in Banken zu deponieren, die Zinsgewinne erwirtschafteten, was der Koran verbiete. Scheichs belehrten die Frauen am Bildschirm, wie sie sich verschleiern müssen. Scheich Hafez Salama, 70, Prediger an der privaten Nur-Moschee in Nord-Kairo, verlangte unwidersprochen die Wiedereinführung der Kopfsteuer für Christen und Juden.»
An der Beachtung der *Shari'a* wird von der Seite der Gläubigen gemessen, ob eine Regierung rechtmäßig sei oder nicht, ob eine Gesellschaft sich innerhalb jenes Bereichs bewege, der vom Propheten Mohammed bestimmt worden ist, oder ob sie «gottlos» sei. Zur *Shari'a* gehört allerdings nicht nur das Strafrecht *(al-hudud),* das einige für das heutige Empfinden barbarische Vorschriften

enthält, sondern jener ganze Komplex der islamischen Rechtswissenschaft, der zwischen dem 7. und dem 10. Jahrhundert entwickelt worden ist. Das Familien- und Erbrecht, das sogenannte Personalstatut, gilt als die eigentliche Domäne des islamischen Rechts, aber auch das Vermögensrecht mit seinem jetzt immer wieder neu erhobenen Zinsverbot. Etwas weitherziger läßt es sich allerdings auch als Verbot des Wuchers auslegen. Über das islamische Strafrecht hat Konrad Dilger ausgeführt: «Das islamische Strafrecht bildet kein in sich geschlossenes Ganzes, sondern gibt nur Antworten auf Einzelfragen, die an den Propheten Mohammed herangetragen worden sind. Von der Rechtswissenschaft ist es gedanklich mangelhaft durchgearbeitet worden. Die allgemeinen Lehren sind daher wenig entwickelt.» Dilger bemerkt weiter: «Das umfassende Bekenntnis zum islamischen Strafrecht schließt die Befugnis zur Bestrafung nach eigenem Ermessen des Richters, den sogenannten *Ta'zir*, mit ein. Dadurch ist dem islamischen Staat eine nahezu unbegrenzte Strafgewalt in die Hand gegeben, die mühelos auch jegliche Form modernen Strafens zu rechtfertigen vermag. Aus unserer Sicht ist sie mit rechtsstaatlichen Grundsätzen nicht zu vereinbaren und verstößt u.a. vor allem gegen den Grundsatz der hinreichenden Bestimmtheit einer Strafe.» *(Der Islam in der Gegenwart)*
Die Probleme, die mit einer Einführung der *Shari'a* entstehen würden, liegen in der Stagnation des islamischen Rechts-Denkens begründet. «Bereits zu Beginn des 10. Jahrhunderts wurde der Entfaltungsprozeß eines islamischen Rechtssystems von den islamischen Rechtsgelehrten (den Faqihs) für beendet erklärt, da es damals den Zustand der Perfektion bereits erreicht haben sollte», schreibt Bassam Tibi in seinem Buch *Der Islam und das Problem der kulturellen Bewältigung sozialen Wandels.* «Seitdem fand bis zum 19. Jahrhundert im islamischen Recht keine weitere Entwicklung statt; es stagnierte und war im 19. Jahrhundert – zu Beginn der zivilisatorischen Konfrontation mit dem entwickelten, industrialisierten Westen – nicht in der Lage, die anstehenden Probleme der

Entwicklung zu bewältigen. (...) *Shari'a*-Recht wird als ein unveränderbares, keinem historischen Wandel unterworfenes Recht begriffen. Aber der soziale Wandel findet statt, und es bleibt nur die Möglichkeit, sich verbal zum bestehenden Recht zu bekennen, um es dann legal in der gesellschaftlichen Praxis zu umgehen.»

3.

Die dem islamischen Neo-Fundamentalismus günstige Grundströmung in der ägyptischen Bevölkerung wird durch Probleme des Alltags gewaltig genährt. Mit der Verstädterung – eine Stadt wie Kairo wächst jährlich um eine halbe Million Einwohner oder mehr – haben sich die Lebensgewohnheiten in einem großen Teil des arabischen Raums verändert. Die Veränderung der Lebensgewohnheiten bedingt eine Umschichtung der traditionellen Werte. Die Familie, die wesentlichste Bezugsebene der Menschen in der vorindustriellen Gesellschaft, wird in ihrer Struktur erschüttert. Oftmals ist die Frau nun gezwungen, sich in den Wirtschaftsprozeß einzugliedern. Sie kommt in Kontakt mit der Männergesellschaft, und das schafft Verunsicherungen auf beiden Seiten.
John Alden Williams, Professor für islamische Kunst und Geschichte an der Amerikanischen Universität in Kairo, hat einmal bemerkt, daß vor allem Frauen aus der gebildeten Gesellschaftsschicht sich zunehmend in das neutrale, anti-erotische islamische Traditionalistengewand kleiden. (Es wird in Ägypten allgemein als *al-zaiy al-shar'i*, die dem Gesetz entsprechende Kleidung, bezeichnet.) Das gilt insbesondere für Frauen, die noch wenige Jahre zuvor die Modernisierungstendenzen der ägyptischen Großstadt-Gesellschaft eifrig mitgemacht haben. Zeitlich fiel dieser Wandel mit der von Präsident Sadat proklamierten Politik der Öffnung nach Westen *(infitah)* zusammen, als Kairo einen gewaltigen Zustrom von ausländischen Touristen und Geschäftsleuten erlebte. Ägypter aus der kleinen Oberschicht hatten plötzlich häufiger Anlaß zu Auslands-

reisen, die private Initiative veränderte die Geschäfts- und Lebensgewohnheiten der besseren Schichten – und führte zum immer breiteren Graben zwischen der winzigen, begüterten Klasse und den Massen, die von der neuen Politik eigentlich nur die Kehrseite, nämlich die Inflation, zu spüren bekamen.

Die Popularität des islamischen Frauengewandes ist besonders auffällig an den Universitäten Kairos. 1970 gab es in der ägyptischen Hauptstadt etwa 200 000 Studenten und Studentinnen, gegen Ende der siebziger Jahre waren es über eine halbe Million. Der Probleme, die solche Massen-Erziehungsinstitute mit sich bringen, sind sich die Studenten im großen und ganzen durchaus bewußt, aber, so vermerkt Gilles Kepel in *Le Prophète et Pharaon*, es waren die islamischen Vereinigungen, welche rasche Lösungen vorschlugen und zum Teil auch durchführten. Das beginnt mit dem Transportproblem, mit dem Autobus, in den die jungen Leute sich auf dem Weg von zuhause in die Universität Körper an Körper drängen und in denen, wie Kepel vermerkt, «ein entfesselter Erotismus herrscht, als dessen Opfer sich die Studentinnen fühlen». Die *jama'at islamiyya* organisierten als erste Bustransporte, in denen «die Würde der Frau» respektiert wurde – die Studentinnen aber hatten sich entsprechend zu kleiden und sich zu den betreffenden Organisationen der Fundamentalisten zu bekennen. Als nächstes kam eine Initiative der Fundamentalisten, in den Hörsälen der hoffnungslos überfüllten Universitäten Frauen und Männer zu trennen, und anschließend organisierten sie Möglichkeiten zum Lernen in den Stunden nach den Vorlesungen in den Moscheen. Seit 1976 oder 1977 beherrschten die Fundamentalisten die Studentenverbände in Kairo, Alexandria und Minia. Sie brandmarkten seither unermüdlich den Verfall der Moral im Westen, und seit nunmehr fast einem Jahrzehnt fordern sie lautstark die Einführung der *Shari'a.*

Präsident Hosni Mubarak reagiert bisweilen flexibel, manchmal aber auch widerspruchsvoll auf die Forderungen der Fundamentalisten. Einerseits stemmt er sich nicht dagegen, daß die Nationalversammlung, wie erwähnt, fortschrittliche Gesetzesvorlagen durch traditionalistische Bestimmungen ersetzt. Leuten wie Scheich Hamid Kishk öffnete er den Zugang zu *Al-Liwa al-islami* und verleiht ihm damit den Anschein allgemein anerkannter religiöser Autorität. Dann aber ließ Mubarak im Sommer 1985 erstmals eine Anzahl von Aktivisten verhaften, die dem Regime gefährlich zu werden drohten. Zu den Festgenommenen zählten der bereits zitierte Scheich Hafez Salama und der in der Oasenprovinz Fayum aktive, blinde Scheich Umar Abd al-Rahman. Etwa gleichzeitig versuchte Präsident Mubarak, die privaten Moscheen in den Griff der Obrigkeit zu bekommen. Arnold Hottinger schilderte den Vorgang in der *Neuen Zürcher Zeitung* so: «Er hielt mehrere öffentliche Reden, in denen er warnend erklärte, der Staat könne nicht zulassen, daß eine Minderheit ihre Ideen mit Gewalt durchzusetzen versuche, und das ägyptische Gesetz gebe keiner Gemeinschaft den Vorrang gegenüber einer anderen. An einer Versammlung der Mehrheitspartei hinter verschlossenen Türen forderte der Präsident, daß der Staat seine Aktivitäten betreffend Religion neu entfalte. Vier Tage darauf erließ das Parlament ein Gesetz, wonach dem Staat allein die Aufsicht über alle Moscheen zukommt. Der Staat soll nach diesem Gesetz auch die große Linie für die Freitagspredigten festlegen. Ferner darf in den Moscheen niemand mehr das Wort ergreifen, der nicht vom Staat dazu ermächtigt worden ist.»

Etwa neun Monate vorher hatte der Staat noch Signale der Milde gegenüber den Fundamentalisten gezeigt, als die Gerichtsurteile gegenüber der sogenannten *Jihad*-Gruppe verkündet wurden, die indirekt für die Ermordung Sadats verantwortlich gemacht worden war. Der Staatsanwalt forderte damals für alle 302 Angeklagten die Todesstrafe, aber von ihnen wurden nur 16 zu lebenslanger Haft verurteilt, während etwa 180 überhaupt freigesprochen wurden.

Das sind Beispiele einer zusammenhanglosen Innenpolitik des Präsidenten, der nach wie vor darauf zu hoffen scheint, daß er sich mit Beschwichtigungen und kleinen Entgegenkommen an der Macht würde halten können. Eines der jüngsten Beispiele für den Stellungskrieg zwischen den religiösen Radikalen und dem Regime bot die Revolte der Bereitschaftspolizei im Februar 1986, als in verschiedenen Zentren – unter anderem in Gizeh – Hotels für ausländische Touristen verwüstet wurden. Vordergründig ging es um die miserablen Lebensbedingungen der Kadetten, dahinter aber standen Kräfte, die sich durch die Wirtschaftspolitik der Regierung provoziert fühlten und die gegen die durch die Touristen so auffällig gewordene Kluft zwischen Arm und Reich protestieren wollten. Der Touristenreichtum wird übrigens bisweilen auch gleichgesetzt mit dem Import von laxen Sitten und moralischem Zerfall.

Ob es in Ägypten eines Tages zur großen Kraftprobe kommen wird, kann heute nicht beantwortet werden. Eine Lösung im Konflikt zwischen der weltlichen Herrschaft und den religiösen Eiferern ist nicht in Sicht. Sie ist, aus den zuvor angeführten Überlegungen, prinzipiell auch gar nicht möglich. Die ägyptische Obrigkeit kann sich durch keinerlei Entgegenkommen vom Vorwurf befreien, daß sie im Zustand der *jahiliyya* verharrt und eines islamischen Charakters entbehrt. So bleibt die Frage, ob am Nil eines Tages die religiösen Radikalen die Macht ergreifen könnten. Ich meine, daß dies bei einem – allerdings nicht sehr wahrscheinlichen – Zusammentreffen verschiedener Faktoren denkbar wäre – beim Zusammentreffen etwa großer Aktivitäten des islamischen Untergrunds nach dem Modell von 1981 mit einer schweren wirtschaftlichen Krise, Unruhen im Militär und außenpolitischen Belastungsproben.

VIII. Die Macht des Verborgenen

Der italienische Helikopterpilot, der uns vom UNIFIL-Hauptquartier im südlibanesischen Nakura in die Außenposten bei den schiitischen Dörfern fliegen sollte, arbeitete auf Zeitgewinn. «Das Wetter», sagte er, «dieses Wetter ist doch ziemlich unsicher. Schließlich haben wir gestern schon genügend Experimente gemacht.»

Er sprach aus Erfahrung. Am Vortag sollte einer seiner Kollegen mit einem Helikopter von Beirut aus nach Nakura fliegen, mußte aber wegen einer rasch aufkommenden Schlechtwetterfront bei Sidon eine Außenlandung auf einem Feld improvisieren. Der Pilot drehte ein paar Runden, kam tiefer, und als er etwa fünfzig Meter über dem Boden war, wurde sein Helikopter beschossen. «Mehr als drei Zentimeter Durchmesser zeigten die Einschußlöcher», sagte er am nächsten Tag im Kreise der Kollegen an der italianisierten Kaffeebar in Nakura. Und was geschah weiter? Drei oder vier schwerbewaffnete Männer, Angehörige einer Splittergruppe der schiitischen Amal-Miliz, seien auf den doch noch glücklich gelandeten Helikopter losgestürmt und hatten die Insassen bedroht. Schließlich habe man ihnen alles Bargeld aushändigen müssen, und da ausgerechnet die Zahlmeister von zwei UNIFIL-Einheiten mit dem Sold für die Blauhelm-Truppen an Bord gewesen seien, habe es sich um eine beträchtliche Summe gehandelt.

Wir starteten schließlich doch und setzten, nach einem viertelstündigen Flug, auf dem Landeplatz der UNO bei der Ortschaft Marakeh auf. «Seien Sie vorsichtig beim Filmen, hier gibt es manchmal brüske Reaktionen beim Auftauchen einer Fernsehkamera», meinte der UNIFIL-Pressesprecher Timur Göksal, der uns bis hierher begleitet hatte.

Marakeh ist eine für die Region Südlibanon typische Ortschaft: ein baulich unästhetisches, aber interessantes Gemisch von Häusern, die zwanzig bis vierzig Jahre alt sind, und neu aufgezogenen Zementstrukturen in großer Zahl. An manchen Häusern wurde bei unserem Besuch gerade weitergebaut, woraus zu schließen ist, daß weder der Krieg vom Sommer 1982 noch die seither andauernde Unsicherheit die Leute hier hätten entmutigen können. Auf jeder dritten oder vierten Hauswand prangte das grüne Emblem der Amal-Miliz, und immer wieder stieß ich auf schriftliche Hinweise, nur Amal garantiere dem Volk seine Rechte.

Das Wesentlichste an Marakeh ist allerdings unsichtbar: Diese Ortschaft wurde, obgleich äußerlich in keiner Weise attraktiv, zu einer Pilgerstätte für Angehörige der schiitischen Gemeinschaft, die immer wieder Delegationen aus dem Iran nach dem fernen Libanon entsendet. Von hier stammte Mohammed Saad, eine der (ermordeten) Führungspersönlichkeiten der Schiiten, und in dieser Gegend wirkte, bis zu seinem Verschwinden, auch der charismatische «Imam» Mussa Sadr. Um beide Persönlichkeiten herrscht in den Ortschaften im Umfeld von Marakeh ein richtiger Märtyrerkult. Der Name Mussa Sadrs stärkt Selbstvertrauen und Abwehrkraft der Leute gegen die in sporadischen Stößen vordringenden Milizen des von Israel unterstützten Generalmajors Lahad. Will man wissen, wie nah denn die Lahad-Milizen sind, so zeigen die Bewohner Marakehs mit der Hand einfach zur nächsten Hügelkuppe. Und in der Tat: Da hebt sich bereits die Silhouette eines Artilleriegeschützes gegen den wolkenverhangenen Himmel ab.

Seit dem Krieg von 1982, in dem Israel die PLO vernichten wollte, ist der Bedeutungszuwachs der Schiiten im Libanon politisch und sozial eine der wesentlichsten Entwicklungen. Dafür gibt es mehrere Gründe. Die Schiiten sind auf über eine Million angewachsen und so zur größten einzelnen Gruppierung geworden. Bei ihrem «Erwachen» spielte der Iran eine Rolle, wo eine schiitische Revolution 1978 das weltliche Regime des Schahs gestürzt hatte. In der erst stillen, dann offenen Opposition gegen die im Südlibanon jahrelang herrschende PLO konnten die Schiiten ihre Identität entwickeln und aufgrund von Märtyrerkult und Selbstmordaktionen schließlich die Israelis fast ganz aus dem Libanon hinausdrängen. Dadurch errangen sie im ganzen Libanon und in der übrigen nahöstlichen Welt eine Achtung, die bald in scharfem Kontrast zu der Verachtung stand, mit der diese Gemeinschaft früher behandelt worden war.

Woher kamen die libanesischen Schiiten? Was bedeutet Schiit oder Schia überhaupt? Die muslimische Gemeinschaft ist seit dem Tode des Propheten im Jahr 632 in Sunniten – der Begriff ist abgeleitet von *Sunna*, «Tradition» – und Schiiten – abgeleitet von *Schi'a*, der Partei Alis – geteilt. In vollem Ausmaß zeigte sich die Spaltung allerdings erst im zweiten Jahrhundert nach dem Wirken Mohammeds, und zunächst schien es sich da um ein politisches Problem zu handeln. Yann Richard führt dazu aus *(Der verborgene Imam,* 1983*)*: «Die Schiiten sind die Legitimisten des Islam. Nach ihrer Auffassung muß die Leitung der Gemeinschaft einem Abkömmling von Ali und Fatima und damit des Propheten anvertraut werden. Aber der eigentliche Grund für die Spaltung zwischen Sunniten und Schiiten liegt in einem schwerwiegenden Meinungsunterschied über die Philosophie der Macht, wenn nicht gar über die Lehre insgesamt.»

Der Begriff *Schi'a* bedeutet Partei, und zwar in folgendem Sinne: Nach dem Tode des Propheten Mohammed folgte die Mehrheit der Gläubigen Abu Bakr, Omar und Osman, aber die Schiiten behaupten, Mohammed habe kurz vor seinem Tod seinen Cousin und Schwiegersohn Ali zu seinem Nachfolger bestimmt. Somit hätten die drei ersten Nachfolger Mohammeds als geistliche und politische Führer der islamischen Gemeinschaft ohne Legitimation gehandelt – und um die Frage der Legitimation in religiöser und politischer Hinsicht – die beiden Bereiche sind im islamischen Verständnis nicht getrennt, können nicht getrennt werden – geht es beim Streit zwischen den sunnitischen Moslems (heute etwa 750 Millionen) und den

schiitischen Moslems (etwa 85 Millionen). Wobei als rechtmäßig in den Augen der Schiiten nur eine Herrschaft betrachtet wird, die durch die Nachkommen aus der Familie des Propheten, die Imame, ausgeübt wird.
Nun ist der letzte der Imame, Mohammad, bereits im Jahr 874 unserer Zeitrechnung verschwunden. (Ich beziehe mich hier auf die 12er-Schiiten, zu denen auch die libanesischen Schiiten gehören, und übergehe Richtungen wie jene der 7er-Schiiten oder der Ismaeliten.) Das heißt, der letzte Imam wurde wahrscheinlich ermordet. Die Schiiten aber glauben, daß er selbst heute noch lebe, und zwar in der sogenannten «großen Verborgenheit». Daher ist er auch in unserer Zeit der eigentliche geistige und politische Führer der schiitischen Gemeinschaft, obgleich er diese Führungsrolle aufgrund der «großen Verborgenheit» nicht ausüben kann. So ist das Problem der Autorität gestellt, und es wurde im Schiismus nie endgültig gelöst.
Die libanesischen Schiiten kamen ursprünglich aus Ägypten, und zwar als besondere Protégés der Fatimidenkalifen, die im 10. und 11. Jahrhundert als Herrscher über die Nilregion und den groß-syrischen Raum ihre Glanzzeit erlebten. Die Fatimiden waren Schiiten, und unter ihrer Herrschaft breitete sich die schiitische Glaubensrichtung in der Region rasch aus. Kaum aber war das Ende der Fatimidenherrschaft gekommen, wurden die Schiiten zu einer unterdrückten Bevölkerungsgruppe. Das galt insbesondere für die Schiiten im Gebiet des heutigen Libanon, weil sie sich im Jahre 1292 an einem Aufstandsversuch beteiligt hatten. Die neuen Herrscher, die Mamelucken, zwangen die Schiiten im Libanon zum Rückzug aus den Küstenebenen in die Gebirgsregionen. (Nur die Stadt Tyrus blieb schiitisch.) Und im Verlauf der Jahrhunderte wurde der schiitische Glaube zum Bekenntnis materiell unterprivilegierter Schichten. Die meisten Schiiten waren als Bauern abhängig von Feudalherren, die zu anderen Glaubensbekenntnissen gehörten. Die Zahl der schiitischen Feudalfamilien wird von Kennern wie Fuad Ajami – er selbst stammt aus dem Umkreis der *Schi'a* im Südlibanon und lehrt heute an der Johns-Hopkins-Universität

in Washington – auf nicht mehr als «ein halbes Dutzend» geschätzt.

Traditionell hielten die Schiiten sich außerhalb der Machtkämpfe in und um den Libanon. Sie folgten meistens jenen praktischen Lebenslehren, welche für den Schiiten die Haltung des Isoliert-Seins vorschreibt, des Sich-Absonderns, Sich-nach-innen-Wendens, das man auch als komplementäres Element zum typisch schiitischen Märtyrerkult verstehen kann. «Der Sinn für das Geheime», schreibt Yann Richard in *Der verborgene Imam*, «beruht auf der Erkenntnis, daß direkter Widerstand sinnlos und die Verheimlichung der wirklichen Gesinnung wirkungsvoller ist. Die Kunst der Verheimlichung und des Geheimen hat nicht nur den politischen Vorteil, einen wirkungsvollen Widerstand gegen die Diktatur zu ermöglichen, sondern erlaubt es auch, den Glauben zu verinnerlichen.» So blieben die Schiiten abseits, als vor der Mitte des 19. Jahrhunderts die großen Auseinandersetzungen ausbrachen zwischen den Drusen, deren führende Familie, die Dschumblatts, einen Beistandspakt mit Großbritannien abschloß, und den christlichen Maroniten, die sich mit Frankreich liierten. Die Schiiten verharrten auch weitgehend in der Isolierung, als 1920 durch den französischen Hochkommissar der libanesische Staat, *L'Etat du Grand Liban* offiziell proklamiert wurde. Dieser unter französischer Mandatsherrschaft stehende «Staat» entsprach ja ohnehin fast nur den Vorstellungen der christlichen Gemeinschaften, besonders der Maroniten; die Zuteilung der vornehmlich islamisch bevölkerten Gebiete hatte rein wirtschaftliche Gründe.[1] Ähnlich übersehen wurden die Schiiten bei der Formulierung des Nationalpaktes im Jahr 1943, bei dem für alle wesentlichen Gremien im Staat ein Machtverteilungs-Schlüssel festgeschrieben wurde, der beinhaltete: sechs Vertreter christlicher Gemeinden zu fünf Repräsentanten islami-

[1] «Seine Entstehung widersprach dem Empfinden der vornehmlich panarabisch, pansyrisch oder panislamisch orientierten Moslems, sowohl innerhalb als auch außerhalb der Staatsgrenzen.» (David Th. Schiller, *Der Bürgerkrieg im Libanon*, 1979)

scher und drusischer Konfession. Die Schiiten bekamen bei dieser Formel an halbwegs wichtigen Positionen nur das Amt des Parlamentspräsidenten zuerkannt.
Wäre etwa eineinhalb Jahrzehnte später nicht ein Mann namens Mussa Sadr aus dem Iran zu den Schiiten des Libanon gekommen, so hätte sich an der Benachteiligung dieser Gemeinschaft wahrscheinlich noch lange Zeit nichts geändert. 1959 zog der damals 31jährige iranische Geistliche Mussa Sadr zu seinen schiitischen Glaubensbrüdern nach Tyrus an der libanesischen Küste, und damit begann sich die Selbsteinschätzung der Schiiten zu ändern.
Mussa Sadr, der seine familiäre Herkunft bis auf den Propheten Mohammed zurückführen kann, hatte den Zorn des Schahs auf sich gezogen, weil er dessen Herrschaftsanspruch als ungesetzlich ablehnte. Mussa Sadr verlor deshalb die iranische Staatszugehörigkeit, bekam aber an ihrer Stelle sehr schnell vom damaligen libanesischen Präsidenten Fuad Schehab die libanesische Staatszugehörigkeit. Weshalb Präsident Schehab diese für den damaligen Zeitpunkt außergewöhnliche Gunst Mussa Sadr zuteil werden ließ, ist Gegenstand von Spekulationen typisch libanesischer Art. Möglicherweise wollte der christliche Präsident durch eine Stärkung der schiitischen Ansprüche den Block der Moslems in zwei Lager spalten. Mussa Sadr schien der richtige Mann zu sein, eine solche «Zellteilung» zu fördern, denn er behauptete ja immer wieder, die Sunniten erfreuten sich im Libanon sämtlicher Privilegien, während die Schiiten leer ausgingen.
Mussa Sadr hatte den Ruf eines hervorragenden Klerikers. Als er seine Tätigkeit im Libanon aufnahm, zeigte sich aber, daß er auch ein glänzender Organisator und Politiker war. Er machte sich zunächst daran, eine Interessengemeinschaft zwischen gut ausgebildeten Beamten, Akademikern aus dem Anwalts- oder Ärztestand und der kleinen Gruppe von schiitischen Neureichen zu bilden. Bis 1967 schaffte er es, daß das libanesische Parlament die schiitische Gemeinschaft als eine von drei großen Gruppierungen im Islam anerkannte, theoretisch gleichgestellt den

Sunniten und den Drusen. In der Folge wurde der Hohe Schiitische Rat gegründet und Mussa Sadr zu seinem Vorsitzenden gewählt.

In der Zeitschrift *Foreign Affairs* vom Frühjahr 1985 skizzierte Fuad Ajami die Jahre um 1967 so: «Mussa Sadrs erste Gefolgsleute waren aus der schiitischen Oberschicht gekommen. Das zweite Jahrzehnt des Wirkens Mussa Sadrs im Libanon trug das Kennzeichen einer populistischen Politik. Er war, wie er selbst sagte, im Iran aufgewachsen, ohne je einen Gewehrschuß gehört zu haben. Aber bis zur Mitte der siebziger Jahre begründete er im Libanon die schiitische Miliz *Amal* und erklärte: ‹Waffen sind das Schmuckstück der Männer.› Der Schiismus, traditionell eine Religion der Klagenden, wurde zu einem Glaubensbekenntnis von Aktivisten.»

Diese Wandlung vollzog sich vor dem Hintergrund schwerwiegender sozialer und politischer Veränderungen im südlichen Libanon. Mehr und mehr Palästinenser zogen, als Folge des Konfliktes mit dem jordanischen Regime im «Schwarzen September» von 1970, in diese Region. Bald bildeten sie einen Staat im Staate. Unter Berufung auf ein «panarabisches Ideal» lancierten sie von ihren Basen im Südlibanon aus Guerilla-Angriffe gegen den israelischen Staat und die israelische Zivilbevölkerung, und immer wieder führten die israelischen Streitkräfte Gegenangriffe gegen den südlichen Libanon durch. Erklärte Ziele dieser als «Vergeltung» gekennzeichneten israelischen Operationen waren die Ausbildungslager der palästinensischen Guerilleros, aber da diese Lager oft mitten in die schiitischen Bevölkerungszentren hineingepflanzt worden waren, litten die Schiiten am meisten unter diesem sich wellenweise steigernden Konflikt.

Jahrelang nahmen sie die leidvollen Folgen der blutigen Auseinandersetzungen ohne Widerspruch auf sich – so schien es wenigstens. Unter der Oberfläche jedoch müssen schon früh Animositäten vorhanden gewesen sein. Schließlich waren die Palästinenser Sunniten, nicht Schiiten, und sie brachten außerdem städtische Wertvorstellungen ins ländliche und damit so ganz anders geartete

Milieu des südlichen Libanon. Als Reaktion auf das Eindringen der Palästinenser in ihre Region entschlossen sich nun erstmals Schiiten zum Exodus in Richtung des glänzenden Beirut, in dem man offenkundig zu Glück und Reichtum gelangen konnte. Die meisten Schiiten blieben jedoch in ihren angestammten Städten und Dörfern und folgten den Worten Mussa Sadrs, der den Titel eines «Imam» angenommen hatte, um sich von der Bezeichnung für religiöse Führer bei den Sunniten, dem «Mufti», zu unterscheiden. Bereits 1970 hatte er die schiitische Bevölkerung zu einem Generalstreik aufgerufen, um gegen die Benachteiligung des Südens durch die Beiruter Regierung zu protestieren. Er drohte, die Schiiten würden in Beirut sämtliche leerstehenden Häuser und alle Paläste der Politiker besetzen. Durch solche Drohungen erreichte er, daß die Regierung ein Unterstützungsprogramm für den Südlibanon verabschiedete, mit dem in den Zonen der Schiiten Häuser gebaut werden sollten. (Diese Programme blieben allerdings praktisch leere Versprechen.)
Mussa Sadr befand sich bei der meistens merkwürdig stillen Abgrenzung der Schiiten von der PLO in tiefem Zwiespalt. Er empfand seine iranische Herkunft als problematisch in bezug auf jene panarabischen Ideale, welche die Palästinenser zu verkörpern schienen. Um seine Identifikation mit seinem jetzigen Heimatland, dem Libanon, zu verdeutlichen, gab er hie und da Erklärungen ab, welche eine volle Unterstützung der Taktik der PLO zu beinhalten schienen. Wahrscheinlich vermittelte er auch arabischen Politikern den Eindruck, er arbeite daran, einen von der PLO ausgehenden «Volkskrieg» gegen Israel vorzubereiten – anders wäre nicht erklärbar, daß er vom libyschen Revolutionsführer Ghaddafi regelmäßig substantielle Gelder erhalten hätte. Mussa Sadr aber scheint diese Gelder eher für die Entwicklung seiner schiitischen Gemeinschaft eingesetzt zu haben als im Interesse der PLO.
Die Dinge entwickelten sich allerdings noch viel komplizierter. Als im Jahr 1975 der Bürgerkrieg ausbrach und die syrischen Truppen in den Libanon einrückten – zuerst mit dem Ziel, die christlichen Gemeinschaften vor palästinen-

sischem Druck zu schützen, dann um pro-syrische Palästinenser-Gruppierungen wie die *Saika* zu unterstützen –, nahm Mussa Sadr Partei eher für die gemäßigten *Fatah*-Einheiten innerhalb der PLO als zugunsten der syrisch-orientierten Fraktionen. Komplizierend kam hinzu, daß Mussa Sadr 1976 die von Schiiten bewohnte Ortschaft Nabaa bei Beirut den herandrängenden christlichen Milizen übergab. Er erreichte es, daß die Machtübernahme ohne Blutvergießen vollzogen wurde, wurde aber von einem Teil der schiitischen Gemeinschaft als Verräter abqualifiziert. Und auch diese Handlung, für die sich Mussa Sadr rechtfertigen konnte, brachte ihm Zwist mit Ghaddafi, der dem Schiitenführer auch Geld zur Verteidigung der Schiiten gegen die libanesischen Christen gegeben haben soll.

Mussa Sadr taktierte in jenen Jahren auf jeden Fall nach verschiedenen Seiten. 1978 verschwand er auf einer Reise nach Libyen, und alles deutet darauf hin, daß der Imam mit einem seiner Getreuen ermordet wurde, nachdem er sich mit Muammar al-Ghaddafi getroffen hatte. Die Libyer versuchten, den Tod Mussa Sadrs zu verschleiern, indem sie dessen Paß und einen Teil seiner Kleider nach Rom schickten und – recht ungeschickt – einen Aufenthalt des Imam in der italienischen Hauptstadt vortäuschten.

Der tote Mussa Sadr erwies sich für die Glaubensgemeinschaft der libanesischen Schiiten als noch vitalisierender, als es der lebende je gewesen war. Für viele Schiiten befindet sich Mussa Sadr nunmehr in der «großen Verborgenheit», lebt also unsichtbar immer noch, und viele sind davon überzeugt, daß er eines Tages wiederkehrt. Dieser Glaube brachte viel Tatkraft in die Gemeinschaft der Schiiten, viel an Mythos und auch an messianischen Hoffnungen. Sie spielten eine Rolle bei der Profilierung der schiitischen Gemeinschaft im Gefolge des Krieges vom Sommer 1982.

Als Israel in den Libanon einmarschierte, wurden die Soldaten von den Schiiten zunächst mit recht großer Sympathie begrüßt. Dafür gab es einen guten Grund: Die schiitischen Bewohner der Dörfer und Städte in Südlibanon

gingen davon aus, daß die Israeli die ungeliebte PLO vertreiben würden. Als die Palästinenser (oder zumindest deren bewaffnete Machtträger) fort waren, wendete sich das Blatt jedoch schnell. Die israelischen Soldaten etablierten im Libanon ein oft rücksichtsloses Kontroll- und Überwachungssystem, und an die Stelle eines von den Schiiten erhofften raschen Rückzugs der fremden Truppen trat eine Besetzung, deren Zielsetzung und Taktik in den schiitischen Ortschaften unverständlich erschienen. Ein halbes Jahr nachdem die Israeli im Südlibanon als Befreier willkommen geheißen worden waren, herrschte im gleichen Gebiet ein neuer Kleinkrieg mit Anschlägen und Selbstmordkommandos, deren Urheberschaft oft nicht genau festgestellt werden konnte. Auf der einen Seite gab es *Amal* (zu deutsch: «Hoffnung»), die von Mussa Sadr gegründete Miliz, deren Führung nunmehr der Anwalt Nabih Berri ausübte. Auf der anderen Seite standen radikale Splittergruppen wie der *Islamische Amal* unter Führung von Hussein Mussawi und *Hizballah* unter Scheich Mohammed Hussein Fadlallah. Beide Gruppierungen gelten als mit dem Iran liiert. Sporadisch kommt ein weiterer Name hinzu, der *Islamische Jihad*, wobei offenbleibt, ob dieser Name eine formelle Gruppe umschreibt oder ob er nur dann von der einen oder anderen Vereinigung verwendet wird, wenn es darum geht, Selbstmordaktionen zu beanspruchen. Ob bisweilen vereint oder mehrheitlich getrennt vorgehend: den schiitischen Kampf- und Selbstmordverbänden gelang es jedenfalls, durch blutige Aktionen die Internationale Truppe (allen voran die Kontingente der Amerikaner) und weitgehend auch die Israeli aus dem Libanon hinauszudrängen und sich eine Zone zu sichern, die sich zu einem guten Teil autonom selbst regiert und in der Person von Nabih Berri einen relativ einflußreichen Interessenvertreter in dem Gebilde hat, das man als libanesische Regierung bezeichnet.
Für den Bedeutungszuwachs der Schiiten gibt es, wie bereits angedeutet, sowohl innere als auch äußere Gründe: Der Sieg der (schiitischen) Revolution im Iran;

das Wirken des Imams Mussa Sadr; die Neutralisierung verschiedener Kräfte im Libanon durch das Einwirken Syriens, dessen Regime keine Gruppe im libanesischen Machtspektrum zu stark werden läßt; der Niedergang der PLO im Libanon; die Auswirkungen der Re-Politisierung des Sakralen im Islam oder das, was man Islamismus nennt. Erstaunlich ist, daß bei all dem auch jene Israeli, die einem Ausgleich mit der arabischen Welt positiv gegenüberstehen, am komplexen Phänomen der schiitischen Emanzipation vorbeisehen. Jacobo Timerman, jener Autor aus Israel, der – vor allem in seinem Buch *Israels längster Krieg* – vielleicht am schonungslosesten Selbstkritik an der israelischen Haltung gegenüber dem Libanon geübt hat, schreibt voller guter Absichten gänzlich realitätsfern: «Wir und das palästinensische Volk werden den Libanon wieder aufbauen, und nicht die arabischen Petrodollar-Millionäre und nicht die PLO-Terroristen. Gemeinsam werden wir einen friedlichen Palästinenserstaat schaffen. Und gemeinsam werden wir auch Sicherheit für Israel schaffen.»

Wer so argumentiert, läßt in unverzeihlicher Vereinfachung außer acht, daß der Freiraum, den die PLO in den siebziger und zu Beginn der achtziger Jahre im Libanon besaß, nur das Ergebnis einer von übergeordneten Kräften geschaffenen Vereinbarung war, des Kairoer Abkommens vom November 1969 nämlich.

Ein damals schwacher Libanon beugte sich arabischem Druck und erlaubte die bewaffnete Präsenz von PLO-Einheiten auf seinem Territorium. (Mindestens 50 000 palästinensische Zivilisten waren bereits in den Jahren nach 1948 in den Libanon geflüchtet.) Aber ebenso abwegig ist natürlich, was israelische Politologen immer wieder gefordert haben: die Integration der Palästinenser in den libanesischen Staat. Weshalb denn hätten sich die ohnehin schwer benachteiligten Schiiten im Südlibanon durch eine auf Dauer errichtete Präsenz der mehrheitlich sunnitischen, in geringerem Maße christlichen Palästinenser noch weiter in die Ecke drängen lassen sollen? Integration der Palästinenser gerade in diesem Gebietsstreifen war,

nimmt man das Selbstbestimmungs- oder Selbstverwirklichungsrecht ethnischer oder religiöser Gemeinschaften ernst, schlicht undenkbar.
Besuche des Libanon im Jahre 1986 konnten nur Momentaufnahmen bringen. Die Trümmerhaufen in einzelnen Stadtteilen von Beirut, die immer noch existierenden Inseln des Wohllebens in anderen Bezirken können ebenso irreführend sein wie die Normalität in einer südlibanesischen Stadt wie Tyrus, in der die Schiiten, auch dank der Nähe der UNIFIL-Truppen, die Kontrolle ausüben. Jener Libanon, der bis in die Anfänge der siebziger Jahre noch als «Schweiz des Orients» bezeichnet wurde – solche Charakterisierung entsprang allerdings nach Ansicht langjähriger Kenner wie etwa Arnold Hottinger schon immer einer krassen Vereinfachung –, ist ganz sicher untergegangen. Schuld daran waren ungelöste, vielleicht sogar unlösbare Minderheitenprobleme, schuld daran war außerdem der israelisch-palästinensische Konflikt. Die Interessen Syriens am Libanon spielten eine weitere Rolle, wie jene des Westens und der Sowjetunion möglicherweise auch. «Von christlicher Seite», merkt David Th. Schiller im Buch *Der Bürgerkrieg im Libanon* an, «fehlte die nötige Flexibilität in bezug auf die Forderungen und Probleme der islamischen, besonders schiitischen Bevölkerungsteile.»
Reist man heute durch die von der schiitischen *Amal*-Miliz beherrschte Region Libanons, so fällt das Flüchtige der gegenwärtigen Lebensweise ebenso auf wie die Dauerhaftigkeit von religiösen und gesellschaftlichen Werten. Gemessen an Verhaltensweisen eines in sich ruhenden Landes ist das Wilder Westen oder Wilder Osten. Da gibt es wohl keinen Mann, der nicht seine eigenen Waffen mit Munition und ein paar Handgranaten besäße. Bewaffnet reist man im Lande herum, mit Waffen verteidigt man notfalls oder willkürlich, was man als sein Recht betrachtet. Und eine Gewöhnung an den täglichen Ausbruch von Gewalt hat es mit sich gebracht, daß eine jüngere Generation sich ein Leben in geordneteren Bahnen kaum vorstellen kann: Mit geringen Unterbrechungen herrscht latent

das Chaos mindestens seit den Jahren des Bürgerkrieges von 1975/1976. Es hat bei einigen wenigen Gruppen der Bevölkerung zu größerer Mobilität geführt. (Wer Gefahr nicht scheut, kann mit Schmuggel und mit Handel quer durch die Linien der miteinander rivalisierenden Gemeinschaften horrendes Geld verdienen.) Andere Gruppen kapseln sich stärker ab; das kann so weit gehen, daß Libanesen jegliches Vorstellungsvermögen über ihr Land verloren haben, weil sie sich nur noch innerhalb einer einzigen Kontrollzone, bisweilen sogar nur innerhalb eines Quartiers von Beirut bewegen.
Aber war der Libanon überhaupt je so idyllisch, wie eine geschickte Imagepflege und ein verbreitetes Wunschdenken es suggeriert haben? Als Staat war der Libanon geschaffen worden, weil er aufgrund seiner Geographie ein Zufluchtsort für Minderheiten war. Die europäischen Mächte engagierten sich im 19. Jahrhundert zugunsten der libanesischen Christen, im wesentlichen übrigens zugunsten der Maroniten und nicht anderer Glaubensrichtungen, um den russischen Einfluß beim Sultan von Konstantinopel zu bremsen. (Davon profitierten phasenweise auch die Drusen.) Und schließlich kommt noch ein dritter Faktor hinzu, der, wie die zwei bereits erwähnten, sowohl den Kern zum Aufblühen als auch den Keim zur Zerstörung des Libanon in sich trägt: Dank der Präsenz westlicher Mächte in Nahost blühte der Libanon (und insbesondere Beirut als Handelszentrum) auf. Sie aber führte zu einem unverhältnismäßigen Aufschwung des Dienstleistungssektors zulasten von Landwirtschaft und Industrie und am Ende zu einer Interessenverlagerung der führenden Schichten, die eine immer größere Abhängigkeit von der Außenwelt zur Folge hatte.
Vieles von dem, was heute die verhängnisvolle Entwicklung des Libanon prägt, kann nur verstanden werden, wenn man ins 19. Jahrhundert zurückblickt. Damals formierten sich in den schwer zugänglichen Regionen des Dschebel Lubnan und insbesondere des Chouf-Gebirges jene Minderheiten, die anderswo in der von den Türken beherrschten arabischen Welt verfolgt und diskriminiert

wurden. Zu ihnen gehörten Christen verschiedener Richtungen, insbesondere die Maroniten; zu ihnen gehörten aber auch die Drusen.

Die Maroniten hatten schon vom 7. und 8. Jahrhundert an ihr ursprüngliches Siedlungsgebiet in Nordsyrien verlassen und sich ins Libanon-Gebirge zurückgezogen. Seit der Zeit der Kreuzzüge hielten die Maroniten auch regelmäßige Kontakte und Bindungen zu Westeuropa aufrecht. (Sie verbanden sich im 13. Jahrhundert mit der Kirche Roms.)

Die Drusen spalteten sich im 11. Jahrhundert von einer islamischen Nebenrichtung ab, und der Begründer der drusischen Geheimreligion, Mohammed al-Darasi, soll seine Lehre bereits in der Region des Dschebel Lubnan verkündet haben. Heute gibt es drusische Dörfer im Libanon, im israelischen Galiläa, im Golan-Gebiet (auf der israelisch besetzten und auf der syrischen Seite) und in der israelischen Karmel-Region. Von den anderen Muslimen als Ketzer betrachtet, zogen die Drusen sich mit Vorliebe in den schwer zugänglichen Chouf zurück. Rivalitäten mit den Maroniten wurden teils gewalttätig, teils durch Diplomatie ausgetragen. Die Familie Dschumblatt schloß 1841 einen Beistandspakt mit Großbritannien, der auch die Lieferung von Waffen vorsah. Die Maroniten andererseits hielten sich, insbesondere nach dem von Drusen ausgelösten Massaker, immer enger an Frankreich.

Zum religiösen Gegensatz kam bereits im 19. Jahrhundert eine soziale Komponente. Die maronitischen Bauern verschiedener Gebiete lehnten sich damals gegen die drusischen Feudalherren auf, ja, es gelang ihnen sogar, ein freies Bauerntum zu begründen. (Dieses Phänomen fand in Europa selbst das Interesse von Karl Marx!) Andererseits versuchten die Maroniten, ihre Siedlungsgebiete weiter nach Süden auszudehnen. Dagegen wiederum kämpften die Drusen, und sie wurden in ihrem Widerstand vom Sultan von Konstantinopel unterstützt.

Widersprüche, ja sogar fundamentale Fehleinschätzungen der sozialen Strömungen prägten die Gründung Libanons als Staat im Jahr 1920. Als das französische Hochkommissariat am 1. September jenes Jahres *L'Etat du Grand Liban* proklamierte, zeigten sich die Repräsentanten des maronitisch-christlichen Establishments höchst zufrieden. Sie gingen nämlich davon aus, daß der – bis 1946 zwar noch unter französischer Vormundschaft stehende – Staat ihr Eigentum sei. Die Zuteilung von Gebieten, die vorwiegend von Muslimen bevölkert waren – insbesondere die Bekaa-Hochebene –, an den Libanon akzeptierten die Maroniten aufgrund der Überlegung, daß der Staat dadurch lebensfähiger würde. Was sie nicht erkannten, war das gerade damals aufkommende panarabische und teilweise stark prosyrische Empfinden bei einem großen Teil der Muslim-Intelligentia.

Im Verlauf der zwanziger und der dreißiger Jahre wurde unter französischer Mandatsherrschaft allmählich das verfassungsmäßige und parlamentarische System des Libanon geformt. Mit diesem Instrument versehen, wurde der Libanon 1946 in die Unabhängigkeit entlassen. Die Verfassung war im wesentlichen das Werk eines griechisch-katholischen Bankiers namens Michel Chiha. Im Gegensatz zu vielen seiner Zeitgenossen hatte er ein gewisses Verständnis für die komplizierten ethnisch-konfessionellen Gleichgewichte und Abgrenzungen, und er wollte auf jeden Fall vermeiden, daß zwischen den so unterschiedlichen Gemeinschaften feste Richtlinien für die Zusammenarbeit fixiert würden. Chihas libanesischer Patriotismus fand seinen Niederschlag in der Formel der unveränderlichen Landesgrenzen. Er hoffte auf einen Abbau der konfessionellen Rivalitäten, und versuchte außerdem, eine gerechte Vertretung der zahlreichen Religionsgruppen durch ein Proporz-System zu schaffen, das auch ins Wahlsystem Eingang fand.

Bis zum Ausbruch des Bürgerkrieges von 1975 blieb dieses System im wesentlichen erhalten. Durch arithmetische Kunststücke, mit Hilfe deren man angebliche Bevölkerungsgrößen auf die politische Repräsentanz übertrug, konnte ein labiles Gleichgewicht bewahrt werden, aber ein auf den Staat ausgerichtetes Identitätsgefühl entwickelte sich nicht. Was an Ansätzen vorhanden war, wurde immer wieder durch Erschütterungen zerstört, die aus der Umwelt hereingetragen wurden, insbesondere durch den Zustrom der Palästinenser ab 1970. Und durch den Krieg vom Sommer 1982 wurde im Dschebel Lubnan selbst das zerbrechliche Nebeneinanderleben von Christen und Drusen durch Konflikthaltung abgelöst.

Zweieinhalb Jahre später, zu Beginn des Jahres 1985, veröffentlichte die Libanesische Zentralbank eine Statistik, in der die materiellen Schäden des jüngsten Krieges erfaßt werden sollten. Demnach betrug im Süden des Libanon die Landwirtschaftsproduktion gegenüber der Vorkriegszeit nur noch zwanzig Prozent. Die Zitrus-Produktion war auf 15 Prozent abgesunken. Auf 12 Milliarden Dollar wurden die Schäden an Gebäuden und auf den Feldern geschätzt und auf 33 Milliarden Dollar die Kosten für einen Wiederaufbau der ganzen vom Krieg heimgesuchten Region, von Beirut bis zur Grenze im Süden.

Doch der Verarmung bestimmter Bevölkerungsschichten steht der Aufstieg anderer Gruppierungen entgegen, insbesondere jener der Schiiten, die aufgrund dieses Krieges den Weg aus der innerlibanesischen Isolierung gefunden haben.

IX. Die große Verunsicherung

Etwas mehr als ein Jahr nach dem unglückseligen Libanon-Feldzug trat in Jerusalem ein enttäuschter, verbitterter Menachem Begin vom Amte des israelischen Premierministers zurück. Seine Vision einer definitiven Lösung dessen, was er als das Problem des palästinensischen Terrors zu bezeichnen pflegte, war an den Realitäten des nahöstlichen Alltags und der inneren Ferne Israels zur arabischen Welt mit ihren komplexen, so andersartigen Wertvorstellungen zerbrochen. Israel mußte erkennen, daß ihm die Macht fehlte, der Umwelt seine Vorstellungen aufzuzwingen.
Der Feldzug nach Beirut war in mehrfacher Hinsicht diskreditiert worden. Zum ersten schien es fraglich, ob Israel sich auch diesmal darauf berufen konnte, mit seinem Angriff nur Vergeltung für Gewaltakte der Gegenseite zu üben. Auf Galiläa waren zwar immer wieder einmal Katjuscha-Geschosse niedergegangen, aber im großen und ganzen hatte die PLO sich an die ein Jahr zuvor, im Sommer 1981, getroffenen Vereinbarungen gehalten und bewaffnete Aktionen gegen den Nordteil Israels unterlassen. Das brutale Attentat gegen den israelischen Diplomaten Shlomo Argov in London war ein Einzelfall, der keinen großangelegten Krieg rechtfertigen konnte. Kam als drittes hinzu, daß Israels damaliger Verteidigungsminister Ariel Sharon seine wahren Absichten der Öffentlichkeit gegenüber verschleierte – und daß ihm dies bis zu einem gewissen Grade auch gelang, obwohl eigentlich jedermann wußte, daß zwischen den Worten des ministerialen Haudegens und der Wirklichkeit ein tiefer Graben herrschte. Dazu bemerkt der israelische Publizist Jacobo Timerman: «Sharons Krieg begann mit Sharon selbst. Der Krieg war in seiner Karriere fest eingeplant. In den ersten Monaten des Jahres 1982

wußten wir dann bald alle, daß dieser Krieg eine Invasion des Libanon sein würde. Es gab keinen politischen Kommentar und keinen wichtigen Politiker, der das Für und Wider nicht öffentlich erörtert hätte. Abgesehen von den ständigen Aufforderungen aus Washington, Paris und London, sich aus dem Libanon herauszuhalten, hatten auch die drei früheren israelischen Stabschefs, die jetzt in der Knesset sitzen – Ytzhak Rabin, Chaim Bar-Lev und Mordechai Gur –, einige Bedenken und äußerten verschiedentlich, daß auch der Einfall in den Libanon das Palästinenserproblem nicht lösen werde. An der Nordgrenze gebe es keine Spannungen, und in den galiläischen Dörfern sei es ruhig.» *(Israels längster Krieg)*

Kriegsstimmung lag seit Anfang 1982 in der Luft, aber kaum jemand in den politisch engagierten Kreisen des Nahen Ostens wußte zunächst etwas Schlüssiges darüber auszusagen, wo Ursachen und Wirkungen aufzuspüren gewesen wären. Aus libanesischer Sicht provozierten die Israeli die schwache Armee des Libanon und die PLO zunächst mit Aufklärungsflügen über dem südlichen Libanon und über Beirut. Paarweise durchbrachen die israelischen Jagdflugzeuge die Schallmauer, und bisweilen wurde ihnen dann von palästinensischen Stellungen aus eine Boden-Luft-Rakete nachgeschossen, die regelmäßig ihr Ziel verfehlte. Im April kam es zu einer neuen Eskalationsstufe: Eine israelische Militärpatrouille war nach dem illegalen Passieren der libanesischen Grenze auf eine Mine gefahren und ein Soldat getötet worden. Die darauf folgende israelische «Vergeltungsaktion» forderte 35 Todesopfer. Die in der betroffenen Gegend stationierten PLO-Verbände aber wußten, was die Stunde schlagen konnte, und verhielten sich ruhig, um weitere israelische Aktionen zu vermeiden. Anfang Mai kehrten die israelischen Flugzeuge dennoch zurück und bombardierten mehrere palästinensische Stützpunkte und Siedlungen. PLO-Kämpfer schossen daraufhin einige Katjuscha-Geschosse nach dem israelischen Nord-Galiläa, aber zufälligerweise forderte diese Aktion keine Menschenleben. Erst der Anschlag auf Shlomo Argov in London

erschien Ariel Sharon als jene Provokation, die er offenkundig benötigte, um seinen Libanon-Krieg zu beginnen.
In welcher Weise die amerikanische Politik in Sachen Libanon mitgezogen oder gebremst hat, ist umstritten. Nahöstliche Politiker – auch Leute in Israel, die es wissen mußten und die mir über Jahre hinweg immer verläßliche Informationen gegeben hatten – haben glaubhaft erklärt, der damalige Außenminister Alexander Haig habe gegenüber Menachem Begin und Ariel Sharon mehrmals zu erkennen gegeben, daß er eine israelische «Strafaktion» gegen die PLO, selbst in West-Beirut, gutheißen würde. Das Korrespondenten-Ehepaar Marcel Pott und Renate Schimkoreit-Pott vermerkt in seinem Buch *Beirut, Zwischen Kreuz und Koran* (1985): «Im positivsten Fall bestand der amerikanische Anteil der Invasion im Stillhalten. Präsident Reagan gab kein ‹Grünes Licht› und Außenminister Haig winkte nicht mit dem ‹Roten Licht›. Es ist bis heute unklar, ob die amerikanische Regierung mehr darüber schockiert war, daß ihre mögliche Mitverantwortung für den Libanon-Krieg in der Weltpresse offen diskutiert wurde, oder darüber, daß Haig so enge Kontakte zu der israelischen Regierung unterhielt.»
Alexander Haig selbst äußerte sich später recht zwiespältig: «Während Reagans Europareise war der Krieg, den wir verhindern zu können gehofft hatten, schließlich doch eingetreten – mit all seiner unabschätzbaren Gefahr für die amerikanischen und westlichen Nahostinteressen und seinen nur zu klar erkennbaren Konsequenzen an Leid und Tod für die geprüfte Bevölkerung des Libanon. (...) Trotz schärfster amerikanischer Warnungen ging Israel am 6. Juni 1982 dann schließlich zur Offensive über. Binnen nicht einmal einer Woche zerschmetterten seine Truppen die PLO, zerstörten die syrische Luftmacht, brachten den syrischen Landstreitkräften empfindliche örtliche Niederlagen bei und veränderten damit die Landkarte Libanons. Tausende hatten sterben müssen. Die in Beirut eingeschlossenen Überreste der PLO konnten nur noch hoffen, unter nicht allzu demütigenden Bedingungen kapitulieren zu dürfen. So gefährlich und tragisch diese Wendung der

Ereignisse auch war, so bot sie doch auch eine historische Chance für eine Lösung des Libanonproblems, wenn die Ursachen einer seit langem schwelenden, tödlichen nationalen Krise beseitigt wurden» (*Geisterschiff USA*, 1984). Soweit die transatlantischen Verzerrungen Alexander Haigs, der im Libanon einfach ein Problem sah, das irgendeinmal gelöst werden mußte und mit Geschick wohl auch gelöst werden konnte . . .

Aus israelischer Sicht präsentierte sich das Problem rückblickend etwa so, wie Yosef Olmert sich in einem Beitrag im Buch *Israel, the Middle East and the Great Powers* (Tel Aviv, 1984) ausdrückte: «Zu den Ergebnissen des libanesischen Bürgerkriegs zählte, daß die PLO sich noch stärker in bestimmten Teilen des Libanon etablieren konnte. Vor allem versuchte die PLO, den Libanon zu einem Modell jenes palästinensischen Staates zu machen, der auf Kosten Israels errichtet werden soll. (. . .) Nach dem Juli 1981 kam es immer wieder zu terroristischen Aktivitäten, die von der PLO ausgingen und sich gegen Israel richteten, obwohl sie meistens nicht an der libanesisch-israelischen Grenze ausgetragen wurden. Das israelische Interesse auf Eliminierung der PLO-Aggression blieb daher aufrechterhalten. Die israelische Abschreckungsbereitschaft wurde von der PLO auf die Probe gestellt. Blieb die israelische Vergeltung aus, so konnte die PLO dies als Schwäche Israels auslegen.»

Das klingt verwickelt und auch etwas verworren. Israels Einstellung zum Libanon allerdings war ja schon lange von Illusionen, Hochmut und tiefgreifenden Mißverständnissen geprägt. Schon 1954 hatte der damalige israelische Ministerpräsident David Ben Gurion in einem Schreiben dargelegt, wie sein nördliches Nachbarland in die Interessensphäre Israels eingegliedert werden sollte. Gegenüber seinem Nachfolger Moshe Sharett äußerte er, die Schaffung eines christlichen Libanon sei «natürlich» und sie würde daher auch von Katholiken und Protestanten in aller Welt begrüßt. In Zeiten innerer Stabilität des Libanon würde man ein solches Ziel wohl nicht erreichen können, wohl aber in Phasen von «Wirren, Revolution und Bürgerkrieg». «Ohne unsere Initiative und unsere bereitwillige Unterstützung» könne solch ein libanesischer Christenstaat allerdings nicht entstehen, meinte Ben Gurion. Es sollten weder Mühe noch Mittel gescheut werden, um eine radikale Veränderung im Libanon zu befördern.

Moshe Sharett widersetzte sich dieser Vision. Die Libanesen der fünfziger Jahre zeigten, Differenzen zwischen den Angehörigen der verschiedenen Religionsgemeinschaften zum Trotz, im großen und ganzen eine Neigung, allmählich zu einer Nation zusammenzuwachsen. Zur späteren Entwicklung schreiben Pott-Schimkoreit: «Das hatte sich 1982 grundlegend geändert. Der Libanon befand sich im siebten Bürgerkriegsjahr, die Palästinenser hatten sich im Süden eingegraben und in West-Beirut quasi einen ‹Staat im Staate› errichtet; die Syrer hielten seit 1976 den Ostlibanon besetzt und hatten ebenfalls Armee-Einheiten im Westteil der libanesischen Hauptstadt stationiert. Unterdessen hatten sich die christlich-maronitischen ‹Lebanese Forces› in den vergangenen Jahren mehr und mehr an Israel angelehnt – heimlich zwar, doch im Grunde wußte jedermann im Libanon Bescheid, und man munkelte schon lange, daß die Privatarmee der Falange-Partei ihre Kämpfer in israelische Trainings- und Ausbildungslager schickte.»

Israels Krieg im Sommer 1982 begann vermeintlich als ein begrenzter Feldzug, bei dem eine sogenannte Sicherheitszone von etwa vierzig Kilometern geschaffen werden sollte. Ariel Scharon aber ließ dann, in Absprache mit nur einem Teil des israelischen Kabinetts, seine Panzer immer weiter rollen, bis nach Beirut, und machte aus einem Grenzkonflikt einen eigentlichen Nahost-Krieg und, wie Timerman schrieb, Israels längsten Krieg. Die israelischen Informationsapparate behaupteten in den folgenden Tagen und Wochen, beim Vormarsch seien «nur» palästinensische Guerilleros getötet worden, aber die Gegenseite hielt an der Aussage fest, der Krieg habe viele Tausende von Opfern auch unter der Zivilbevölkerung gefordert. Und schließlich wurde der Feldzug nach Beirut noch zusätzlich diskreditiert durch die Massaker in den palästinensischen Flüchtlingslagern Sabra und Shatila, die zwar nicht von den Israelis begangen wurden, sondern von libanesischen Milizionären, für die einige Israelis aber doch eine Mitverantwortung trugen: Die Mörder waren von der israelischen Besatzungsmacht in die Lager hineingelassen worden, obwohl jedermann wissen mußte, daß dies mit einem Blutbad enden würde.

Die PLO war zwar aus Beirut vertrieben worden, aber damit war das Problem der Guerilla-Tätigkeit von seiten palästinensischer Organisationen nicht aus der Welt geschafft. Die von der israelischen Führung als künftige Ordnungsmacht des Libanon ausersehene Gruppe der maronitischen Christen erwies sich als unfähig, Stabilität herzustellen. Beshir Gemayel, der designierte Präsident, wurde ermordet, und sein Nachfolger Amin Gemayel mußte schließlich, unter dem Druck Syriens und der libanesischen Muslime und Drusen, das Abkommen mit Israel wieder annullieren. Die Schiiten des Libanon wurden zunehmend aggressiver gegen die israelische Besatzungsmacht, und die sogenannte internationale Friedenstruppe zog sich zurück, nachdem gegen die Quartiere der Amerikaner und der Franzosen Bombenanschläge verübt wurden, die Hunderte von Todesopfern forderten. Syrien war durch die israelische Aktion nicht aus dem Libanon hinausgezwungen worden, und die israelischen Streitkräfte im Libanon erlitten täglich Verluste. Bis zum Spätsommer 1983, ein Jahr nach dem eigentlichen Krieg also, hatten mehr als 500 israelische Soldaten die Präsenz im nördlichen Nachbarland mit dem Leben bezahlt.

Menachem Begin, durch den Tod seiner Frau zusätzlich belastet, zog sich in die Einsamkeit zurück. Er war mir bei persönlichen Begegnungen stets als eine merkwürdig fremde Erscheinung innerhalb der politischen Elite Israels erschienen. Kein Politiker außer ihm schaffte so viel Distanz um sich herum. Während Ariel Sharon als Landwirtschafts- und später als Verteidigungsminister immer mit mächtigen Soldatenschuhen in seinen etwas chaotischen Büros herumtrampelte und den Interviewer sofort mit burschikoser Herzlichkeit zum Mitessen einlud, wenn er große Teller mit Hühnerleber aufs Arbeitspult stellen ließ, empfing Menachem Begin in dunklem Anzug, mit glänzenden Stadtschuhen, mit Krawatte natürlich – was der Erscheinungsweise der anderen Politiker seiner Generation total widersprach – und mit gläserner Förmlichkeit. Ein Interview im üblichen Sinne führen konnte ich mit Begin weder als Oppositionsführer (vor 1977) noch als Premierminister (1977–1983). Er hörte sich meine Fragen zwar höflich an, antwortete aber stets nur mit historischen Exkursen. Versuchte ich bei einem Punkt, der mir nicht ganz verständlich schien, nachzufragen, so hielt er einen Augenblick irritiert inne, um sogleich in seinem Vortrag fortzufahren. Erinnerungen hatten für ihn etwas Zwingendes, und der Holocaust, die Judenverfolgung in Europa, dominierte sein Denken offenkundig unablässig. Die arabische Umwelt schien für Begin eine potentielle Bedrohung zu sein, die, würde Israel sie nicht in den Griff bekommen, in ähnlich vernichtender Weise wie das Dritte Reich über die Welt der Juden herfallen könnte. Solchen Überzeugungen folgend arbeitete Begin eine Grundhaltung des Konfrontativen heraus – im Gegensatz zur früher von Israel bekundeten Bereitschaft zur Kooperation. Der Dialog mit Ägypten widersprach dieser Grundhaltung nur scheinbar: Menachem Begin erkannte eine historische Chance, durch das Herausbrechen des bedeutendsten Landes aus dem gegnerischen Lager die arabische Welt gegenüber Israel kriegsunfähig zu machen. Diese Chance nutzte er, aber er tat es nur, weil die Vereinigten Staaten von Amerika als Garant des großen politischen Spiels auftraten. Ob er schon damals, bei der Unterzeichnung der Verträge von Camp David (1978) oder beim Abschluß des Friedensvertrages mit Ägypten (1979) an einen Libanon-Krieg dachte, um die Infrastruktur der PLO zu zerschlagen, läßt sich nicht erkennen. Sicher ist aber, daß er die Rückgabe des Sinai an Ägypten durch die intensivierte Besiedlung jener Gebiete, die er und seine Leute Judäa und Samaria nannten, kompensieren wollte. Der Begriff «Autonomie» für die Palästinenser in Cisjordanien und im

Gaza-Streifen machte es eine Zeitlang schwer, die Absichten des israelischen Premiers deutlich zu erkennen. Im Oktober 1979 sagte er mir in einem Interview für die *Weltwoche*: «Pacta sunt servanda, das ist unsere Argumentationsbasis. Schließlich saßen wir während 13 Tagen und Nächten in Camp David – und wir haben jeden einzelnen Satz, manchmal einzelne Wörter und sogar Buchstaben sorgfältig erwogen. Das haben alle Beteiligten getan, und wir kamen zur Formulierung des Ziels, den Einwohnern von Judäa, Samaria und des Gaza-Streifens volle Autonomie zu geben, administrative Räte einzusetzen. Darauf einigten wir uns in Camp David, und sowohl Präsident Sadat als ich haben diese Schlußfolgerungen in unseren späteren Briefen an Präsident Carter bekräftigt, in dem Sinne, daß die administrativen Räte von den arabischen Bewohnern Judäas, Samarias und des Gaza-Streifens in demokratischer Weise gewählt werden sollen. Wir einigten uns, daß wir uns nicht in das Leben der arabischen Bewohner der Region einmischen werden, und über Fragen der inneren Sicherheit.»
Weder die Ägypter noch die damalige amerikanische Administration unter Präsident Carter gingen mit Menachem Begins Auslegung dessen einig, was er als «Autonomie» bezeichnete. Zu den von Begin in diesem Interview angekündigten Wahlen kam es bekanntlich nie, weil die Bewohner der besetzten Gebiete sich durch die Verwässerung des Autonomie-Begriffes und die geplante Einsetzung von sogenannten administrativen Räten hintergangen fühlten. (Im übrigen konnte es sich kein Palästinenser in diesen Gebieten leisten, einer solchen Formel zuzustimmen – hätte er es getan, er wäre mit an Sicherheit grenzender Wahrscheinlichkeit bald einem von den Radikalen beauftragten Killer-Kommandos zum Opfer gefallen.) Die forcierte Besiedlung Cisjordaniens durch Israel schuf darüber hinaus eigene, vollendete Tatsachen.
Ob Angst oder Taktik das Motiv für Begins Handeln war, läßt sich deshalb so schwer klären, weil Israel gleichzeitig in zwei Welten lebt: in jener des nachwirkenden Traumas vom Holocaust und in einer Gegenwart, die geprägt ist

von Selbstbehauptungswillen, von der Lust an der Auseinandersetzung, der Vitalität in jedem Lebensbereich und einer Bereitschaft, gegenüber sämtlichen Goliaths dieser Welt den wendigen, listigen David zu spielen. Je drohender die Goliaths sich verhalten, desto trotziger wird David – je isolierter er sich fühlt, desto ausgeprägter entwickelt er seine Fähigkeit, sich unter erschwerten Bedingungen zu behaupten. Im Innersten seines Denkens ist fast jeder Israeli davon überzeugt, daß er durch seine Beharrlichkeit – und Menachem Begin war ja geradezu das Sinnbild von Beharrlichkeit – dem Westen einen großen Dienst erweist und daß der Westen das im Grunde genau wisse – nur könne das wegen der «arabischen Erpressung» nicht eingestanden werden. Das komplizierte Problem der gegenseitigen Herausforderung von zwei Zivilisationen wird reflexartig verdrängt zugunsten des Bildes der Auseinandersetzung zwischen Ost und West, zwischen Freiheit und Diktatur. In welcher Position sich in dieser Auseinandersetzung die Israeli sehen, steht außer Frage.
Menachem Begins sechsjährige Herrschaft hat Israel verändert. Menachem Begin brach mit einer Tradition im Zionismus, die von Schwankungen des Suchbildes hinsichtlich der Umwelt der Juden in Nahost gekennzeichnet gewesen war. Walter Laqueur hat in seiner Geschichte des Zionismus unter dem Titel *Der Weg zum Staat Israel* (1975) geschrieben, den Zionistenführern sei die Existenz der Araber halbwegs bewußt gewesen, aber aus bestimmten Gründen hätten sie sich so verhalten, als gäbe es sie nicht. «In Wahrheit war die Frage erheblich komplizierter. Gewiß schenkten die Zionisten den ersten Regungen der arabischen Nationalbewegung kaum Aufmerksamkeit, und nur wenige sahen die Möglichkeit eines Konfliktes der nationalen Interessen voraus. Aber sie wußten natürlich, daß in Palästina mehrere hunderttausend Araber lebten und die Mehrheit der dortigen Bevölkerung darstellten. Sogar die Zionisten vor Herzl waren sich durchaus der Tatsache bewußt, daß Palästina nicht völlig menschenleer war. (...) Die russischen Zionisten äußerten in ihren Schriften der frühen achtziger Jahre [des 19. Jahr-

hunderts] die Zuversicht, daß Juden und Araber in Frieden miteinander leben könnten. Lilienblum vermerkte die Existenz einer arabischen Bevölkerung, meinte jedoch, diese sei klein und rückständig, und wenn hunderttausend jüdische Familien einmal zwanzig Jahre dort lebten, dann würden die Juden für die Araber keine Fremden mehr sein.» Und Laqueur bemerkt schließlich zusammenfassend: «Die Zionisten waren einfach nicht willens, die Existenz einer halben Million Nichtjuden in Palästina als unüberwindliches Hindernis zu betrachten, das sie hätte veranlassen können, ihre Träume von einer Rückkehr des jüdischen Volkes ins Heimatland aufzugeben.»

Verfolgt man die Geschichte des Zionismus und des arabischen Nationalismus ins 19. Jahrhundert zurück, so werden einige erstaunliche Parallelen erkennbar. Beide Bewegungen hatten als kulturelle Strömungen begonnen und waren mit der Tätigkeit literarischer Gesellschaften verknüpft. Bei beiden gab es die Bemühungen um eine Sprachenrenaissance. Sobald der Rahmen des Sprachlichen und Literarischen aber überschritten wurde, verflüchtigten sich die Parallelen. Die Zionisten verfolgten mit glühendem Eifer und unter immensen Opfern das Ziel, eine soziale und nationale Wiedergeburt in der Heimat von einst zu verwirklichen. Entbehrung galt bei den zionistischen Pionieren sozusagen als Adelszeichen einer neuen Lebensauffassung, und für viele war bereits das Vorhandensein einfachster Alltagsgegenstände ein Luxus. Die Art und Weise, wie beispielsweise Gegenden wie das Jesrael-Tal urbar gemacht und der Landwirtschaft erschlossen wurde, kann wirklich nur als heroisch bezeichnet werden. Das aufopfernde Engagement machte andererseits viele Pioniere blind gegenüber der Welt, in die sie, erfüllt von guten Absichten, eindrangen. Wie Amos Elon, ein liberaler israelischer Publizist, ausführt: «Im großen und ganzen spiegelte dieser Mangel an Voraussicht den Geist der Zeit. Im neunzehnten Jahrhundert teilten sogar Radikale des linken Flügels die Illusion der Imperialisten, der zufolge die nicht-europäische Welt politisch ein Vakuum darstellte. Marx befürwortete den europäischen Kolonialismus als notwendigen Schritt zum Sieg des Sozialismus in der ganzen Welt. Im Kommunistischen Manifest nannte er die Völker Asiens und Afrikas ‹Barbaren›. 1848 begrüßte Engels die Eroberung Algeriens durch die Franzosen ‹als wichtige und glückliche Tat für den Fortschritt der Zivilisation›. Marx glaubte, ‹daß Afrika, Asien, ja sogar Indien, keinerlei Geschichte haben›. Der nichteuropäische Osten war ein ‹leerer Raum›. Die Araber hielt man oft für bloße ‹Nomaden›. Die Israeli nannten sie ‹berittene Juden›. Einige Zionisten glaubten in aller Unschuld, die ‹Nomaden könnten gegen ein großzügiges Entgelt› dazu bewogen werden, den Neuankömmlingen Platz zu machen, indem sie ‹ihre Zelte zusammenklappten und fünfzig, sechzig oder sogar hundert Meilen landeinwärts zogen›. Solchen Irrtümern folgten bald andere Mißverständnisse: Die Eingeborenen würden die Vorteile einer guten Regierung ‹dem bloßen Prestige der unabhängigen Souveränität vorziehen›. Sozialer Fortschritt bei den Juden wäre demnach für die Araber besser als die Mißwirtschaft ihrer eigenen erpresserischen Häuptlinge.» (*Die Israelis, Gründer und Söhne*, 1972)

Manche Fehleinschätzungen dieser Art gingen auf die Sichtweise Theodor Herzls zurück, der in seinem 1902 erschienenen *Altneuland* in einer Mischung aus Utopie und politischer Bekenntnisschrift das Bild eines Judenstaates in Palästina zu schildern versuchte. Zwei Erzähler besuchen Palästina, so schrieb Herzl im Jahr 1902, in einer damals halbfern erscheinenden Zukunft, im Jahr 1923 nämlich. Herzl stellte sich vor, daß Palästina bis zu diesem Jahr zu einem modernen jüdischen Staat geworden sei. Der Auszug der Juden aus Europa wäre abgeschlossen und im Judenstaat in Palästina wäre eine fortschrittliche Gesellschaft entstanden, basierend auf gemeinsamer Arbeit und in bezug auf die innere Organisation irgendwo zwischen einem individualistischen Kapitalismus und einem Kollektivismus angesiedelt. Diese Gesellschaft ist nicht sozialistisch in marxistischem Sinne, aber der Boden ist dennoch nicht persönliches Eigentum. Die Frauen sind emanzipiert. Es gibt eine deutliche Trennung zwischen

Religion und Staat, die Erziehung ist kostenlos und Toleranz die oberste Richtschnur der Regierenden. Das Araberproblem ist gelöst. Ein Araber namens Reschid Bey sagt: «Die Juden haben uns bereichert. Sie leben mit uns wie Brüder, warum sollten wir sie nicht lieben?»

Die blutigen Auseinandersetzungen um die Entstehung des jüdischen Staates und die Kriege, insbesondere jene von 1967 und 1973, hätten eigentlich jedermann zu der Überzeugung bringen müssen, daß an der Wurzel des Konfliktes etwas ganz anderes stand als der Problemgegensatz von Rückschrittlichkeit und Fortschritt und daß materielle Fragen nicht die geringste Rolle im Nahost-Konflikt spielen. Aber wenn ich mit Israelis spreche, tauchen fast immer auch jetzt noch Vorstellungen auf, die den von Amos Elon skizzierten ähneln. Mit einem meiner israelischen Freunde fahre ich im Jahr vielleicht zwei- oder dreimal durch das besetzte und inzwischen von vielen israelischen Siedlungen durchzogene Cisjordanien, und er weist mich immer wieder darauf hin, wie feudalistisch, patriarchalisch, ausbeuterisch und ungerecht die palästinensisch-arabische Gesellschaft dieser Region ist und wie viele Unwahrheiten von arabischer Seite über die Zustände vor 1967, über die Zeit der jordanischen Hoheit, verbreitet würden. Was für eine Art von Freiheit und nationaler Selbstverwirklichung war das schon? Diese rhetorische Frage stellt er immer wieder, um gleich darauf die seinerzeitige Abhängigkeit der Palästinenser Cisjordaniens vom meist ungnädigen Regime in Amman zu schildern und die Tatsache zu erwähnen, daß früher jeder Palästinenser, der im Lande herumreisen wollte, vom haschemitischen Königsregime eine Sondererlaubnis erlangen mußte. «Erst unter israelischer Herrschaft gab es hier freie Wahlen, jene von 1976 nämlich», fährt er dann fort, womit er auf die Wahl der Bürgermeister in jenem Jahre anspielt.

Bei den Israeli herrschte bis in die siebziger Jahre hinein die weitverbreitete Vorstellung, daß ein gegenseitiges Kennenlernen zur Entspannung führe. Das läßt sich an Projekten wie dem Allon-Plan ablesen, der für die im Krieg von 1967 hinzugewonnenen Gebiete nur eine Kontrolle vorsah, soweit israelische Sicherheitsinteressen gewahrt werden sollten. Zur Zeit der verschiedenen Labour-Regierungen gab es dementsprechend auch noch kaum eine Besiedlung Cisjordaniens mit israelischen Zivilisten. Golda Meir, Yigal Allon, Shimon Peres, Ytzhak Rabin, auch Moshe Dayan, schienen zu glauben, daß eine Verteidigung von Sicherheitsinteressen verbunden mit einer Politik der Mäßigung den jordanischen Monarchen eines Tages zu einem offenen Dialog würden bewegen können. Die Frage war nur: Was hätte man König Hussein als Gegenleistung für die Aufnahme offizieller Kontakte mit Israel bieten können und wollen? Die Rückgabe aller 1967 besetzten Territorien? Sicher nicht. Cisjordanien ohne Jerusalem? Das hätte Hussein abgelehnt. Und gar ein Cisjordanien mit einem israelischen «Cordon Sanitaire», der sich mitten durch die Region gezogen hätte – das zu akzeptieren wäre für den König völlig undenkbar gewesen, weil er durch ein solches Arrangement sein Gesicht in der ganzen arabischen Welt verloren hätte. Aber vor der Wahl von 1977, die Menachem Begin gewann, herrschte dennoch irgendwie die Illusion vor, einmal würde es gelingen, mit Jordanien ein Abkommen zu schließen und gleichzeitig die palästinensische Problematik zu lösen. Man wollte nicht wahrhaben, daß geographische Nachbarschaft, eine linguistische Verwandtschaft, eine (von beiden Seiten übrigens oft in Abrede gestellte) Ähnlichkeit in gewissen alltäglichen Verhaltensweisen ebensoleicht zu Fremdheit, Abgrenzungstendenzen und Mißverständnis führen können wie zum gegenseitigen Verständnis. Ezer Weizman, der frühere Verteidigungsminister und spätere Gesprächspartner des ägyptischen Präsidenten Sadat, war mit seiner kritischen Selbstbetrachtung im Buch *Eine Schlacht für den Frieden* eine Ausnahme. Oder zumindest analysierte er als einziger jener Israeli, die 1977 beim Besuch Sadats in Jerusalem Kontakte mit der Spitze der ägyptischen Führung aufnahmen, seine eigenen Gefühle schonungslos:

«Alle, die hier saßen – die Ägypter nicht minder als die Israelis – sahen aus, als wären sie gerade von einem Begräbnis zurückgekehrt. Präsident Sadats Rede vor der Knesset hatte über die Tafel, an der die führenden Männer Ägyptens und Israels zum erstenmal beisammensaßen, einen düsteren Schatten geworfen. Sie starrten in ihre Suppenteller, als wären sie nach all diesen Jahren der Feindschaft allein deshalb zusammengekommen, um die Künste des Kochs zu begutachten. Ich hatte bereits erfahren, daß Sadat seinen eigenen Leibkoch und sogar seinen eigenen Trinkbecher mitgebracht hatte. Handelte es sich hier um Eßgewohnheiten und Tischsitten oder bezeugte dies sein tiefes Mißtrauen gegenüber den Israelis?
Ich versuchte, Sadat im Blick zu behalten, ohne daß er es bemerkte. Er wirkte sehr niedergeschlagen. Begin saß neben ihm und sah angespannt aus. Die beiden Männer machten einen in sich zurückgezogenen Eindruck, weit voneinander getrennt durch die Gedanken, die ihnen durch den Kopf gehen mochten. Ihre Tischreden waren banal. Immer wieder trat an der Tafel langes – und beredtes – Schweigen ein.
All diese Jahre hatten wir immer wieder gesagt, es gebe niemanden, mit dem man sprechen könnte. Nun hatten wir Araber gefunden, mit denen man sprechen konnte, doch es gab anscheinend nichts, worüber man sprechen konnte. Ich warf einen Blick auf die Leute, die neben mir saßen. Sie blickten starr auf ihre Teller und bemühten sich, den Kopf nicht zu heben.
Ich hatte keinen Appetit. Es gibt Diners, deren Speisen schauderhaft sind, aber deren Atmosphäre freundlich ist. Und es gibt das Gegenteil.
Dann wurde mir bewußt, daß ich die Ägypter anstarrte, als wären sie Wesen von einem anderen Planeten. Was hatte ich angenommen? Hatte ich erwartet, daß ihre Art zu essen und zu trinken sich von der normaler Sterblicher unterschied? Ich ertappte mich dabei, daß ich darauf lauerte, ob sie sich den Mund am Tischtuch abwischen würden.

Welch merkwürdige Gedanken können einem nach so langen Jahren der Feindschaft durch den Kopf gehen.»

Welche Gedanken sich in den Köpfen der anderen Gäste an dieser Tafel beim Historischen Treffen in Jerusalem regten, ist Sache der Spekulation. Fremdheit, Vorurteile, Überschätzung einerseits und Geringschätzung anderseits – all das vermengte sich wohl mit bitteren Erinnerungen. Mohammed Heikal bemerkte in seinem bösartigen Buch *Sadat, das Ende eines Pharaos* kritisch: «In dreißig Jahren hatte Ägypten vier Kriege mit Israel ausgefochten (oder fünf, wenn man den ‹Abnutzungskrieg› mitrechnet), und die Israeli waren den Ägyptern in dieser Zeit zu wahrhaftigen Fabelwesen geworden. Die Legende sagte ihnen geradezu übernatürliche Kräfte nach: Sie wurden mit einer Mischung aus Furcht und Respekt betrachtet, in die sich – überraschend genug – gelegentlich wohl auch ein Hauch Bewunderung mischte. Als Sadat dann auf dem Ben-Gurion-Flughafen landete und man im Fernsehen sehen konnte, wie er da tatsächlich mit jenen ‹bösen Geistern› sprach und umherging, die bis dahin fast nicht als Menschen aus Fleisch und Blut gegolten hatten, mit Dayan und Golda Meir, mit Bar-Lev und Scharon, wurde die Faszination der Ägypter von jenem Schauspiel, das da vor ihren Augen ablief, total. Sie schämten sich dessen, was sie sahen, keineswegs. Alle klebten an ihrem Fernsehsessel – sie waren keine Zuschauer mehr, sie waren zu Mitspielern geworden.»
Beim Rückblick auf die Jahre, da auf verschiedenen Ebenen und unter sehr unterschiedlichen Voraussetzungen Versuche unternommen wurden, Schranken zwischen den Israeli und den Arabern zu überwinden, fällt auf, wie mächtig auf beiden Seiten bisweilen die Erwartungen waren, die sich an das Erlangen von Erkenntnissen vom Charakter des Nachbarn knüpften. Das erlebten beispielsweise israelische Ethnologen und Arabisten, die nach der Eroberung Cisjordaniens im Sechstagekrieg von 1967 damit begannen, einzelne dörfliche Gemeinschaften der

ländlichen Palästinenser zu erforschen. Es gab beiderseitige Neugier und eine mit Wunschdenken durchsetzte Ahnung, daß das Öffnen jener Pforte, zu der man bislang keinen eigenen Schlüssel besessen hatte, auch zur Erkenntnis darüber führen würde, weshalb es überhaupt diesen Konflikt zwischen Israelis und Palästinensern gab. Oder man erhoffte sich von seiten der Israeli Aufschluß darüber, was das Denken einfacher Leute in den arabischen Dörfern und Städten in bezug auf die Zukunft bringen könnte, ob die Idee einer Koexistenz in Frieden, Freiheit und Sicherheit irgendwelche Chancen habe. Vor der Einnahme Cisjordaniens und des Gaza-Streifens im Juni 1967 war der Israeli dem arabischen Palästinenser vorwiegend so begegnet, wie ein Land- oder Fabrikbesitzer einem um Beschäftigung nachsuchenden Arbeiter gegenübertritt. Die etwa 500 000 israelischen Araber hatten sich mit dem Staate Israel arrangiert, so gut es eben ging, ohne sich jedoch mit den wesentlichen politischen und geistigen Grundlagen der Nation zu identifizieren. Sie lebten zwischen Stuhl und Bank, abgelehnt von den Arabern außerhalb Israels, die ihnen Kollaboration mit dem Feind unterstellten, und innerhalb Israels als Bürger zweiter Klasse. Der israelische Schriftsteller Abraham B. Jehoshua beschrieb die Grundsituation in seinem Roman *Der Liebhaber* so, indem er sich in die Denkweise eines israelischen Arabers versetzte: «Immer wissen, wo die Grenze ist – das ist die Hauptsache. Wer das nicht will, bleibt lieber im Dorf und lacht allein auf den Feldern oder flucht im Weinberg auf die Juden, wenn er Lust hat. Wir andern leben beinahe den ganzen Tag mit ihnen und müssen vorsichtig sein. Sie hassen uns nicht. Wer denkt, daß sie uns hassen, ist ganz schön falsch gewickelt. Sie können uns gar nicht hassen, für die sind wir nämlich nichts als Schatten. Nimm mal, hol mal, faß mit an, mach mal sauber, heb mal hoch, feg hier auf, montier das ab, rück das mal zur Seite – so denken sie über uns.»

Die Zahl jener Juden und Araber, die in Städten wie Haifa schon in der Kindheit Bekanntschaft hatten schließen können, war verhältnismäßig klein – und man sollte auf keinen Fall annehmen, daß eine solche «gemeinsame» Vergangenheit geeignet gewesen wäre, gegenseitige Sanftmut, einen Willen zum Verstehen des andern, keimende Jugendfreundschaften zu fördern! Ein Israeli, der sich an seine Kindheit an der Trennlinie zwischen jüdischen und arabischen Einwohnern Haifas erinnert, spricht im Rückblick nie von harmonischen Erinnerungen, sondern nur davon, wie die Gruppen von Knaben sich gegenseitig Bandenkriege geliefert haben und wie unterschiedlich die Spiele bei Juden und Arabern gewesen seien.

Fremdheit blieb auch das alles überschattende Kennzeichen des Verhältnisses zwischen Israelis und Palästinensern nach 1967. (Das erscheint schon deshalb logisch, weil alle Begegnungen vom Wissen darum geprägt waren, daß der eine zu den Siegern, der andere zu den Besiegten gehörte.) Fremdheit herrschte auch auf der Ebene der hohen Politik bei Sadats Reise nach Jerusalem im November 1977. Persönlichkeiten wie Ezer Weizman neigen dazu, den Konflikt zwischen Israelis und Arabern auf einen Streit um Grund und Boden zu reduzieren. Wäre er nur das, wie verhältnismäßig einfach müßte es sein, ihn zu lösen! Doch jenseits der Grund- und Bodenfrage geht es um eine tiefgreifende Auseinandersetzung zwischen zwei einander in manchen Bereichen diametral entgegengesetzten Wertvorstellungen. Judentum und Islam, Zionismus und arabischer Nationalismus, nach Westen ausgerichtete Offenheit und östliche Traditionsgebundenheit, das Bejahen des Autoritären und das Akzeptieren der Freiheit des Denkens, die Sehnsucht nach Sicherheit (gepaart mit Unfreiheit) auf der einen Seite, die Zielvorstellung von Freiheit (gepaart mit der Unsicherheit, die durch den Zwang zu eigenständigen Entscheiden gegeben ist) – dies und vieles mehr prallt an den Grenzen des Staates Israel und im Herrschaftsbereich der von Israel seit 1967 besetzten palästinensischen Gebiete aufeinander. Viele dieser Elemente spielen ihre Rolle in der Auseinandersetzung innerhalb der arabischen Welt um das Existenzrecht Israels, und immer wieder werden Gedanken um solche Themen überlagert durch die Frage, ob Israel nun ein

Gebilde des Kolonialismus, ein Resultat der «großen Verschwörung», ein Klient der Vereinigten Staaten von Amerika und damit in seinem tiefsten Charakter ein Fremdkörper im Nahen Osten sei.
«Israels Grundstimmungen», schrieb Charles E. Ritterband von der *Neuen Zürcher Zeitung* nach einjährigem Korrespondentenaufenthalt in Israel zutreffend, «lassen sich in Phasen beschreiben, deren markante Anfangs- und Endpunkte bezeichnenderweise die Kriege sind: Pioniergeist, Idealismus und Aufbruchstimmung von 1967, Siegeseuphorie nach dem Sechstagekrieg, Schock und Katzenjammer nach dem Jom-Kippur-Krieg von 1973, Friedenseuphorie nach dem Sadat-Besuch – und seit dem Libanonkrieg, einem erstmals ‹nicht aufgezwungenen› Waffengang, in dem gewisse Generäle Parlament und Volk hintergangen hatten, seit Sabra und Shatila, seit dem Mord am Peace-now-Exponenten Emil Grünzweig durch einen jüdischen Attentäter, seit der Aufdeckung der antiarabischen Untergrundbewegung, der Tötung der Bus-Entführer von Gaza durch Soldaten: Eine Mischung aus ungläubigem Staunen (Was, dazu sollen wir imstande sein?) und Flucht in den Zynismus, der in den mitunter wie schlechte Witze anmutenden Hiobsbotschaften von der Wirtschaftsfront neue Nahrung fand.» (*Israel hautnah*, 1985)
Die durch Menachem Begin sichtbar gewordene Zäsur wurde nicht wirklich rückgängig gemacht, als nach den Wahlen von 1984 Labour unter der Leitung von Shimon Peres wieder die Regierung bildete. Man mag als erschwerend einräumen, daß Peres für das Amt des Premierministers eine Rotationslösung akzeptieren mußte, bei der nach einer Zweijahresfrist das Amt des Ministerpräsidenten an den Chef des Likud-Blocks übergehen sollte. Aber das trifft nicht den Kern des Problems. Als einschneidende Faktoren lassen sich erkennen: Für das Verhältnis Israels zur arabischen Nah-Umwelt waren im Zeitpunkt der Wahlen von 1984 schon zu viele *faits accomplis* geschaffen worden, als daß eine Regierungsmannschaft noch einmal grundsätzlich hätte neu anfangen können. Im

Detail hieß dies: Israels Verwicklung im Libanon, obgleich damals äußerlich bereits wieder halbwegs gelöst, schuf Verpflichtungen für die weitere Politik. In Cisjordanien waren durch die jüdische Besiedlung vollendete Tatsachen geschaffen worden. Gegenüber Ägypten gab es kaum Spielraum für eine abgewandelte Politik. Im Innern setzten die prekäre Wirtschaftslage und die in den Vorjahren aufgewerteten Religiösen Fixpunkte, an denen auch eine reformwillige Regierung nicht vorbeikonnte. Und schließlich setzte das Erbe des Libanon-Konflikts auch die neue Exekutive unter Zugzwang.

Aber läßt sich die weitere Entwicklung mit solchen rationalen Überlegungen rechtfertigen? Ich glaube das eigentlich nicht. Die Bombardierung des PLO-Hauptquartiers in Tunesien war unverhältnismäßig, gemessen am auslösenden Vorgang: Drei Israeli waren in Larnaca auf Zypern von Palästinensern ermordet worden; die israelische Reaktion in Tunesien forderte über siebzig Todesopfer. Erklären läßt sie sich im nachhinein höchstens aufgrund jener Gerüchte, auf die man bei Besuchen in Zypern stößt und die besagen, daß die drei Opfer Mitarbeiter des israelischen Geheimdienstes Mossad gewesen seien und den Auftrag gehabt hätten, den See-Transport von Palästinensern nach dem Südlibanon zu verhindern. Die israelische Strafaktion in Tunesien löste Proteste auch in der westlichen Welt aus, aber das israelische Kabinett bezeichnete die Aktion als gerechtfertigt (mit der Ausnahme einer einzigen Stimme, jener des Ministers Ezer Weizman). Militärische Aktionen Israels gegenüber dem Libanon hatten den Charakter des Demonstrativen und boten in keinem einzigen Fall Gewähr für eine grundsätzliche Stabilisierung der Lage in der israelisch-libanesischen Grenzregion. Das Abfangen eines libyschen Flugzeugs im Februar 1986 war das Resultat einer Hysterie oder einer Fehlinformation durch den Geheimdienst – so oder so mußte sich jeder israelische Politiker sagen, daß der Schaden, der da prestigemäßig ausgelöst werden konnte, ungleich größer sein müsse als der potentielle Nutzen der Festnahme eines palästinensischen Guerilla-Führers.

Israelische Politiker jener Garde, die nach den Wahlen von 1984 an die Macht kamen oder an die Macht zurückkehrten, vermittelten im persönlichen Gespräch oft einen desillusionierten Eindruck. Da herrschte die nüchterne Einschätzung einer Polit-Geographie vor, deren Stabilität oder Instabilität in der Anzahl von Panzern, Soldaten, Flugzeugen und Raketenstellungen taxiert wurde. Verteidigungsminister Ytzhak Rabin etwa, den ich zuletzt im Februar 1986 sprach, meinte kühl rechnend: «Die Syrer versuchen gegenwärtig, das strategische Gleichgewicht in der Region Nahost zu verändern. Wir sehen in der syrischen Politik keine unmittelbare Gefahr für uns, sondern wir versuchen, der Gegenseite klarzumachen, daß sich ein Konflikt nicht lohnt. Unserer Einschätzung entsprechend bedeutet auch eine starke syrische Militärpräsenz im Libanon keine Gefahr. Wir haben gelernt, mit den Realitäten zu leben.»
Shimon Peres, den ich in diesen Jahren mehrmals sah, war von ähnlicher Kühle geprägt. Für die Darlegung seiner politischen Philosophie brauchte er – im Gegensatz zu Persönlichkeiten wie Menachem Begin oder noch früher Golda Meir – nicht halbstündige Exkurse: Peres sprach am deutlichsten in der Art des Stichwortgesprächs. (Mein kürzestes Fernseh-Interview mit Shimon Peres, im Wahlkampf von 1984, dauerte genau eine Minute und 25 Sekunden.) Er konnte dann die Prioritäten seiner politischen Arbeit in gerafftester Form zusammenfassen. In nur leicht abgewandelter Form lauteten sie seit dem knappen Wahlsieg von 1984 bis 1986 etwa so: die Wirtschaft sanieren, Terroristen abschrecken, mit König Hussein ein Gespräch suchen, mit Ägypten wenigstens in kaltem Frieden verharren, in Cisjordanien die Siedlungstätigkeit limitieren, im Libanon eine Sicherheitszone halten.
Die Generation jener Politiker, die aufgrund visionärer Vorstellungen sprachen und handelten, ist verschwunden. Der Libanon-Feldzug war möglicherweise der letzte Versuch, aufgrund einer falschen Einschätzung der nahöstlichen Umwelt eine Formel für die Bewältigung der Zukunft zu finden. Das Debakel im Libanon hat eine

nüchterne Grundstimmung verstärkt, die sich in den Jahren davor zwar schon abgezeichnet hatte, die aber nicht als dominant erschien, weil der pluralistische Charakter Israels einer solchen Entwicklung einen gewissen Widerstand entgegensetzte. Sammy Smooha, Soziologie-Professor an der Universität Haifa, konnte in seiner Publikation *Israel, Pluralism and Conflict* (London 1978) noch zu Recht auf diesen Pluralismus hinweisen: «Israel wird charakterisiert durch eine Struktur von Pluralismus und Ungleichheit, deren Verständnis unabdingbar ist für die Schilderung der israelischen Gesellschaft. Die Bevölkerung Israels nach 1967 kann in fünf große pluralistische Segmente unterteilt werden: Palästinensische Araber in den besetzten Gebieten im Gegensatz zu israelischen Juden (das demographische Verhältnis lautet 29:71); israelische Araber im Gegensatz zu Juden (13:87); Drusen im Gegensatz zu Christen und muslimischen Arabern (9:16:75); religiöse Juden im Gegensatz zu nichtreligiösen Juden (30:70); orientalische Juden im Gegensatz zu Aschkenazim (55:45).» Am pluralistischen Aufbau der israelischen Gesellschaft hat sich in den dazwischenliegenden Jahren hinsichtlich der Prozent- oder Verhältniszahlen einiges, aber nichts Wesentliches geändert. Grundsätzlich anders geworden aber ist das Selbstverständnis der Gesellschaft insgesamt und das nach außen projizierte Image. Der Pioniergeist von einst prägt nur noch winzige Inseln innerhalb der Gesellschaft Israels. Und während Alltagsprobleme den Gang der Politik und der Wirtschaft bestimmen, suchen langsam wachsende Gemeinschaften von religiös gesinnten Israelis ihr Heil in jenem Geist, den ich zu Beginn meines Buches als Unfähigkeit zu zweifeln charakterisiert habe. Unterstützung erhalten sie durch Einwanderer aus den Vereinigten Staaten, die oft nach der Ankunft in Israel direkt in die Siedlungen hinaufziehen.

Der israelischen Entwicklung entspricht auf der anderen Seite eine Verunsicherung im arabischen Lager. In den sechziger Jahren hatte eine Welle des wachsenden Selbstbewußtseins das Denken in der arabischen Welt bestimmt. Der Krieg von 1967 brachte eine tiefgreifende Zäsur, aber eine Zeitlang schien es, daß sie zu einer neuen Aufbruchstimmung führen könnte. Die Araber hatten durch das Debakel im Konflikt mit Israel erkannt, daß ihre Politiker sie betrogen hatten. Ihr seid stark, ihr seid mächtig, ihr könnt alle Probleme lösen, hatten die Führer ihren Massen suggeriert und darüber hinaus immer wieder versichert, sie, die politisch Verantwortlichen, hätten dafür gesorgt, daß die Mittel zum Durchsetzen der verschiedenen Forderungen längst beschafft worden seien.

Nach dem Krieg gab es Anzeichen für eine Umkehr zur Ehrlichkeit. Doch diese Tendenz blieb in den Anfängen stecken, und als die Araber 1973 den nächsten Krieg auslösten, wuchs das Illusionäre bald wieder ins Unermeßliche. Den Ausgang jenes Konfliktes wollte man als Triumph der Araber verstanden wissen, als Wiederherstellung der arabischen Ehre, mitunter unverblümt gar als Sieg gegen Israel. Man wollte nicht wahrhaben, daß das geographisch so kleine Israel sich nach wie vor, wenn auch mit größeren Schwierigkeiten als 1967, gegen die arabischen Armeen hatte behaupten können, und interpretierte das Resultat jenes Krieges bald als das Werk der Amerikaner, die Israel vor dem Untergang gerettet hätten. Daß es die Amerikaner gewesen waren, welche Israel militärisch zwar geholfen, den Untergang der ägyptischen Armeen aber verhindert hatten, das wurde im allgemeinen verdrängt.

Doch parallel zum betont zur Schau getragenen Heroismus, der u.a. das Preis-Pokerspiel der Erdölproduzenten innerhalb der OPEC zur Folge hatte, blieb das Staunen gegenüber dem Phänomen Israel. Für viele Intellektuelle kreiste es um die Frage, wie Israel sowohl religiös engagiert wie auch technologisch fortschrittlich sein konnte. Im Islam schien es ja unmöglich, diese beiden Elemente miteinander zu verbinden. Der ägyptische Journalist Ahmad Baha'a al-Din formulierte das Staunen in der Feststellung, daß Israel in den Arabern «die Geschichte und die Moderne, die Vergangenheit und die Zukunft» herausfordere, und er fragte sich, wie es den Israeli gelänge, «sich mit Archäologie zu befassen, um daraus

Pläne für die Zukunft zu schmieden». Weil man diese und ähnliche Fragen nicht schlüssig beantworten konnte, pflegte man den Kult der Verschwörungstheorien und schob die Verantwortung für die anhaltend problematische Situation Kräften von außen zu. Die eigene Schwäche andererseits wollte man oft als Resultat des Abweichens vom «wahren Islam» verstanden wissen, und somit lautete die Formel für die Überwindung der Krise: zurück zu den Fundamenten des Glaubens und damit einer unverrückbaren Lebensweise.

Politiker im arabischen Raum, die sich solchen Appellen entziehen, können kaum langfristig gültige Pläne entwikkeln. Sie richten sich darauf ein, mit dem Widerspruch zu leben. König Hussein von Jordanien etwa ist sich im klaren darüber, daß er einen Staat regiert, in dem die Palästinenser die Bevölkerungsmehrheit bilden und die eigentlich eine andere Art von Souveränität wünschen als jene, die er selbst durch sein Königshaus verkörpert. Er hält scheinbar am Ziel fest, das von Israel besetzte Cisjordanien eines Tages zurückzuerhalten, weiß aber, daß er Jerusalem nicht bekommen kann ohne Krieg – und den würde er, selbst im Verein mit anderen arabischen Streitkräften, verlieren. Kronprinz Hassan, der Bruder des Königs, sagte mir in einem Interview im September 1982 in Amman wörtlich: «Jerusalem ist Teil jenes Gebietes, das Israel 1967 besetzt hat. So, wie Israel die Begrenzung der Stadt selbst versteht, umfaßt Jerusalem sogar ein volles Fünftel des gesamten Cisjordanien! Das heißt doch ganz klar: Man kann die Begriffe Cisjordanien und Jerusalem nicht voneinander trennen. Eine andere Frage allerdings ist dann jene der Zukunft der Heiligen Stätten. Darüber gab es seit dem UNO-Teilungsplan von 1947 noch nie eine internationale Übereinkunft, weder zugunsten Israels noch zugunsten Jordaniens. Somit anerkennen wir im Interesse der Religionsfreiheit, daß hier ein Thema vorliegt, und zwar für drei Religionen.» Kronprinz Hassan resümierte an jenem sonnig warmen Septembertag des Jahres 1982, in der Zeit der israelischen Besetzung Beiruts und kurz nach dem Milizen-Massaker in den palästinensischen Lagern Sabra und Shatila, eher sachbezogen als resigniert: «Wir haben die letzte Stunde eines verhängnisvollen Prozesses erreicht. Was die Amerikaner, zu unserem Erstaunen, einfach nicht erkennen wollen, ist, daß Israel durch sein Verhalten genau jenen Radikalismus provoziert, vor dem es selbst angeblich soviel Angst hat. Die nationalen Kräfte und die pro-jordanischen Strömungen bei den Palästinensern werden durch Israel unterlaufen, mit dem Resultat, daß im Untergrund mehr und mehr ein radikaler, linker Führungswille erkennbar wird.»

Noch gut drei Jahre nach diesem Gespräch versuchte die jordanische Führung, mit jenem Segment der PLO, das man aus der Sicht Ammans als gemäßigt bezeichnet, eine Übereinkunft für ein gemeinsames Vorgehen für Verhandlungslösungen zu finden, dann zerbrach diese Linie. Yassir Arafat, geschwächt durch die permanenten internen Zwiste der PLO und ausgehöhlt durch sein Taktieren zwischen den Forderungen der palästinensischen Verweigerungsfront und dem Wunsch, doch noch amerikanische Rückendeckung zu erhalten – und die wäre zustande gekommen, hätte Washington sich zugunsten des Selbstbestimmungsrechts der Palästinenser aussprechen können –, fand keinen gemeinsamen Nenner mehr mit Jordaniens König Hussein. Hussein selbst wurde offenkundig unsicher über die ihm verbleibenden diplomatischen Möglichkeiten und sondierte beim ehemaligen Erzfeind Syrien nach den Chancen für eine Aussöhnung. Er nahm den Dialog mit Hafez al-Assad auf, sprach von der Möglichkeit sowjetischer Waffenlieferungen an Jordanien, weil die USA bestimmte Kriegsgeräte nicht mehr zusagen wollten, und begann, die Nützlichkeit einer Nahostkonferenz unter Einschluß der Russen zu betonen. Direkte Gespräche mit Israel verwies er, Geheimkontakte mit israelischen Spitzenpolitikern hin oder her, in den Bereich des Illusionären. So wie Hussein sich mit dem Verlust Cisjordaniens und Jerusalems abgefunden hat, so hat auch Syriens Hafez al-Assad sich darauf eingerichtet, daß er die an Israel verlorenen Golan-Gebiete nicht mehr zurückbekommt, verharrt aber weiterhin in einem Vokabular, das

von arabischer Größe und arabischem Patriotismus geprägt ist. Er tut dies freilich mit viel mehr Zurückhaltung als noch zu Beginn der siebziger Jahre.
Ägyptens Präsident Mubarak tut so, als hätte Ägypten durch die Rückgewinnung der Sinai-Halbinsel (aufgrund der Vereinbarung mit Israel) zu seiner Identität zurückgefunden, aber eine unterschwellige Verunsicherung ist immer noch vorhanden. Sie beruht auf der extremen finanziellen und sicherheitspolitischen Abhängigkeit Kairos von Washington. Visionär gebärden sich im nahöstlichen Raum nur noch der libysche Revolutionsführer Muammar al-Ghaddafi und einige Chefs extremistischer Untergruppierungen bei den Palästinensern.
Wahrscheinlich ist diese Grundstimmung, die oftmals in tiefen Kulturpessimismus mündet, nicht einfach ein Resultat der unlösbaren Spannungssituation zwischen den Arabern und Israel, sondern vielmehr ein Ausdruck des Widerspruchs zwischen Anspruch und Wirklichkeit.
Fuad Ajami schrieb dazu in *The Arab Predicament* (Cambridge, 1981): «Ist eine Gesellschaft in extremem Maß von einem kulturellen Dualismus geprägt, so erheben die relativ modernistischen Segmente der Gesellschaft Anspruch auf ein Monopol an allem Modernen, und sie empfinden gleichzeitig eine Art von Verlegenheit in bezug auf ihre rückständigeren Brüder. Die traditionell denkenden Gruppen andererseits erheben den Anspruch, sie seien es, welche die Authentizität verkörperten. Gegenüber den Modernisten empfinden sie Haß und Mißtrauen, weil diese sich anscheinend eher mit den Fremden identifizieren als mit den traditionalistischen Elementen der eigenen Gesellschaft.»
Aus dem Bedürfnis heraus, beide Segmente zu versöhnen oder zumindest beide an sich zu binden, gab Anwar as-Sadat sich das doppelte Image eines westlich denkenden Stadtmenschen und eines Mannes aus dem Dorf, der angeblich immer den Wunsch in sich trug, zurückzukehren in die dörfliche Gemeinschaft, zurückzugehen in die Sicherheit der einfachen Familie. Gleichzeitig wollte er wohl aufzeigen, welch weiten Weg er selbst zurückgelegt

hatte und wie hoch sein soziales Bewußtsein entwickelt war. Aber wer in Ägypten glaubte ihm wirklich, wenn er schrieb: «Wir arbeiteten gemeinsam auf dem Land und wechselten von einem Acker zum anderen. Haúptsache war, daß am Ende des festgelegten Zeitraumes alle Äcker bewässert waren. Diese Art kollektiver Arbeit ohne Aussicht auf persönlichen Gewinn gab mir das Gefühl, neben meiner Familie einer Gemeinschaft anzugehören.» Aber auch wenn man Zweifel an der Wahrhaftigkeit solcher Bekenntnisse hat, muß man Sadat als eine Persönlichkeit sehen, die der Region Nahost eine neue politische Dimension zu geben versuchte. Er war der erste Staatsmann der arabischen Welt, der ohne Feindbilder leben und wirken und daher darauf verzichten konnte, Israel als Grund aller Übel in der eigenen Gesellschaft anzuprangern. Sadat wagte, anders ausgedrückt, den Sprung aus der Welt der Mythen in jene der Realität. Bei seinem Versuch, eine neue Linie der ägyptischen Politik konsequent zu verfolgen, arbeiteten jedoch in Kairo nur ganz wenige Persönlichkeiten sogar im Kabinett aktiv mit. Und das lag nicht bloß daran, daß Sadat nur eine beschränkte Zahl von wirklich profilierten Männern um sich dulden wollte. Der Grund war vielmehr in einer Mentalität zu suchen, die seit Jahrhunderten im islamisch-nahöstlichen Raum ausgeprägt worden war und deren Devise lautete: Rückzug in die gesicherte Festung des traditionellen Denksystems; Abweisung des als unheimlich empfundenen Fremden; Abstützung auf festgefügte Lebensregeln; Verzicht auf freie, individuelle Entscheidungen. Sadat wollte offensichtlich nicht wahrhaben, daß er durch den Bruch mit Tabus das geistige Wertesystem einer ganzen Gesellschaftsschicht brüskierte, und er konnte und wollte nicht sehen, daß sein eigener Sprung in die Freiheit undogmatischen Denkens in einer ohnehin in ihrer Identität nicht gefestigten und daher verletzlichen Welt große Verunsicherung auslösen würde. Bei den Verhandlungen mit Israel wiederum unterschätzte er eine gewisse Zielstrebigkeit und die stark ausgeprägte Absicherungstendenz des neuen Partners. Er wollte einfach nicht wahrhaben, daß jemand Detailfragen verhandeln würde, während er selbst doch mit großem Schwung den Lauf der Geschichte ändern wollte.

Die innere Unsicherheit der arabischen Welt wird bisweilen auch an der starken Betonung des Förmlichen im zwischenmenschlichen Umgang erkennbar, und sie hat darüber hinaus Wurzeln in der Art und Weise, wie Wissen vermittelt und aufgenommen wird. Bassam Tibi merkt dazu in seinem Werk *Der Islam und das Problem der kulturellen Bewältigung sozialen Wandels* (1985) an: «Man memoriert die Koran-Verse, weil sie unfehlbar sind, man hinterfragt sie nicht. Ähnlich werden die in arabischer Übersetzung nun zugänglichen Kantschen Kritiken oder Humes *Inquiry* memoriert und nicht ihrem Wesen entsprechend als problemorientierte Hinterfragung begriffen. (...) Kennern von Entwicklungsländern ist der Anblick von Studenten vertraut, die während der Prüfungsperioden mit ihren Lehrbüchern in der Hand auf bestimmten Straßen auf und ab gehen und dabei memorieren. Nach einem solchen Studium verfügt man zwar über ein Papierzeugnis, aber über keine substantielle Qualifikation, die im Entwicklungsprozeß eingesetzt werden kann. Das Studium wird von den meisten als Quelle zum Broterwerb bzw. als Eintrittskarte in den Kreis der Besserverdienenden angesehen. In Gesprächen mit selbst akademischen Autoritäten in islamischen und anderen Entwicklungsländern wird man in der Regel nicht nach dem Gegenstand gefragt, den man beherrscht, sondern zuerst danach, welche akademischen Grade man besitze, und vor allem, an welcher Universität man sie erworben habe, um dann entsprechend eingestuft zu werden.»

Vielen der direkt Betroffenen ist die Kluft zwischen Anspruch und Wirklichkeit durchaus klar. An einem Nachmittag im Sommer 1980 saß ich mit einigen palästinensischen Bekannten und dem israelischen Orientalisten Israel Stockman in der parkähnlichen Anlage der Stadt Nablus. Stockman, ein überaus gründlich arbeitender und im Auftreten unkonventioneller Wissenschaftler, hockte in Jeans und im Khaki-Hemd, das ihm über den Gürtel hing, auf einem der halbrostigen Gartenstühle und argumentierte mit der für ihn üblichen herzlichen Heftigkeit. Wir diskutierten über die Unterschiede zwischen der Zeit vor 1967, als Cisjordanien und somit auch Nablus unter jordanischer Kontrolle gewesen war, und der Gegenwart. Es handelte sich, wie jeder der Anwesenden wußte, um ein unerschöpfliches Thema, das man mit unendlich vielen Details anreichern konnte und das die Möglichkeit bot, Tatbestände aufgrund verschiedenartiger Erfahrungen so subtil zu verzerren, daß als Resultate völlig unterschiedliche Bilder zustande kamen. Und während wir so in die Auseinandersetzung vertieft waren, meinte einer der Palästinenser, ein Mann aus dem Umfeld des Schulungswesens übrigens, plötzlich unvermittelt: «Wenn Sie Israel Stockman anschauen und ihn mit unseren Professoren vergleichen, dann verstehen Sie ohne Umwege, worin unser Problem liegt.»

«Wie meinen Sie das?» fragte ich einigermaßen überrascht.

«Nun, Sie wissen es ja selbst: Kein arabischer Professor würde es sich jemals gestatten, in Jeans und mit offenem Hemd in der Welt herumzugehen. Wir verbrauchen unsere Kräfte im Bemühen, etwas Besonderes zu sein, sobald wir einen bestimmten sozialen Standard erreicht haben. Das absorbiert unsere Energien, das behindert unsere Leistungen, das schließt uns ein in ein System, an das wir selbst eigentlich gar nicht glauben.»

Ich habe in jenem Sommer versucht, anhand eines Tagebuchs die Verunsicherung des palästinensisch-israelischen Grenzbereiches zu erfassen.

ERSTER TAG:

Israels damaliger Außenminister Ytzhak Shamir empfing mich zur Mittagszeit in den Baracken des Ministeriums unterhalb des Hilton-Hotels in Jerusalem zu einem Interview. Wie Premier Begin war auch Außenminister Shamir der durch nichts zu erschütternden Ansicht, der Westen solle Israel freie Hand bei der Lösung der nahöstlichen Problematik lassen. Die damals aktuelle Nahost-Deklaration der EG-Regierungen, die auch palästinensische Ansprüche anerkennen wollte: eine Schande. Die PLO: eine Mörderbande. Jüdische Siedlungen in Judäa und Samaria: ein vordringliches Anliegen. Der damals geplante Umzug der Büros des Premierministers ins arabische Ost-Jerusalem (die seither teilweise verlegt wurden, ohne daß dies den Umzug auch des eigentlichen Büros des Regierungschefs nach sich gezogen hätte): eine Notwendigkeit und als Akt nicht von Bedeutung, weil Jerusalem ohnehin unteilbar sei. Die Zukunft der Region: Autonomie nach dem Rezept von Camp David (dies natürlich gemäß israelischer Interpretation, nicht nach jener der Amerikaner und Ägypter), auch wenn dieses Rezept von den betroffenen Palästinensern abgelehnt würde.

Vier Uhr nachmittags:
Zwischen zwei Debatten in der Knesset, dem israelischen Parlament, erläuterte mir Ytzhak Rabin, ehemaliger Premierminister und Angehöriger der damaligen Labour-Oppositon – er hat, nach dem Wahlsieg Labours von 1984, die Aufgaben des Verteidigungsministers übernommen –, sein politisches Konzept. Das Budget-Defizit und die drückende Inflation – 130 Prozent, aber sie sollte ja bis zum Jahr 1985 auf etwa 600 oder 700 Prozent steigen – hingen nach Rabins Meinung eng mit dem Friedensprozeß zusammen. Die Verlegung der israelischen Stützpunkte aus dem Sinai hätten das israelische Budget gewaltig belastet, hinzu kämen nach der Rückgabe der Ölfelder an Ägypten die gestiegenen Ausgaben für die Erdölversorgung. Der Friede mit Ägypten müsse als Prozeß, als Ent-

wicklung begriffen werden, nicht als festgeformtes Resultat. (Er konnte damals nicht wissen, daß aus dem kühlen ein kalter Friede würde, der durch die Ermordung israelischer Touristen bei Eilat und durch ein Attentat auf eine israelische Delegation in Kairo im März 1986 schwer belastet werden sollte.) «Auch wenn meine Ansichten über die Autonomie für Cisjordanien sich in wesentlichen Punkten von jenen der Regierung Begin unterscheiden», meinte Ytzhak Rabin, «so betone ich dennoch: Ein totaler Rückzug auf die Linien vor dem 67er Krieg kommt nicht in Frage. Israel benötigt verteidigungsfähige Grenzen. Für die palästinensische Problematik strebt meine Partei eine Lösung an, die künftigen Aufruhr vermeiden hilft: Kein Palästinenserstaat, Mindestgarantien für Israels Sicherheit, ungeteiltes Jerusalem, aber Bereitschaft, den überwiegenden Teil der von den Palästinensern bewohnten Landstriche an einen palästinensisch-jordanischen Staat zu übergeben.»

«Wie würden Sie eine solche Übergabe vollziehen?»

«Darüber könnte erst nach einer Übergangszeit entschieden werden. In dieser Übergangszeit sollte man den Palästinensern bedeutend mehr Souveränität gewähren, als im Plan der gegenwärtigen Regierung vorgesehen ist. Eine zweite Option, die ich persönlich bevorzugen würde, bestände in einer israelisch-jordanischen Treuhänderverwaltung für die Übergangszeit. Keine neuen israelischen Siedlungen in den dicht von Palästinensern bewohnten Zonen; Verantwortung für die innere Sicherheit gemeinsam durch Israel und Jordanien; Vorbereitung der Behörden auf mehr Eigenverantwortung durch Jordanien.» (Von all diesen Gedanken hat sich nichts konkretisiert, auch nachdem Labour als Resultat der Wahlen von 1984 die Regierungsverantwortung übernahm.)

Acht Uhr abends:

Bethlehems Bürgermeister Elias Freij sprach in seinem prächtigen Amtsraum mit Bitterkeit von der Eskalation der israelischen Besatzungsmacht, von der Unmöglichkeit, einen Dialog zwischen Arabern und Israelis zu führen.

Andererseits sei nur die PLO dazu imstande, die Anliegen der Bevölkerung Cisjordaniens und des Gaza-Streifens zu vertreten. Und die ägyptischen Verhandlungsvorschläge für die palästinensische Autonomie, die Einrichtung legislativer Räte – hätten sie Chancen, von der ansässigen Bevölkerung akzeptiert zu werden? Möglicherweise, meinte Freij, sofern Jerusalem in die Vereinbarung einbezogen würde. Er sagte es, obschon er genau wußte, daß Jerusalem für die Israelis nicht verhandelbar ist, sagte es, weil er sich nicht von der PLO-Maximallinie abheben wollte oder konnte und weil die ganze Nahost-Thematik oft einem arabischen Markt gleicht, in dem Käufer und Verkäufer sich über den Preis zanken.
Ich stellte Bürgermeister Freij eine Anschlußfrage: «Wenn die Begründung eines palästinensischen Staates inklusive Jerusalem die Optimallösung wäre, was wäre dann andererseits die akzeptierbare Minimallösung?»
«Beendigung der israelischen Besetzung», meinte er lakonisch. Im dann entstehenden Freiraum könnte man sich über die demokratische Ordnung des künftigen Staatsgebildes klarwerden, das mit einem anerkannten Israel intensiven Kontakt pflegen sollte.
Es war Nacht geworden, als ich Bethlehem verließ und nach Jerusalem zurückfuhr. Zwischen den beiden rund zwanzig Kilometer voneinander entfernten Städten waren nur wenige Fahrzeuge unterwegs. Keine israelischen Kontrollposten hielten mich auf.

ZWEITER TAG:

Das Spannungsbarometer ist leicht angestiegen. Fünf «Checkpoints» der israelischen Armee und der in Cisjordanien unbeliebten Grenzpolizei, mit den als harsch bekannten Drusen bemannt, hielten mich auf der Straße zwischen Jerusalem und dem sechzig Kilometer nördlich gelegenen Nablus auf. Als ich am Flüchtlingslager Balata vor Nablus vorbeifahre, folgt die sechste Kontrolle – und gleich nach dem Passieren sehe ich, wie zwei vollbesetzte

Mannschaftswagen der Israelis ins Lager hineinfahren. Die suchen etwas ganz Bestimmtes: Ein israelischer Sicherheitsbeamter war in der Nacht zuvor ermordet worden, jetzt beginnt eine intensive Fahndungsaktion.

Wenige Kilometer nach Nablus steigt das Sträßchen an: hinauf zur jüdischen Siedlung Elon Moreh mit ihren vorfabrizierten Häusern, bewohnt von gegenwärtig 21 Familien (im späteren Sommer ziehen weitere 19 Familien hinzu), Anhängern des *Gush Emunim*, den kompromißlosen Besiedlern des biblischen Erez Israel, über die Araber, Westeuropäer und amerikanische Spitzenpolitiker sich erregen, weil sie, im Einklang offensichtlich mit Menachem Begin, Israels Präsenz in Cisjordanien verewigen wollen.

«Ohne jüdische Besiedlung dieser Region kann es auch für Tel Aviv keine Sicherheit geben», argumentiert Menachem Felix, einer der Siedler auf Elon Moreh. Er zitiert eine Bibelstelle, die auf Abrahams Ankunft in Elon Moreh hinweist. (Niemand weiß heute mit Gewißheit zu sagen, wo jene Stelle sich befindet.) Als ich ihn frage, weshalb seine Freunde dann nicht schon 1967, nach der Einnahme der Westbank durch Israel im Sechstagekrieg, hierher gekommen seien, meint er einfach: «Das hat die damalige Labour-Regierung unmöglich gemacht.»

Meine Bedenken, ob die gegenwärtige Taktik nicht zur Annexion der Westbank führe, kontert er mit strahlendem Lachen: «Ich hoffe in der Tat sehr, daß es zur Annexion kommt.»

An diesem Sommernachmittag kann man in der trockenen Hitze von Elon Moreh aus weit über das hügelige Land Samarias und in die Täler mit ihren gelblich-grauen arabischen Dörfern blicken. Eine schläfrige Ruhe liegt über dieser Landschaft – durchbrochen plötzlich vom Geräusch einer Raupen-Baumaschine, die etwas unterhalb der jüdischen Siedlung das Gelände planiert. Dort sollen, erklärt mir Menachem Felix, demnächst drei kleine Fabrikationsstätten entstehen. Wenn es hier inmitten Cisjordaniens Arbeitsmöglichkeiten für die Israelis gäbe, könne die Besiedlung intensiviert werden. Das sei notwendig, denn

Sicherheit erreiche Israel erst, wenn Judäa und Samaria dicht besiedelt seien; die jetzt hier lebenden zehn- oder vierzehntausend Menschen stellten nur einen Vortrupp dar.
Und der Protest der Amerikaner, der Araber, der Palästinenser? Die Frage geht ins Leere, wird beantwortet mit der programmatischen Erklärung, es gäbe keine andere Möglichkeit, als daß Juden und Palästinenser lernten, miteinander zu leben.
Unten in der 60 000-Seelen-Stadt Nablus, der Hochburg des palästinensischen Nationalismus, will man von solchen Lernprozessen freilich nichts wissen. In den Kreisen der politisierenden Berufselite herrscht so etwas wie bemühte Überzeugung vor, daß es jetzt nur noch eines ganz kleinen Anstoßes bedürfe, und schon würden die Israelis sich zu einer drastischen Kehrtwendung in bezug auf Cisjordanien und Gaza entschließen. Menachem Begin könne einfach nicht länger die Appelle des Auslands ignorieren, könne sich nicht in Gegensatz zu den Amerikanern begeben. Und wenn er es doch tut, frage ich zurück, gibt es dann hier eine Guerilla-Situation? Gewiß nicht, meint man in den verschiedensten Häusern ausweichend, Cisjordanien sei ja nicht Vietnam, die PLO nicht der Vietcong. Was man tun könne und wolle, läge im Bereich des Geistigen, in der Verweigerung der Zusammenarbeit mit den Israelis, in klaren Antworten auf die Herausforderungen der Besatzungsmacht. Bürgermeister Bassam Shakka, der durch ein Bombenattentat verstümmelt wurde, werde nicht das einzige Opfer sein; jetzt habe man «lebende Märtyrer», die die Bevölkerung an den großen Konflikt mit Israel mahnten. Meine Frage, ob es Anzeichen dafür gebe, daß die palästinensischen Arbeiter in Israel drüben in Zukunft nicht mehr in die Fabriken gehen würden, ob Cisjordanien einen Handelsboykott für israelische Waren in die Tat umsetze, bleiben ohne Antwort: Gewohnheiten und die Schichtung der palästinensischen Gesellschaft nach halbfeudalem Muster bedingen die Gestaltung des Alltags auf ihre eigene Weise.
Auf der nächtlichen Rückfahrt nach Jerusalem passiere

ich wiederum fünf israelische Kontrollposten. Die Überwachung in Cisjordanien ist schärfer als üblich.

DRITTER TAG:

Markt in Hebron, dem islamisch-religiösen Zentrum im Herzen jener Gegend, die in der Bibel als Judäa bekannt war, der Hochburg der palästinensischen Traditionalisten. Fast zwei Wochen lang hat die Bevölkerung der 30 000-Seelen-Stadt unter Hausarrest gestanden. Die israelische Besatzungsmacht hatte eine kollektive Bestrafung der Bevölkerung Hebrons angeordnet, nachdem im Zentrum der Stadt sechs jüdische Siedler ermordet und siebzehn durch Schüsse und Granaten teils schwer verletzt worden waren. Bürgermeister Kawasme und das geistliche Oberhaupt der Stadt wurden als Vergeltung bei Nacht und Nebel per Helikopter außer Landes geschafft.
Herrscht in Hebron noch immer Spannung – oder ist das, was sich an diesem Samstag abspielt, bereits wieder Normalität? Der Markt ist so lebendig wie immer zu dieser Jahreszeit. Man verkauft eigene und israelische Produkte kistenweise, lastwagenweise an die Kommissionäre, die mit ihren Wagen in Richtung Jordanien fahren wollen. Der Markt ist laut, erscheint für den Uneingeweihten chaotisch, aber er folgt Gesetzen, die nahtlos in diese Gesellschaft eingebaut sind und die bis ins letzte Detail regeln, wer da über wen herrscht, wer das große und wer das kleine Geld bei den Transaktionen macht.
Für die palästinensischen Moslems ist es ein Arbeitstag, für die jüdischen Siedler ein Festtag. Mitten durch das Marktgeschrei geht eine israelische Familie, die in der Siedlung Qiryat Arba bei Hebron wohnt: der Mann in religiösem Gewand neben der Frau und dahinter die beiden festtäglich in rote Kleidchen gekleideten vier- und fünfjährigen Kinder. Ein merkwürdiges Bild inmitten des Trubels. Es könnte idyllisch sein, trüge das Familienoberhaupt zum Schutz gegen denkbare Angriffe aus dem Hinterhalt nicht das M-16-Gewehr über der Schulter.

Einen halben Kilometer vom Markt entfernt halte ich vor dem Hadassa-Hospital an. Hier waren die Schüsse auf die israelischen Siedler geprallt, die Granaten geplatzt, war vor wenigen Wochen Blut vergossen worden. Ein leeres Loch gegenüber dem von Frauen und Kindern jüdischer Siedler bewohnten Spital, ein Mahnmal für das Grauen: nach dem Massaker gegen die Israelis sprengten die Soldaten der Besatzungsmacht hier, als Vergeltung für eine nicht bis ins letzte Detail geklärte angebliche Komplizenschaft mit den Urhebern des Blutbades, die Häuser der Palästinenser.
Der amtierende Bürgermeister von Hebron beklagt sich im Gespräch über die kollektive israelische Strafaktion. Außerhalb der Stadt, im islamischen College, herrscht jedoch eine andere Tonart: Man zeigt sich gewillt, mit religiöser Kraft die Herausforderung der israelischen Besatzer anzunehmen (was immer das genau heißen mag). Wenn wir Westeuropäer von Frömmigkeit sprechen, dann denken wir mit Vorliebe an Franz von Assisi, der mit den Vögeln sprach. Wenn die Muslime in dieser Schule von Religiosität reden, dann denken sie zumindest ans hölzerne Schwert, das der Geistliche bei der Freitagspredigt in der Hand hält.
«Was bedeutet Khomeiny für Sie?» frage ich den College-Direktor Dr. Chulqi Chanfar.
«Eine große Hoffnung», sagt er, «ein Vorbild, das man nachahmen sollte. Nur schade, daß in Iran immer wieder Leute auftreten, welche die islamische Revolution zunichte machen wollen.»

Abends:
Gespräch mit Dr. Ahmad Chamsa al-Natche in seinem Haus bei Bethlehem. Natche, Mitglied des palästinensischen Nationalkongresses, gilt als eine der einflußreichsten Persönlichkeiten unter der palästinensischen Linken. Als Moshe Dayan Kontakt mit den Cisjordanien-Palästinensern aufnahm, besuchte er als ersten Dr. Natche, dessen Botschaft vordergründig klar und eindeutig war: Israel solle mit der PLO verhandeln, nicht mit den Persönlich-

keiten von Cisjordanien. Warum? Weil unter dem Druck der Besetzung keine freie Meinungsäußerung möglich sei, weil ständig Gefahr bestehe, daß die Repräsentanten von Cisjordanien und Gaza gegeneinander ausgespielt würden.
Nachts Rückfahrt nach Jerusalem. Zwei Straßensperren passiert.

VIERTER TAG:

In Jerusalem erläutert mir ein Repräsentant von *Peace now* die Prinzipien der Bewegung. Warum gründen Sie nicht eine eigene Partei, die in den nächsten Wahlen für Ihre Ziele kämpfen könnte? *Peace now* wolle ihren Sympathisanten keine Doktrin aufpfropfen, meinte er, wolle den Mitgliedern ihre Meinungsfreiheit lassen.
«Aber laufen Sie dann nicht Gefahr, daß Ihre Bewegung aufgeschluckt wird von den klassischen Parteien, die Ihre Ziele kaum nachvollziehen wollen?»
Schon möglich, meint er, aber das sei eben das Risiko, das eine solche Bewegung laufen müsse.
In der Tat: *Peace now* kann für einzelne Demonstrationen zugunsten eines Friedens wohl 40 000 Leute auf die Straßen von Tel Aviv bringen, aber politische Macht hat die Bewegung merkwürdigerweise dennoch nicht.
Am Nachmittag Besuch in der palästinensischen Universität von Bir Zeit in der Nähe von Ramallah, einem Zentrum der Agitation. Gespräch mit Mahdi Abd el Haadi als Repräsentant des Lehrkörpers: Bekundung eiserner Entschlossenheit, bis «wir unsere Flagge» haben, bei Anerkennung der Existenz eines israelischen Staates. PLO sei anerkannte Vertretung des palästinensischen Volkes und ihrerseits unabhängig von einzelnen Führungspersönlichkeiten. Letztes Ziel: die arabische Einheit, anzustreben auf dem Weg über den Palästinenserstaat, der sich dann an einen der bestehenden arabischen Staaten anschließen sollte.

FÜNFTER TAG:

Im Büro des Bürgermeisteramtes von Jerusalem, das sich mit arabischen Fragen befaßt, zeigt sich spiegelbildlich verkehrt etwas von der Möglichkeit, in praktischen Belangen doch (und recht konstruktiv) zusammenzuarbeiten. Ich platze hinein in die Diskussion zwischen einer Gruppe von Beduinen, die auf dem erweiterten Stadtgebiet Jerusalems leben, und dem Vertreter der israelischen Behörde. Die Beduinen möchten eine gepflasterte Straße bis hinein in ihre Siedlung. Man diskutiert eine halbe Stunde lang. «Jahrelang seid ihr doch ohne Asphalt ausgekommen», meint der Mitarbeiter der Stadt, «warum jetzt plötzlich dieses Begehren?» «Weil wir jetzt nicht mehr Pferde, sondern Autos benutzen», antworten die Beduinen. Die Diskussion endet mit positivem Resultat: die Beduinen erhalten die Asphaltstraße.
Etwas später kommt die nächste Abordnung: Ein anderer Bezirk im arabischen Teil der Stadt will eine Schule bauen. Ob sich dic Möglichkeit einer Mitfinanzierung durch die Stadtverwaltung ergibt? Sie ergibt sich in Form einer Akkumulation israelischer Gelder und finanzieller Ressourcen, die auf Umwegen aus Jordanien beschafft werden können.

Nachmittag:
In Ramallah besuche ich einen Bekannten, Chalil Dschancho, den Sohn eines vor vier Jahren von Extremisten ermordeten Geschäftsmannes und Politikers. Chalil tut etwas, was in Cisjordanien nur ganz wenige finanzkräftige Palästinenser tun: Er investiert sein Geld in der Region selbst, baut ein Kleinunternehmen für Haushaltsreinigungsmittel und für Soft Drinks. Im ganzen beschäftigt er etwas über dreißig Leute – wie viele Betriebe gibt es hier schon, die größer sind? Sie sind jedenfalls an einer Hand abzuzählen, denn Unternehmertum ist hier fast unbekannt. Die Superreichen in Ramallah, Nablus und Gaza zogen es bis jetzt jedenfalls vor, in Saudi-Arabien oder am Golf oder im westlichen Ausland zu investieren,

statt der eigenen Region zu wirtschaftlicher Prosperität zu verhelfen.
Chalil Dschancho hat Träume, die nicht so ohne weiteres zu realisieren sein dürften. Er möchte ausländische Investoren in die Region holen und stellt sich schon vor, wie Cisjordanien unter irgendeiner Verwaltung zu einer blühenden Region wird, daß das westliche Ausland eine Initialzündung geben könnte, um die lokale Unternehmerschaft zu animieren.

SECHSTER TAG:

In Gaza, unten an der Küste, ist es drückend feucht-heiß. Gespräch mit Mahmoun Chusandar, einem ehemaligen Fatah-Mann und Sohn des von Extremisten ermordeten Imam von Gaza, über die Auseinandersetzung zwischen Moslems und Marxisten in der Stadt. Er gibt eine interessante Interpretation: Die Religiösen hätten meistens in den Gefängnissen zu ihren Überzeugungen gefunden, seien im Untergrund stetig stärker geworden, relativ unbehelligt von den Israelis, die ihre Pressionsmaßnahmen auf die Marxisten konzentriert hätten. Auslösendes Element der Unruhen vom letzten Winter in Gaza war das Projekt, ein College zu einer wissenschaftlichen Lehranstalt zu machen und die Religion im Lehrplan zurückzuversetzen. Resultat: Mindestens 5 000 Schüler und Studenten stürmten das Büro des Roten Halbmonds in Gaza, um dessen Leiter, den PLO-Mann Dr. Chaider Abd el-Shaafi, seiner politischen Macht zu berauben.
Bürgermeister Rashad as-Shauwa empfängt mich heute, anders als bei früheren Gelegenheiten, nicht zu Hause, sondern in seinem Amtsraum. Seit ich ihn das letzte Mal besucht habe, im Oktober 1979, haben sich seine Ansichten über die israelische Besetzung verhärtet. «Persönlich glaube ich, daß die Israelis keinen echten Frieden, sondern daß sie die Region dominieren wollen», meint er zornig. Und seine eigene Vision für eine Lösung? Am besten würde man auf den Zustand vor der Schaffung des Staates

Israel, vor das Jahr 1947/1948, zurückgehen. Wer käme als Verhandlungspartner, als Vertreter der Palästinenser, in Betracht? Niemand außer der PLO. Gäbe es Möglichkeiten, einen Kompromiß über Jerusalem zu finden? Nein.
Ich suche nach dem Gespräch mit dem Bürgermeister nochmals die Familie Chusandar auf. Von der Fabrik für Baumaterialien fahren wir hinaus zu den Zitrushainen, passieren Flüchtlingslager und Bauplätze. Gaza ist ein Schauplatz brutaler Gegensätze. In den Lagern lebt man, verbesserte Verdienstmöglichkeiten hin oder her, nach wie vor zusammengepfercht auf engem Raum, mit mangelhaften sanitären Einrichtungen und in einem üblen sozialen Klima. Unmittelbar am Rand der großen Lager jedoch werden Häuser en masse gebaut, blüht die Spekulation. Ein Grundstück, das vor zehn Jahren für 150 jordanische Dinar (eine für Bodentransaktionen beliebte Währung in Gaza und Cisjordanien) gekauft wurde, ist heute über 10 000 Dinar wert. Woher kommt das Geld, wer kauft Häuser zu solchen Preisen? Leute aus Gaza, Flüchtlinge wie Alteingesessene, die teils in Israel relativ gut verdienen, teils Geld von Verwandten aus den Ölstaaten transferiert erhalten.
Auf der Rückfahrt nach Jerusalem erwarte ich beim Passieren der alten Linie zwischen Gazastreifen und Israel wieder die militärischen Kontrollen. Sie sind verschwunden. Oben in Jerusalem angekommen, finde ich die Erklärung. Das Kontrolldispositiv ist außer Kraft gesetzt worden, weil man den Mörder des israelischen Sicherheitsbeamten von Nablus gestellt hat – einen Doppelagenten. Er wurde von den Israeli während eines Feuerwechsels erschossen.

X. Der Baum des Imams von Gaza will keine Früchte mehr tragen

Der Hauptstraße haben sie einen eindrucksvollen Namen gegeben: Omar al-Mukhtar Avenue. Jedesmal, wenn ich sie bei einem Besuch Gazas abfahre, setzt sie mich durch ihre scheinbare Endlosigkeit über die Länge von insgesamt kaum mehr als drei Kilometern in Erstaunen, ebenso durch ihre Saugkraft für Lärm und Geschäftigkeit, durch die erschlagende Fülle von kleinen und kleinsten Läden, in denen von sogenannt lokalen Parfüms bis zu ein wenig staubigen Transistorradios ohne Garantieschein, unverzollten Armbanduhren und Zigaretten zu Discount-Preisen alles zu haben ist, was einen grauen Alltag erträglich machen und Illusionen auf eine vage erahnte, ersehnte und gehaßte Normalität des Daseins nähren kann.

Am Hauptplatz gegenüber dem islamischen Friedhof und dem kasernenähnlichen Gebäude des Bürgermeisteramtes kann man in einem Kaffeehaus Wasserpfeife saugen, Billard spielen, sich von Knaben mit Altmännerblicken die Schuhe putzen lassen. Unten am Meer erhält man in einem Restaurant, das einen Ausblick aufs glitzernde Wasser und zwei seit vielen Jahren in der Brandung liegende Schiffswracks gestattet, Fischgerichte von außergewöhnlicher Qualität. Bleibt man am Abend draußen auf der Straße, so wird man immer wieder von fröhlich-aggressiven Hupkonzerten diverser Hochzeitsgesellschaften überfallen, die mit ihren Autos provozierend durch die Straßen fahren. Und verläßt man die Stadt Gaza mit ihren rund 300 000 Einwohnern schließlich wieder, so kann man sich beim Einbiegen in die nach Norden oder Süden führende Straße, die Israel mit der an Ägypten zurückgegebenen Sinai-Halbinsel verbindet, noch über ein langsam vergilbendes Plakat amüsieren, das für eine internationale

Fluggesellschaft wirbt und eine startende «Concorde» darstellt: die bequemste Reise für Geschäft und Vergnügen, wie die arabische Unterschrift besagt.
Wohl möglich, daß Gaza insgesamt in Wirklichkeit nicht viel chaotischer und auch nicht viel armseliger ist als einige andere mittelöstliche Städte, daß Gaza sogar mehr zu bieten hat als ägyptische Wohnsiedlungen in der Einzugszone Kairos oder als beispielsweise die tristen südlichen Vororte von Damaskus. Aber Wirklichkeit besteht nicht nur aus den optischen Eindrücken und der Menge des täglich verfügbaren Warenangebots, sondern auch aus dem, was sich hinter den Fassaden verbirgt.
In Gaza sieht diese Wirklichkeit zunächst so aus: Flüchtlingslager und Slums mit nach wie vor schlimmen Lebensbedingungen auf der einen Seite, normale Wohnhäuser und pompöse Villen auf der anderen. An einigen Stellen prallt die eine Welt übergangslos auf die andere, auch wenn die alteingesessenen, wohlhabenden Bürger von Gaza sich mit ummauerten Gärten um eine klare Trennung bemühen. Und Wirklichkeit besteht hier auch aus Vergangenheit, aus Geschichte: Wer Gaza sagt, denkt wohl zuerst an Terror, Elend, an die Nachwehen von Kriegen, die Hunderttausende von Menschen zu Flüchtlingen gemacht haben. Seit Jahrzehnten kämpfen sie darum, in der Region Nahost Bürger wie andere werden zu können. Einer großen Zahl von Flüchtlingen ist dies dank Energie, Initiative und Intelligenz auch gelungen. Sie verließen die Lager und konnten sich ins gesellschaftliche Umfeld integrieren. (Das gilt, prozentual, am ehesten für die Palästinenser in Jordanien.) Wer aber zurückgeblieben ist, hat wohl geringe Chancen, den Weg hinaus aus diesen Zement-Bidonvilles noch zu finden. Will man Gazas Gegenwart verstehen, muß man sich in Erinnerung rufen: 1948 hatte sich jener Teil der palästinensischen Gesellschaft hierher geflüchtet, der zur faschismus-freundlichen Gruppierung um Hadj Amin Husseini gehörte. Damals konstituierte sich in Gaza eine sogenannte all-arabische Regierung für Palästina unter der Leitung von Ahmed Hilmi-Pascha, der als Premierminister auftreten wollte,

mit Hadj Husseini als Präsident. Alle Persönlichkeiten in dieser Regierung gehörten zur alteingesessenen Oligarchie unter den Palästinensern. Sie hatten sich einst schon mit den Türken (also dem Osmanischen Reich) arrangiert, und später entwickelten sie Sympathien für die Nationalsozialisten in Deutschland. Nachdem der Zweite Weltkrieg zu Ende und das Nazi-Regime in Deutschland vernichtet war, arrangierte sich die Gruppe um Husseini mit Ägyptens Faruk, organisierte die Ermordung des jordanischen Königs Abdallah in der al-Aqsa-Moschee von Jerusalem (1951) und gewann vorübergehend die Sympathien der jungen arabischen Staaten. Die ägyptische Staatsbürgerschaft allerdings erhielten die Bewohner des Gaza-Streifens dennoch nicht, ja, den Ägyptern erschien die Lage in Gaza sogar so brisant, daß sie hier bis 1967 ein nächtliches Ausgehverbot aufrechterhielten. «Die doppelte Demütigung mündete zwangsläufig in zwiefaches Aufbegehren», notierte Fritz Schatten in seinem Buch *Entscheidung in Palästina*. «Sowohl unter ägyptischer wie unter israelischer Besetzung blieb der Gaza-Streifen unruhig, ja explosiv. Hier radikalisierte sich der palästinensische Widerstand zuerst und in elitärem Stil; viele Fanatiker des ‹Schwarzen Septembers› und anderer Mordkommandos stammen aus dem Doppel-Ghetto von Gaza.»
Weil die Ägypter offenkundig nur daran interessiert waren, eine möglichst effiziente Kontrolle über Gaza zu etablieren und sich daher vorwiegend auf die Einrichtung von militärischen Stützpunkten, eines Netzwerks von Spitzeln und die Festigung der Macht der Polizei konzentrierten, an der Linderung der Not der Massen aber desinteressiert waren, wurden 1956 die Israeli bei ihrem Blitzvorstoß durch den Sinai in Gaza nicht unfreundlich empfangen. Doch in ihrer neunmonatigen Präsenz konnten die Israeli dann in Gaza doch kein aktives Sympathisanten-Netz aufbauen. Im Gegenteil: die Distanz zwischen den Besetzern und den Bewohnern von Gaza vergrößerte sich bis zum Rückzug der Israeli so drastisch, daß nichts als ein Scherbenhaufen zurückbleiben konnte. Wer mit den Israeli kooperiert hatte, wurde, so empfanden es zumindest die

Betroffenen und deren Angehörige, einfach zurückgelassen, worauf palästinensische Nationalisten, wieder befreit von der Kontrolle durch die Israeli, auf die sogenannten Verräter eine wahre Hexenjagd veranstalteten.
Aktiv war in solchen Bewegungen natürlich nur eine Minderheit. Die Mehrheit der Bevölkerung im Gaza-Streifen, die damals durch den Flüchtlingszustrom nach dem Krieg zwischen den arabischen Armeen und Israel von 80 000 auf fast 300 000 Seelen angeschwollen war, lebte noch immer bemerkenswert traditionell. Bis 1967 gab es kaum eine Frau aus Gaza, die einer Arbeit nachging, mit Ausnahme jener wenigen Töchter, die als Lehrerinnen in Mädchenschulen tätig waren. Keiner Frau wäre es auch nur im entferntesten in den Sinn gekommen, sich in Kleidung und sonst im alltäglichen Verhalten von der traditionellen Norm zu entfernen – und die Norm war in Gaza strikter als etwa in den mittelgroßen Städten Cisjordaniens (mit Ausnahme Hebrons vielleicht, das immer überdurchschnittlich konsequent an der Tradition festgehalten hat). Gaza litt und arrangierte sich mit einer merkwürdigen Form von Arbeitslosigkeit, die letzten Endes darin bestand, daß die cleveren Bürger die Naiven auf eine Weise ausbeuteten, die jeder westlichen Vorstellung Hohn spricht. Die Gelegenheit dazu bot merkwürdigerweise Ägypten, das den Gaza-Streifen verwaltete, seine Einwohner aber nie zu ägyptischen Bürgern machte und auf laxe Art und Weise die Grenze kontrollierte. Das bedeutete praktisch, daß die Ägypter nach Gaza hinüberkamen, um dort unverzollte Luxusgüter zu kaufen, die sie dann wiederum auf illegale – aber von den Beamten dank Bezahlung geduldete – Weise nach Ägypten brachten, von Haushaltsgegenständen angefangen bis zu Automobilen, die auf gewundenen Wegen nach Gaza gelangt waren.
Viele Ägypter arbeiteten damals, ebenfalls dank sehr merkwürdiger Methoden, in Gaza, obschon der Gaza-Streifen angeblich unter totaler Arbeitslosigkeit litt. Die tüchtigsten Bewohner Gazas andererseits, zunächst ihrer 2 000, wanderten 1952 in die Entwicklungs- und Pionierländer am Golf und nach Saudi-Arabien aus, um dort ihr

Glück zu suchen. Ihre Zahl erhöhte sich bis in die achtziger Jahre auf schätzungsweise hunderttausend. Wer fähig war und dennoch zurückblieb, der war im allgemeinen tief verstrickt in jenes in Gaza ruchloser als anderswo in der näheren Region betriebene Spiel, das man als Wirkungsspiel der freien Kräfte oder auch als hemmungslose Ausbeutung des Schwächeren durch den Stärkeren bezeichnen kann. Flüchtlinge wurden von Alteingesessenen zu Hungerlöhnen dafür angeheuert, daß sie die vor der Brandung im Meer ankernden Schiffe von Hand auf Ruderboote entluden, welche dann die entsprechenden Waren an Land brachten. (Aus solcher Tätigkeit blieben die beiden bereits erwähnten, langsam vor sich hinrostenden Schiffswracks im Blickwinkel des immer noch exzellenten Fischrestaurants in Gaza übrig.) Viele, unverhältnismäßig viele Menschen ließen sich von den entstehenden politischen Organisationen, den Vorläufern der PLO und deren Splittergruppen, anheuern.
1967, als die Israeli in der Folge des Sechstagekriegs wiederkehrten, zeichnete sich dann eine nur scheinbar widersprüchliche Grundhaltung ab. Einerseits suchte man die Gunst der Israeli, um einen Job zu bekommen, anderseits aber bekämpften mehr und mehr Leute aus Gaza, insbesondere aus den Flüchtlingslagern, die Besetzer. In dem 45 Kilometer langen und nur sechs bis zehn Kilometer breiten Landstreifen kam es zwischen 1969 und 1971 zu einer zeitweise kaum mehr unterbrochenen Serie von Streiks, Demonstrationen und Gewalttätigkeiten. Opfer waren vor allem jene Gaza-Flüchtlinge, die tagtäglich mit dem Bus nach Israel hinüberfahren wollten, um dort ihrer Fabrik- oder Landwirtschaftsarbeit nachzugehen. Die Bomben wurden mit Vorliebe in Abfallkörbe bei den Bushaltestellen deponiert – und sie explodierten meistens gerade dann, wenn dort eine Traube von Menschen wartete. Man zählte bis 1971 Hunderte von Toten und weit über tausend Verletzte. Und die Welle der Brutalität fand erst durch einen anderen brutalen Akt ihr Ende: im eisernen Eingreifen der israelischen Streitkräfte unter dem Befehl von General Ariel Sharon, der in die Lager ein-

drang, die armseligen Behausungen rücksichtslos durchsuchte, Massenverhaftungen vornahm und mit gepanzerten Fahrzeugen Schneisen durch die Lager zog, die schließlich dem Militär das Patrouillieren und damit die permanente Kontrolle ermöglichten.
Verführt durch die Löhne in israelischen Fabriken, die damals das Fünffache der Entschädigungen in den Zitrushainen der Großgrundbesitzer betrugen, ließen sich die Leute aus Gaza selbst durch den Terror der Ihren nicht davon abhalten, nach Israel hinüberzufahren. Bis 1972 mußten sie außerdem die oft peinlichen Kontrollen der israelischen Armee am Übergang vom Gaza-Streifen nach Israel über sich ergehen lassen. Als diese Kontrolle wegfiel, kam eine Flut von sogenannten illegalen Wanderarbeitern hinzu, die von den Israeli nicht kontrolliert werden und deren Kontrolle aufgrund des materiellen Interesses des jeweiligen israelischen Arbeitgebers auch beträchtlich erschwert wird – beschäftigt man einen Illegalen, zahlt man Löhne nach Gutdünken und keine Sozialabgaben. Heute, im Jahr 1986, wird die Anzahl der Arbeiter aus Gaza in Israel, je nach Quellen, auf 34 000 oder auf 70 000 geschätzt, wobei beide Zahlen davon ausgehen, daß mindestens zwei Drittel illegal von Gaza nach Israel und zurück pendelt.
Fest verwurzelt im politischen, religiösen und wirtschaftlichen Establishment dieser leidgeprüften und in eine Brutalität alltäglicher Art abgeglittenen Stadt ist die Familie der Chusandars. Scheich Haschem Chusandar war jahrelang das geistliche Oberhaupt von Gaza. Traditionelle ökonomische Grundlage der Familie waren die Zitrushaine, und die Chusandars ließen ihre ausgedehnten Plantagen, wie das in Gaza üblich war, soweit wie möglich durch die billigen Arbeitskräfte aus den Flüchtlingslagern bewirtschaften.
Als Scheich Haschem Chusandar eines Tages im Frühjahr 1979 nach dem Mittagsgebet die Moschee verließ, war er allein. Er ging, auf eigenen Wunsch, ohne seinen Sohn Muhsin, der gewöhnlich als sein Leibwächter amtierte, nach Hause, obgleich er wissen mußte, daß er irgendwann

und irgendwo in einen Hinterhalt geraten konnte. Daß der Mann, der ihn vor dem Betreten seines Vorgartens ansprach, sein Mörder war, konnte er nicht wissen. Man fand den Greis, Vater von sechs Söhnen und vier Töchtern, den Jugendfreund (oder wenigstens Bekannten) Yassir Arafats und späteren Gesprächspartner des ägyptischen Präsidenten Sadat, erstochen vor dem Gartentor in seinem Blute liegen. Und als er «unter großer Anteilnahme der Bevölkerung» – wie die lokalen Zeitungen damals schrieben – zu Grabe getragen wurde, da verfluchte neben anderen auch der stimmgewaltige Bürgermeister und Feudalherr Rashid as-Shauwa die linksradikale Palästinenserorganisation PFLP des Georges Habash, die – vorübergehend, bis zum Widerruf – die Verantwortung für die Tat übernommen hatte.
Die Chusandars sind, ungeachtet ihrer bevorzugten wirtschaftlichen Stellung, eine typische Familie der traditionellen Schichten Gazas. Zentren der familiären Gemeinschaft sind heute die Söhne des ermordeten Scheichs, Nu'man, Badr, Ma'mun, Muhsin, Mahmud und Sameh. Die vier Älteren dienten, auf Geheiß des Vaters, in verschiedenen palästinensischen Guerilla-Einheiten. Scheich Haschem Chusandar wollte mit dieser für die ganze Familie verordneten nationalistischen Gesinnung zeigen, wie stark er sich den echten oder vermeintlichen Führern Palästinas von morgen verpflichtet fühlte, und selbstredend gab es in der Familie Chusandar keine Widerrede, wenn vom Patriarchen der Befehl erteilt wurde, auch wenn jeder wissen mußte, daß das Gehorchen unter Umständen den Tod in einem blutigen Gefecht bedeuten konnte. Also gingen die vier Söhne des Imams durch die Härten der Ausbildungslager der Fatah, der Saika und (angeblich) auch des Schwarzen Septembers. Sie lernten mit Gewehren umzugehen, robbten durch den Staub, ließen sich von Parolen begeistern, welche von der Rückeroberung der verlorenen Heimat kündeten und die Vision einer Gesellschaft beschworen, in der es keine Diskriminierung geben sollte, weder rassischer noch sozialer Art. Selbst Juden würden in diese Gemeinschaft aufgenommen, vorausge-

setzt, sie hätten ihrer zionistischen Zielsetzung abgeschworen. (Das war ein Begriff, mit dem man in den Reihen der palästinensischen Kampflagerbesucher wenig anzufangen wußte – er gilt schlicht als die Inkarnation alles Bösen.) Die vier Chusandar-Söhne werden etwa so durch diese Schule gegangen sein, wie Usama al-Karmi, eine Figur im Roman *Der Feigenkaktus* der palästinensischen Schriftstellerin Sahar Khalifa: «Drill. Schießen. Robben. Koppel enger schnallen. So wird man im Handeln und im Denken unromantisch. Persönliche Träume zerfließen. Der einzelne wird zum Schuß in einer Salve. Und wenn er besonders gut zurechtgeschliffen ist, wird er zur Granate. Zur schußbereiten Granate. Das ist Logik. Sie haben vieles gesagt, und wir haben vieles gesagt, Logisches.»

Nu'man, der Erstgeborene der Chusandar-Söhne, bezahlte den Gehorsam gegenüber dem Vater mit dem Leben; er wurde 1970 auf den Golan-Höhen in einem Gefecht von israelischen Soldaten erschoßen. Muhsin hatte zusammen mit Ma'mun eine Zeitlang einer Untergrundzelle der PLO-Organisation Fatah in Gaza angehört; im März 1974 wurde er von den Israeli wegen geplanter Aktionen und wegen der Verteilung von Flugblättern verhaftet und verurteilt. Von den vorgesehenen fünf Jahren Gefängnis saß er nur eineinhalb Jahre ab, dann erhielt er, auf Intervention seines Vaters bei den Israelis, die Freiheit zurück und ging für einige Jahre nach Ägypten. Und was war früher? Er hatte im Fatah-Büro in Zypern gearbeitet, als «Zahlmeister für Europa» gewirkt, einige Zeit in Tunis verbracht, eine nordvietnamesische Delegation in den Libanon begleitet und als Fatah-Delegierter eine Jugendkonferenz in Ostberlin besucht.

Badrs Vergangenheit war ganz ähnlich. Er war früh zur Fatah und zu Yassir Arafat gestoßen, als «Junior Partner» der Fatah-Gründergeneration. Nach 1968 wurde er von den Israelis mehrmals verhaftet, dann wurde er Mitarbeiter einer palästinensischen Spezialeinheit in Jordanien. Nie Dienst in einer Guerilla-Organisation getan hat von den Chusandar-Söhnen einzig Mahmoud; er wurde für

geistige Dienste aufgespart, für ein Medizinstudium in Kairo und für eine Zukunft als Arzt in Gaza.
Die Familie Chusandar hatte ich wenige Monate vor dem Mord an Scheich Haschem, Anfang 1979, kennengelernt. Die Söhne traf ich damals ohne den Vater im geräumigen, Wohlstand verratenden Haus in Gaza an, denn der Patriarch weilte gerade in Kairo, um sich mit Präsident Sadat zu besprechen und den ägyptischen Politikern die Wünsche Gazas innerhalb der damals noch ernsthaft diskutierten Autonomie-Formel zu erläutern – als Resultat von Sadats Reise nach Jerusalem im Herbst 1977 und den Vereinbarungen von Camp David vom September 1978. Er ging davon aus, daß die Vorstellungen der Familie Chusandar identisch seien mit den Zielen der ganzen Bevölkerung von Gaza.
Badr Chusandar, der älteste lebende Sohn, hatte damals sein vierjähriges Söhnchen mit einem Spielzeug-Maschinengewehr in den Gästeraum des Hauses kommen lassen. Der Knirps führte unter dem Beifall der anwesenden männlichen Familienmitglieder – die Frauen blieben, wie sich das für eine traditionsbewußte Familie gehört, unsichtbar – mit seiner «Waffe» Scheinangriffe aus, und Badr erläuterte mit hartem Blick und mit markigen Worten, daß die kommende Generation es sei, der die Aufgabe der Befreiung des palästinensischen Vaterlandes obliege, nicht den jetzt Erwachsenen. Warum? Weil sie schon allzuviel gekämpft hätten, die Zwanzig- bis Dreißigjährigen, deren Aufgabe nunmehr lediglich der politische Widerstand sei.
Ma'mun, der zweitälteste noch lebende Chusandar-Sohn, benutzte eine vom älteren Bruder eingelegte Gesprächspause zur Improvisation eines Gedichts, in dem er mit pathetischem Tonfall davon sprach, daß die Fische des Nachts im Meere schliefen, daß aber der Palästinenser nicht einmal in der Nacht seine Wachsamkeit aufgebe, sondern selbst zu dieser Stunde noch für die Erlösung Palästinas arbeite.
Aus einem Goldrahmen blickte an jenem Abend das Bild Scheichs Haschems mit mildem Ernst von der Wand auf

uns herab und neben ihm, ebenfalls aus goldenem Rahmen, das unfaßbar-unpersönliche Porträt des Sohnes Nu'man, des Erstgeborenen, der 1970 auf den Golan-Höhen von den Israeli erschoßen worden war. Der Begriff «Martyrium» wurde nach dem Tode Nu'mans in der Familie Chusandar geläufig, wurde zur Metapher, mit der man den Kampf gegen die israelischen Besetzer bezeichnete und die Opferbereitschaft der Chusandars. Und derselbe Begriff erhielt eine zusätzliche Bedeutung, nachdem der Vater am hellichten Tage und auf offener Straße einem Killer zum Opfer gefallen war. Da bekam «Martyrium» zusätzlich den Sinngehalt des Engagements zugunsten einer weisen, politischen Lösung, jener des ägyptischen Präsidenten Sadat nämlich und einer gemäßigten Strömung innerhalb des arabischen Lagers. Wer sich zugunsten dieser Linie aussprach, so glaubte man künftig innerhalb der Familie Chusandar, der stand in Gefahr, von Extremisten wie der Habash-Gruppe umgebracht zu werden.

Doch als ich die Chusandars im Herbst 1979, im Frühjahr 1980 und wieder im späteren Sommer 1980 in Gaza besuchte, da wurde der bedeutungsträchtige Begriff schon mit einer schockierenden Emotionslosigkeit verwendet, wie etwas sehr Fernes, das beinahe klischeehaft zum Alltag gehörte.

In dieser Zeit bildeten sich innerhalb der Familie Chusandar und innerhalb der jüngeren Generation Gazas allgemein neue Prioritäten. Ma'mun und Muhsin ließen sich Bartansätze wachsen, als Zeichen wachsender Sympathie für die in der Stadt einflußreich gewordenen Moslembrüder. Der Konflikt zwischen den Islamisten und den Linken Gazas braute sich damals allmählich zusammen – er kulminierte schließlich in Attacken auf den PLO-Mann Dr. Haider Abd al-Schaafi, einen äußerlich diskreten Mann, Arzt von Beruf und Repräsentant der sogenannten Linken. Mit dieser Auseinandersetzung und mit offenen Konflikten in den höheren Schulen Gazas wurde der Anfang vom Niedergang der Marxisten und anderer linker Gruppierungen innerhalb des politisierenden Lagers der

Gaza-Leute eingeläutet und gleichzeitig der Aufstieg der islamischen Fundamentalisten.
Chusandars Söhne nahmen frühzeitig für die stärkere Gruppierung Stellung. Den Tag verbrachten Ma'mun und Muhsin mit harter Arbeit im Baumaterialien-Geschäft der Familie. Mit den Arbeitern gingen sie salopp um, aber irgendwie gelang es ihnen, sich doch jederzeit Respekt zu verschaffen. Sie mehrten den Wohlstand des Hauses, indem sie jeden Tag das inflationsanfällige Geld aus israelischer Währung in solidere jordanische Dinar oder amerikanische Dollar umwechselten, manchmal sogar mehrmals täglich zur Bank gingen, um möglichst effizient zu wirtschaften. Beide kümmerten sich außerdem um die Einkünfte aus den großen Zitrusplantagen in der Umgebung Gazas. Darin wurden sie unterstützt von Sameh, der fast noch wie ein Kind aussah und doch schon die Härte hatte, Zwölfjährige in der Fabrik mit barscher Stimme von Arbeitspausen abzuhalten: Auch die sollten, so erklärte er mir, frühzeitig lernen, für ihren Lohn etwas zu leisten.
An einem heißen Sommernachmittag fahre ich mit Muhsin Chusandar von der Villa der Familie in der Nähe des Zentrums der Stadt Gaza hinaus zu den Zitrushainen. Bald gelangt man an den Rand des Flüchtlingslagers Shati, jenes Slums, dessen Hang zu Brutalität und zur Kriminalität, aber auch dessen Bereitschaft zu politischem Nationalismus die israelische Armee unter Ariel Sharon mit Gewalt zu brechen versuchte. Nachdem die Häuser durchsucht, die Verdächtigen festgenommen und mit Bulldozern schnurgerade, kontrollierbare Fahrwege durchs Lager gezogen worden waren, kehrte in Shati eine prekäre Ruhe ein. Die Bewohner des Lagers richteten sich darauf ein, entweder bei den nicht übermäßig großzügig zahlenden einheimischen Unternehmern für Tageslohn zu arbeiten oder mit dem Bus tagtäglich zu den Israeli nach Ashkelon oder Tel Aviv zu fahren, um dort unter Inkaufnahme von mehr Kontrolle etwas mehr zu verdienen. Wer in Shati wohnt und weder für die lokalen Unternehmer noch für die Israeli arbeiten will, der kann notdürftig auch mit der Unterstützung des UNO-Flüchtlingshilfswerks

durchkommen. Für diese Wahl zahlt man allerdings im Lager mit dem Verzicht auf soziales Prestige, und die ganze Familie wird für die Versuchungen des wirtschaftlichen und kriminellen Untergrunds anfällig.
Muhsin, der Abkömmling einer millionenschweren, traditionsreichen und hart arbeitenden Familie, spricht mehr als notwendig, als wir uns auf einem schnurgeraden, ein Meter breiten Pfad zwischen den armseligen Flüchtlingsbehausungen durchzwängen. Er redet vom Zorn der Leute im Lager, der sich nicht nur gegen die Israeli richte, sondern gegen die ganze Welt, denn diese Welt habe es ja zugelassen, daß sich hier in Gaza das Elend auf so unbeschreibliche Weise ausgebreitet habe.
Tief im Innern des Lagers, zwischen den Eingängen zu Räumlichkeiten, in denen die Schlafdecken von jeweils acht bis dreizehn Kindern und Erwachsenen zusammengerollt sind, frage ich eine Gruppe von Flüchtlingen: «Wärt ihr glücklich oder zornig, wenn jetzt plötzlich Yassir Arafat oder Georges Habash hier auftauchen würden? Wenn die Männer kämen, von denen ihr euer Schicksal abhängig macht?» Einer im blauen Pyjama fährt mich böse an: Er ziehe es vor, politische Fragen unbeantwortet zu lassen, denn er wisse ja nie, was mit den Antworten geschehe. Muhsin aber sagt laut: Diese Leute würden selbst den Teufel akzeptieren, wenn er ihnen die Rettung verspräche. Und ein paar Minuten später, als wir das Lager wieder verlassen haben, behauptet er: Käme hier ein Filmstar wie Sofia Loren vorbei, es wäre den Leuten gleichgültig. Er selbst aber werde akzeptiert, weil man wisse, daß er als PLO-Mann nie Gelder in die eigene Tasche geschafft habe, weil er für sie im Gefängnis gewesen sei . . .
Auf der Fahrt hinaus zur Izba, dem Wirtschaftshaus im Zitrushain, begegnen wir einem israelischen Militärfahrzeug. Muhsin: «Kann ein solches Fahrzeug der Rebellion eines ganzen Volkes entgegentreten? Nein. Aber wer mit dem Schwert kämpft, wird durch das Schwert umkommen.»
Ein glitzerndes Meer links der Straße, trocken-gelbe Sand-

hügel rechts. Ein gedeckter Schattenplatz dazwischen, den eine Lehrerin in islamischem Traditionalistengewand benutzt, um mit ihren Schülerinnen einen Unterrichtstag zu verbringen. «Fern von den Versuchungen der Stadt», wie Muhsin meint.
Die Izba, das Wirtschaftsgebäude, liegt mitten in einem weiten schönen Zitrushain. Hier herrscht Stille, und sie läßt fast vergessen, daß dieses Gelände eine blutige Vergangenheit hat: Hier hatten sich in früheren Jahren die Guerilla-Verbände ihre Verstecke in den weichen Sandboden gebaut, hier wurden blutige Fehden ausgetragen, hier wurde gemordet, und hier wurden «Hinrichtungen» von Gegnern und abtrünnigen Genossen ausgeführt.
Der jüngere Bruder, Mahmud, zieht sich bei unserem Kommen eben die Schuhe wieder an, die er für das Mittagsgebet abgelegt hatte. Ich frage ihn, was er eigentlich tun wolle, wenn er in Kairo sein Medizinstudium beendet haben werde. «Mich auf etwas spezialisieren, auf Orthopädie zum Beispiel, und dann eine Klinik hier in Gaza eröffnen», sagt er.
Muhsin widerspricht: «Der Krebsforschung solltest du dich zuwenden, das haben wir hier noch nicht.» Pause. Und Mahmud, der Sanfte, dem die harten Zeiten des Dienstes in einer Guerilla-Einheit und das Gefängnis erspart geblieben sind, erwidert ohne ersichtlichen Zusammenhang: «Wenn man ein Gewehr trägt, dient man einer ganzen Nation.» Es ist, als wolle er sich dafür entschuldigen, daß die politischen Zustände nicht anders sind, daß er nicht als Vertreter eines selbständigen palästinensischen Staates mit mir reden kann.
Vom flachen Dach des Wirtschaftsgebäudes aus kann man jetzt, am Nachmittag, über die saftig-grüne Zitrusplantage hinweg, die wie ein wogendes, dichtes Meer aussieht, die ersten Häuser Gazas erblicken. Unfern der Flüchtlingslager wird gebaut, angetrieben von Spekulation und Preistreibereien. Den normalen Bürgern Gazas, nicht den Flüchtlingen natürlich, dient der wirtschaftliche Boom zur Erweckung hektischer Betriebsamkeit: Hat man Geld, geht man geschickt vor, so kann aus Wohlstand in

kürzester Zeit Reichtum werden. Muhsin Chusandar erzählt mit Wonne von einem Grundstück, das ihm sein Vater acht Jahre früher zum Geburtstag geschenkt und das damals einen Wert von etwa 150 jordanischen Dinar gehabt hatte. Heute, so meint er, könnte er das gleiche Grundstück ohne weiteres für mindestens 10 000 Dinar verkaufen.

Er hält abrupt inne. Und in den aufkommenden Wind vom Meer landeinwärts sagt er im etwas abgehackt wirkenden, der ägyptischen Sprechweise verwandten Gaza-Dialekt: «Dieser Baum, den du direkt vor der Izba siehst, der starb am Tag, da mein Vater getötet worden ist. Er trägt keine Früchte mehr.»

Der Baum reckt seine Äste wie Skelett-Arme in den Himmel. Muhsin stellt sich davor, geht um ihn herum, lächelt, berührt ihn, nimmt ihn mit Blicken und mit seinen Händen für kurze Zeit in Besitz. Wäre Badr, der älteste der noch lebenden Chusandar-Söhne anwesend, so müßte Muhsin sich anders verhalten, respektvoller, diskreter auch. Dann müßte er in Worten und Gesten zum Ausdruck bringen, wie sehr er die Hierarchie der Familie zu respektieren bereit wäre, müßte darauf achten, daß Badr, der ältere, als erster auf das Andenken des Vaters zu sprechen käme. Wie die Dinge stehen, muß Muhsin innerhalb der Familie Chusandar immer den zweiten oder dritten Rang einnehmen, Tüchtigkeit, Intelligenz oder nationalistische Gesinnung hin oder her. Ist es dieses Wissen um Unabänderliches, das ihn, als ich ihn am nächsten Morgen wiedersehe, zu einer Handlung antreibt, die in merkwürdigem Gegensatz zur sonst stets betonten Nächstenliebe steht? Muhsin zerstört ein Haus in der Nähe der väterlichen Villa. Er demoliert das Dach und zerschlägt mit schweren Brechwerkzeugen einen Teil der leichtgebauten Mauer. Ein Flechtwerk aus horizontal liegenden Eisenstangen läßt er vorläufig an Ort und Stelle. Er werde es später gebrauchen, für das Wirtschaftsgebäude draußen im Zitrushain, sagt er, um dort ein weiteres Stockwerk zu bauen. Hier aber, wo dieses Haus gestanden habe, da wolle die Familie Chusandar einen zehnstöckigen Turm

errichten, erläutert Muhsin, einen Turm mit einer unterirdischen Parkanlage und mit Läden – und dem Ganzen gäben sie dann den Namen «Turm des Friedens».
Was ist mit den Leuten, die hier gewohnt haben, frage ich.
Die hätten sich geweigert, die höhere Miete zu bezahlen, hätten sich darauf berufen, daß der verstorbene Vater, Scheich Haschem, ihnen das Gebäude zu einem Preis für alle Zeiten zugesagt habe. Nach Absprache mit Badr habe er, Muhsin, die Leute vorübergehend festnehmen und schließlich aus dem Haus werfen lassen.
Und was können die jetzt tun? Wo werden sie wohnen?
Er lächelt: Sie werden sich einen neuen Platz suchen müssen.

XI. Die Supermächte in Nahost: Die Polit-Akrobaten sind ratlos

Einer meiner ägyptischen Bekannten, Mitglied einer kultivierten, französisch orientierten koptischen Familie Kairos, brachte mich 1980 zu Mohammed Heikal, dem fast schon legendären Ex-Chefredaktor der größten Kairoer Tageszeitung *al-Ahram* und Ex-Informationsminister Gamal Abd el-Nassers.

Die beiden Männer, mein Bekannter und Heikal, waren entfernt verwandt, auch wenn Heikal nicht zur koptischen Gemeinschaft gehörte. Aber das stellte keine Barriere für einen Streit dar, der bereits zehn Minuten nach dem Betreten von Heikals Wohnung in einem eleganten Mehrfamilienhaus am Nil, nahe beim Sheraton Hotel, ausbrach. Heikal wetterte, lachend übrigens, gegen Anwar al-Sadats Wirtschaftspolitik, die «nur den Reichen zugute käme» und gegen Sadats Anlehnung an die Vereinigten Staaten von Amerika, die sich «über die Identität Ägyptens hinwegsetzten». Er kritisierte Sadats Abwendung von den panarabischen Idealen Abd el-Nassers und beendete den Exkurs schließlich, zu mir gewandt, mit den Worten: «Ihr Freund hat eine Menge von Idealen, aber keine Vorstellung unserer Realität.» Mein Bekannter zog es daraufhin vor, in höflichdumpfes Schweigen zu versinken. Eine halbe Stunde später verließen wir Heikals Wohnung. Er hatte mit seinem entfernten Verwandten fortan nur noch sporadischen Kontakt und brach ihn vollends ab, nachdem Heikal sein Buch *Sadat – das Ende eines Pharaos* veröffentlicht hatte. Das Werk hielt er für das Infamste, was in Ägypten in den letzten dreißig Jahren veröffentlicht worden sei.

Mohammed Heikal mochte bei seinen Urteilen über Sadat, mit dem ihn ein kompliziertes Beziehungsgeflecht verband, drastisch übertreiben, aber eines mußte man ihm lassen. Er war in Kairo die bestinformierte und beredteste Persönlichkeit, wenn es um die Entwicklung der Haltung Ägyptens zu den Supermächten ging. Das kam nicht von ungefähr – schließlich war Heikal bei entscheidenden Begegnungen zwischen Abd el-Nasser und den sowjetischen Spitzenvertretern dabeigewesen, und er war auch zugegen, als die Führung des wichtigsten arabischen Landes den Versuch unternahm, ihre Kontakte mit den Repräsentanten verschiedener amerikanischer Administrationen zu intensivieren.

Heikal berichtet, Abd el-Nasser habe schon 1964 erwähnt, daß er ein Buch über den Umgang mit den Sowjets schreiben wollte. Das Werk kam zwar nicht zustande, aber Abd el-Nasser teilte Heikal seine grundlegenden Erfahrungen mit. «Nasser glaubte, jeder Politiker der Dritten Welt sollte darauf gefaßt sein, daß seine Beziehungen mit den Sowjets fünf klar unterscheidbare Phasen durchlaufen werden.»

Als erste Phase nennt Heikal: Mißtrauen. Kommt ein neuer Führer an die Macht, so verharrt Moskau erst einmal in Distanz, denn «in den Augen der Sowjets hat der Nationalismus nur im Rahmen des Klassenkampfes einen Wert und innerhalb der geschichtlichen Dynamik». Darauf folgt eine typische zweite Phase: «Die Sowjets entdekken, daß der neue Führer gegen die alten Kolonialmächte eingestellt ist.» Der Dritte-Welt-Politiker werde jetzt unter Beobachtung gestellt; unterdessen seien begrenzte Kontakte etwa in der Form des Handelsaustausches möglich. Dann folgt Phase drei, jene der Flitterwochen. «Sie kommen als Reaktion auf offenkundig revolutionäre Handlungen des neuen Führers. (In Nassers Fall waren es die Nationalisierung des Suezkanals und die Ereignisse, welche zum Suezkrieg führten.) Nach einer kurzen Pause von vier oder fünf Tagen wird der neue Führer von einer Woge von Bewunderung überflutet; er ist der Held der Stunde, nichts ist zu gut für ihn.» Unter den Politikern, die sich solcher «Flitterwochen» in ihren Beziehungen mit den Sowjets erfreuten, erwähnt Heikal Fidel Castro, den iraki-

schen Herrscher Kassem, Algeriens Ben Bella, Patrick Lumumba von Zaire, Scheich Mujibur Rahman von Bangladesh, Agostinho Neto in Angola, Siad Barre in Somalia und Mengistu Haile Mariam in Äthiopien. «Doch eine Folge der Phase drei ist, daß der neue Führer im Westen als Kommunist betrachtet wird oder bestenfalls als Kommunistenlakai. Aus diesem Grund, aber auch, weil er die Bevormundung von seiten der Sowjets als problematisch empfindet, unternimmt er etwas, um seine Unabhängigkeit zu beweisen. Er unterstreicht zum Beispiel die ideologischen Differenzen zwischen ihm selbst und den Sowjets. Möglicherweise attackiert er sogar die Kommunisten innerhalb seines Herrschaftsbereichs.» Als Folge dieser Haltung, so Heikal, beginne die Phase vier, gekennzeichnet durch «Streit». Wenn er nicht zur vollständigen Trennung führe, münde er schließlich in die Phase fünf ein, die «Einordnung». Um klarzumachen, was sich in dieser Periode abspielt, bringt Heikal einen Vergleich mit der sowjetischen Gesellschaft: «Die Basis der russischen Pyramide besteht, so wie das schon immer war, aus der breiten Masse der Menschen. Aus ihr aber ragt die Kommunistische Partei auf, die wiederum unterteilt ist in Vollmitglieder und Kandidaten. Als höchste Stufe erhebt sich über die anderen Ränge schließlich das Politbüro.» Die Sowjets stufen andere Länder in genau gleicher Weise ein wie die Mitglieder ihrer Partei. Entwicklungsländer können daher in eine von drei Kategorien gelangen, und sie selbst müssen darum besorgt sein, das zu erreichen, was Abd el-Nasser die «Kategorie A» nannte, die dem Status einer meistbegünstigten Nation gleichkomme. Doch «einmal drinnen, erhält ein Land wohl eine Menge von politischer Unterstützung und von wirtschaftlicher Hilfe, aber dies wird nun weder bedingungslos noch automatisch gewährt, im Gegensatz zur Phase der ‹Flitterwochen›.»
Die Folge der Mitgliedschaft in der «Kategorie A» ist somit eine wachsende Abhängigkeit, ein Verlust an Autonomie. Die Sowjets sind bereit, diese Nachteile zu kompensieren durch Waffenlieferungen zu Vorzugspreisen, günstigen Kreditbedingungen, Kultur-Austauschprogram-

men usw. Abd el-Nasser, so erklärt Heikal, habe sich in den Jahren zwischen 1962 und 1965 und ab 1968 in der «Kategorie A» befunden. Heikals eloquente, witzige Darstellung übergeht die subtileren Schwankungen der sowjetischen Politik gegenüber Nahost, deren Ziel es während vieler Jahre war, eine panarabische Interessengemeinschaft als Front gegen das aufzubauen, was als Imperialismus und Zionismus gebrandmarkt wurde. In den vierziger Jahren basierte die sowjetische Weltsicht allgemein auf der Theorie der zwei Lager, eines sozialistischen und eines westlich-imperialistischen also. In diesem Schema gab es keinen Platz für die nationalistischen Strömungen in der Dritten Welt; alles, was sich außerhalb der östlichen und der westlichen Hemisphäre zutrug, wurde in Moskau als Reaktion von Filialen der einen oder anderen Seite betrachtet.

Diese ein wenig starre Betrachtungsweise trug zur Entscheidung der Sowjets bei, für die Teilung Palästinas und somit die Schaffung des jüdischen Staates Israel zu stimmen. Der Kreml dachte damals so: Da die Briten sich entschlossen haben, Palästina zu verlassen (allerdings vorläufig in Ägypten zu verbleiben), und da die damaligen israelischen Spitzenpolitiker sich auf einen neutralistischen Kurs festzulegen schienen, sahen die Sowjets in Nahost einen Rückzug des westlichen Einflusses voraus. Und kaum war Israel gegründet worden, so begannen auch schon die Waffenlieferungen aus dem Ostblock (vor allem aus der Tschechoslowakei) an den jüdischen Staat. Die Zeichen der Zeit wiesen allerdings schon früh in eine andere Richtung. Der Mord an einer führenden Persönlichkeit des jüdischen Kulturlebens in der sowjetischen Stadt Minsk – es handelte sich um Solomon Michoels – im Januar 1948, also noch vor der Gründung des Staates Israel, nährte bei vielen Juden innerhalb und außerhalb des im Entstehen begriffenen Staates Skepsis gegenüber Moskau. Und noch während der Zeit, da die tschechischen Waffen und Flugzeuge (auf Umwegen über Jugoslawien) ins Land gelangten, richtete sich Israel nach anderen Zielen aus. Die Sowjets ihrerseits erkannten etwa zur

gleichen Zeit, daß sie in Ländern wie Ägypten und Irak auf fruchtbaren Boden stoßen könnten, würden sie sich nur entschlossen genug dazu durchringen, dort jene Kräfte zu unterstützen, die sich im Abwehrkampf gegen die Präsenz der Briten befanden.
Im Westen herrschte damals allgemein die Meinung, Stalins Reich suche die Expansion in südlicher Richtung, also zum türkisch-persisch-arabischen Raum hin. Der Kreml forderte von der Türkei territoriale Konzessionen und den Zugang zu einer türkischen Marine-Basis. Sie ließ ihre Pläne eines Vordringens in der Türkei erst fallen, nachdem die Amerikaner im Herbst 1946 mit dem Aufkreuzen des Schlachtschiffs *Missouri* und mit Seemanövern zeigten, daß sie einem sowjetischen Terraingewinn entschlossen entgegentreten würden. Mit der Truman-Doktrin (März 1947) wurde ein halbes Jahr später die Grundlage für die Lieferung von Wirtschafts- und Militärhilfe Amerikas an Griechenland und die Türkei geschaffen.
Im iranischen Azerbeidjan versuchte Stalin, ein ihm genehmes Regime zu etablieren – ohne Erfolg allerdings, weil der Iran dem sowjetischen Diktator, mit britischer und amerikanischer Unterstützung, Widerstand leistete. Am 9. Mai 1946 zogen sich die letzten sowjetischen Soldaten aus Iran zurück, und bis heute ist nicht restlos geklärt, ob Stalin damals eine Geste des guten Willens zeigte – was seinem Naturell kaum entsprochen hätte –, oder ob er sich vor einem Konflikt mit Amerika scheute, das, im Gegensatz zur Sowjetunion, eine Nuklearmacht war. (Die Russen brachten ihre erste Atombombe erst 1953 zur Explosion.)
Zwischen der UdSSR und verschiedenen arabischen Staaten gab es in den folgenden Jahren eine Annäherung, die manchmal nach kurzer Zeit jedoch schon wieder durch Abwendung abgelöst wurde. Der Kreml löste sich nach Stalins Tod von der Theorie der zwei Lager und entwikkelte politische Bilder, in denen auch jene nationalistischen Strömungen Platz finden sollten, die weder eindeutig zum einen noch zum anderen Lager gehörten.

Der Nationalismus in der Dritten Welt, somit also auch im Nahen Osten, gewann «in der sowjetmarxistischen Theorie den Stellenwert einer demokratischen, antifeudalen und antiimperialistischen Ideologie», schreibt Bassam Tibi im *Handbuch 2, Unterentwicklung* (1975) und ergänzt: «Ägypten wird als einer der vorbildlichsten ‹jungen Staaten mit sozialistischer Orientierung› bezeichnet, weil der staatliche Sektor dort sehr ausgedehnt ist.»

Zunächst war der Handel und insbesondere der Waffenhandel das Instrument der Sowjets in Nahost. Hinzu kam auf der politischen Bühne eine konsequente Unterstützung der arabischen Interessen bei der UNO durch die Sowjets. Und in bezug auf die Ideologie notierte die Zeitschrift *Neue Zeit* im April 1955: «Die Bewegung zugunsten der nationalen Befreiung in Nahost war eng verbunden mit den anti-feudalistischen und anti-monarchistischen Bewegungen.» Ägypten erhielt in diesem Text, neben Syrien, besonderes Lob wegen seiner Landreform und der von der Regierung in Angriff genommenen Sozialpolitik.

Vergessen schienen die Zeiten, da Moskau die Bewegung der «Freien Offiziere» um Gamal Abd el-Nasser als amerikahörig eingestuft hatte, vergessen aber auch, daß die jetzt so einflußreichen Nationalisten in Nahost damit angefangen hatten, die Kommunisten in den betreffenden Ländern zu unterdrücken oder gar zu eliminieren. Der Palästinenser Ghazi Y. Shanneik analysierte in seiner Dissertation *Die Entwicklung des ägyptischen Militärregimes,* (Göttingen, 1978): «Die zahlenmäßig schwachen Kommunistengruppen sollten zum einen eine Absorbierungsfunktion im Innern einnehmen, indem man die Unzufriedenheit der Bevölkerung auf deren Agitation und angeblichen Aufruhr lenkte. Gleichzeitig konnte das Regime seine Stärke durch Repression gegen die Kommunisten manifestieren und dadurch auch die Verfolgung von Rechtsradikalen und anderen Oppositionsgruppen legitimieren. Zum anderen sollte die periodische Verfolgung von Kommunisten als eine Trumpfkarte in den Beziehungen gegenüber dem Westen, der Sowjetunion und anderen arabischen

Staaten dienen, so wie es in der konkreten Situation gerade opportun erschien.»

Die Unempfindlichkeit der Sowjets gegenüber solchen Handlungsweisen der Araber zählt zu den Merkwürdigkeiten der Politik des Kremls gegenüber Nahost. 1959 schrieb Abd el-Nasser recht offen an Chruschtschow, er sei kein Kommunist, sondern ein Nationalist. «Wenn ich den Kommunismus in der arabischen Welt attackiere, so bedeutet das allerdings nicht, daß ich die Sowjetunion kritisieren würde.» Chruschtschow soll geantwortet haben (ich zitiere aus einer Veröffentlichung Heikals): «In Ägypten gibt es eine Kampagne gegen die Sowjetunion und infolgedessen auch gegen das sowjetische Volk. Spucken Sie nicht in den Brunnen – Sie könnten genötigt sein, sein Wasser zu trinken.»

Obgleich Abd el-Nasser seine Kampagne gegen die Kommunisten fortsetzte, unterstützte der Kreml weiterhin den Bau des Assuandamms. Jahre später analysierte in Moskau Rostislaw Ulianowski, ein Mitarbeiter der Abteilung für internationale Angelegenheiten des Zentralkomitees der KPdSU, die Probleme der arabischen Marxisten als eine Folge der Schwäche und der mangelnden Organisation der Arbeiterklasse in Nahost. Den kommunistischen Parteien bleibe anhand dieser Situation keine andere Wahl, als die bestehenden «nationaldemokratischen» und «revolutionär-demokratischen» Bewegungen zu unterstützen. Aus arabischem Blickwinkel waren und sind die Beziehungen zu Moskau voller Zwiespältigkeiten. Und vor allem: sie wurden praktisch immer erst dann intensiviert, wenn der Westen als Spender von Wirtschafts- oder Militärhilfe «versagt» hatte.

Nach dem Zweiten Weltkrieg zeigte sich dies zum erstenmal 1954/1955, als Großbritannien mit dem Plan des Bagdad-Pakts viele Araber in Aufruhr versetzte und als die Vereinigten Staaten sich weigerten, Ägypten beim Bau des Assuandamms zu unterstützen. In dieser Situation konnte die Sowjetunion sich das Abbröckeln der Popularität der Briten und Amerikaner zunutze machen. Nach kurzer Zeit aber mußte sie lernen, zwischen scheinbarer Ideologie-

Nähe und arabischem Nationalismus zu unterscheiden, und erkennen, daß hinter der Zuwendung zu Moskau bei den arabischen Führern vor allem Enttäuschung über den Westen und revolutionäre Profilierungssucht standen. Diese unterschwelligen Strömungen zu erkennen, fiel den Sowjetführern damals nicht leicht, denn sie erlagen oft der Neigung, den «sozialistischen» arabischen Nationalismus als dem Kommunismus verwandt zu betrachten. Die Araber, besonders die Nasseristen und die Baathisten, leisteten diesem Mißverständnis Vorschub, indem sie von einer notwendigen Einführung sozialistischer Gesellschaftsmodelle sprachen. Der Etappe der arabischen Einigung, so betonten sie immer wieder, würde eine gesellschaftliche Gleichschaltung nach sowjetischem Muster folgen.
Ägypten, Syrien, Irak, Libyen und Südjemen waren die wesentlichsten Interessensphären der Sowjets in Nahost. Als Rankenwerk kam die PLO hinzu und als Versuchskaninchen der Nordjemen. (Mit Jemen gab es schon ab 1955 einen Freundschaftsvertrag.) Algerien spielte in dem Zusammenhang schon immer eine Außenseiterrolle: Von Ben Bella über Boumedienne bis zu Chadli Benjedid gibt es in diesem nordafrikanischen Staat eine konsequente Linie der Eigenwilligkeit, die eine Unterordnung, ja, bereits eine Allianz im engeren Sinne, verhindert. Vier weitere Staaten am Rande der arabischen Welt wurden hinsichtlich ihres Verhaltens gegenüber Moskau ebenfalls in Sonderkategorien eingeteilt: Somalia – das bei der zeitlich begrenzten Zweckehe mit dem Kreml einen Partner beim Bemühen um die Gewinnung beziehungsweise Rückgewinnung des ihm historisch angeblich zugehörigen Territoriums suchte –, Äthiopien – das einen revolutionär gesinnten Helfer im brutalen Prozeß der Selbstverwirklichung nach dem Sturz Haile Selassies brauchte –, Iran – der in begrenztem Sinne jeden Partner akzeptieren würde, der ihm gegen die Erben der alten Infrastruktur, gegen die USA und gegen Irak helfen würde – und Afghanistan, dessen Marxisten und Stalinisten sich eines Tages in einer Falle des Kremls befinden sollten, die sie sich wohl nicht einmal in ihren schlimmsten Träumen vorgestellt hatten.

Beschränkt man sich auf den eigentlichen Nahen Osten, so fällt auf, daß es den Sowjets in dieser Hemisphäre nicht gelungen ist, ein auch nur einigermaßen wichtiges Land zum Marxismus zu bekehren. Südjemen ist die Ausnahme, aber auch sie ist voller Widersprüche, wie der Verlauf der Revolte eher reformerischer Marxisten gegen doktrinäre Stalinisten im Februar 1986 gezeigt hat. Es dürfte äußerst schwerfallen, in Nahost Politiker, Bürger, Potentaten der Wirtschaft oder Hochschullehrer zu finden, die das sowjetische Modell als nachahmenswert anerkennen wollten. Der Anti-Individualismus der Russen widerspricht zutiefst dem Wertsystem des Nahen Ostens. Die Religion kommt als trennendes Element hinzu, und im Alltag des Nahen Ostens (auch in Ländern wie Syrien oder Irak) wird oft bemängelt, daß die Sowjets durch ihre Bürokratie so stark in ihrer Entscheidungsfähigkeit gehemmt werden, daß sie als Partner eigentlich von untergeordnetem Interesse seien. (Als ob Syrien oder Irak oder auch Ägypten eine weniger pompöse, weniger schwerfällige Bürokratie hätten!)
Wann immer arabische Regime sich an Moskau anzulehnen beginnen, so steht dies im Zusammenhang mit Abgrenzungsversuchen gegenüber dem Westen (insbesondere gegenüber den USA) und mit Machtdemonstrationen gegenüber Israel. Das zeigte sich, wie bereits angedeutet, Mitte der fünfziger Jahre und dann nochmals nach dem Krieg von 1967 in Ägypten. Damals half die Sowjetunion massiv bei der Wiederaufrüstung der ägyptischen Armee, weil sie sich ihren «progressiven» Verbündeten in der arabischen Welt erhalten und weil sie außerdem ein Gegengewicht zum damals wachsenden Einfluß Chinas in Nahost bilden wollte. Ghazi Y. Shanneik merkt dazu in der bereits zitierten Arbeit an: «Die Stationierung des sowjetischen Militärpersonals war gegen eine akute israelische Gefahr gerichtet; die Präsenz dieses Personals war und blieb unter ägyptischer Kontrolle. Außerdem blieb die Wiederaufrüstung der ägyptischen Armee durch die Sowjets auf defensive Waffen beschränkt, denn die strategische Überlegung der Sowjets war, die Existenz des Staates Israel nicht in Frage zu stellen (daher auch die

fehlende Unterstützung der palästinensischen Résistance). Auch sollten die politisch-militärischen Aktionen der Sowjetunion und ihrer arabischen Verbündeten nicht zu einer Konfrontation mit den USA führen.»
Ähnliche Szenarien wie jenes zwischen der Sowjetunion und Ägypten nach dem Sechstagekrieg wurden in den sechziger Jahren in Syrien und wiederum nach dem Krieg Israels im Libanon von 1982 wirksam. Die Voraussetzungen in Libyen, Südjemen und Äthiopien waren, unter dem Gesichtspunkt der Enttäuschung über ausbleibende westliche Hilfe betrachtet, recht ähnlich. Selbst Jordanien, ein Land mit pro-westlichen Traditionen innerhalb der Elite, drohte immer wieder mit der Hinwendung zur Sowjetunion, wenn die Vereinigten Staaten versprochene Waffen, aus Rücksicht auf Israel und auf die inneramerikanische Pro-Israel-Lobby, nicht liefern sollten.
Der Höhepunkt des sowjetischen Einflusses in Ägypten wurde in den Jahren 1970 bis 1972 erreicht. Damals hätte nicht viel gefehlt, daß die Russen die Kontrolle über die wesentlichen Zweige der Administration hätten erlangen können. Die sowjetischen Experten in Kairo bestimmten über die Verwendung des Finanzhaushalts, sie fällten Entscheidungen über Verträge mit westlichen Geschäftsleuten. In verschiedenen Ministerien mußten die Zahlungsanweisungen sogar eine sowjetische Unterschrift aufweisen. Moskauer Experten bildeten ägyptische Soldaten aus, und ägyptische Offiziere aller Waffengattungen wurden an die Akademien in der Sowjetunion zur Weiterbildung geschickt. Für ihre Flotte bekamen die Sowjets Rechte eingeräumt, die nicht geringer waren als die seinerzeitigen Privilegien der britischen Imperialisten. «Da gewisse moderne Flugzeuge und Luftabwehrraketen von den Ägyptern nicht bedient werden konnten, die Sowjets diese Waffen aber zum Schutz ihrer Flotteneinheiten in Alexandria und Marsa Matruh für unentbehrlich hielten, wurden sowjetische Einheiten in Ägypten stationiert. Das fragliche Gelände war exterritorial und unterstand nur sowjetischem Kommando. Bei einem Besuch soll auch dem vom libyschen Staatschef Muammar al-Ghaddafi

begleiteten Abd el-Nasser der Zutritt zunächst verwehrt worden sein», schreibt der Publizist Erich Helmensdorfer, der die damalige Erfahrung der Ägypter mit den Sowjets aus der Nähe mitverfolgen konnte.

Der spätere Honigmond zwischen dem Regime Präsident Anwar as-Sadats, der die Beziehungen mit Moskau kurz nach der Amtsübernahme nach Abd el-Nassers Tod zunächst sogar noch intensiviert hatte, dauerte bekanntlich nicht lange: am 18. Juli 1972 warf der Ägypter die 15 000 russischen Soldaten und Offiziere hinaus. Warum?

Im arabischen Lager und in den Beziehungen zwischen Ägypten und dem Iran hatten seit Anfang der siebziger Jahre Entwicklungen eingesetzt, die auf eine bevorstehende regionale Entspannung hindeuteten. Saudi-Arabien betonte plötzlich ein Interesse an guten Beziehungen zu Kairo, in Syrien kam im November 1970 mit Hafez al-Assad ein weniger militantes Regime an die Macht; der Schah des Iran kündigte die Normalisierung der Beziehungen zu Aegypten an. All das führte dazu, daß Sadat sich nun innerhalb der eigenen Region einigermaßen gestützt fühlen und auf Distanz zu Moskau gehen konnte, und zwar ungeachtet des 1970 abgeschlossenen und auf fünfzehn Jahre laufenden Freundschafts- und Kooperationsvertrags mit den Sowjets.

Moskau verfolgte in der nahöstlichen Region schon immer sowohl strategische wie auch wirtschaftliche Ziele. Die Sowjets wollten ihre Südflanke sichern, die Kontrolle über einen wesentlichen Teil des Randgebietes um den Indischen Ozean erlangen, sie wollten aber auch eine Garantie für die Ölversorgung im Hinblick auf eine Zeit erlangen, da sie selbst vom Erdölexporteur zum Importeur würden. Während etwa zwei Jahrzehnten war der Nahe Osten darüber hinaus auch ein Feld zur Erprobung der ideologischen Auseinandersetzung zwischen Kommunismus und dem freien System. In dieser Hinsicht endete die Phase der Aktivität Moskaus erst mit dem Aufkommen jenes Phänomens, das man Re-Islamisierung oder Re-Politisierung der religiösen Inhalte des Islam nennt – etwa gleichzeitig aber begannen die USA, in Nahost eine aufs

Ideologische konzentrierte Politik zu führen. Oft drängten die Sowjets nahöstlichen Regimen mit Hartnäckigkeit Freundschafts- und Kooperationsverträge auf. Zuerst schafften sie den Durchbruch in Ägypten, später folgten Irak und Syrien. Libyens Muammar al-Ghaddafi betonte dagegen zunächst seine Sprödigkeit, wurde später aber vom Versagenden zum Bittsteller, der den Kreml drängte, mit ihm einen Freundschafts- und Kooperationsvertrag etwa nach syrischem Muster abzuschließen. Doch jetzt war es an den Sowjets, Zurückhaltung zu wahren. Sie lieferten Muammar al-Ghaddafi zwar freizügig und zu niedrigen Stückpreisen Waffen gegen harte Devisen, schienen aber politisch genügend Distanz zum Revolutionsführer in Tripolis wahren zu wollen, um nicht durch die chaotische, mit terroristischen Gruppierungen liierte Außenpolitik Libyens in eine unkontrollierbare Situation hineingezogen zu werden. Nach dem Bombenangriff der Amerikaner auf Tripolis und Bengazi im April 1986 begnügte Moskau sich vorerst mit einer verbalen Unterstützung der Sache Ghaddafis. Die vom libyschen Revolutionär angedeuteten Wünsche auf Integration in den Warschaupakt blieben in Moskau ohne offizielles Echo.

Seit 1977 zeichnet sich eine allmähliche Akzentverschiebung der sowjetischen Diplomatie gegenüber Nahost ab. Vorher war Moskau davon ausgegangen, bei einer politischen Lösung des Konfliktes zwischen Israel und den Palästinensern als Schutz- oder Kontrollmacht beigezogen zu werden. Die Carter-Administration bestärkte die Sowjetunion in dieser Annahme, doch der Plan einer großen, internationalen Nahost-Initiative scheiterte, worauf Anwar al-Sadat sich zur Jerusalem-Reise des Novembers 1977 entschloß. Die Wege nach Camp David und zum bilateralen Friedensvertrag zwischen Ägypten und Israel waren damit vorgezeichnet, ebenso aber das einseitige Engagement der USA in einer umgrenzten Zone des Nahen Ostens und das Abseitsstehen der Sowjets. Moskau scheint sich inzwischen darauf eingerichtet zu haben, daß sein Einfluß auf die Politik einiger weniger Staaten zeitlich begrenzt ist. Die Sowjets können bisweilen neutra-

lisierende Gegenpole zu – zeitlich ebenfalls begrenzten – amerika-freundlichen Wogen anderer arabischer Staaten bilden, aber für die Mitwirkung an einem Ausgleich zwischen den Arabern und Israel fehlen die Voraussetzungen. Bestenfalls können sie dazu beitragen, daß beispielsweise zwischen Ägypten und den USA wieder etwas mehr Distanz entsteht oder daß Länder am Persischen Golf sich der Gruppe der Blockfreien annähern. (Kuwait ist in dieser Hinsicht für Moskau ein erfolgreiches Beispiel.)
Selbst aus israelischer Sicht hat die Sowjetunion im Nahen Osten in den letzten Jahren an Bedeutung verloren. Der israelische Politologe Aryeh Yodfat zieht in einem Beitrag des Buches *Israel, the Middle East and the Great Powers* diese Schlußfolgerung: «In den 50er und 60er Jahren waren die Sowjets bereit, jedem nahöstlichen Bittsteller großzügig Hilfe zu gewähren. Heute sind sie wählerischer und vorsichtiger bei Langzeit-Verpflichtungen. Die sowjetische Nahost-Politik hat eine nach innen gerichtete Komponente erhalten, das heißt, sie wird abgestimmt auch auf die Möglichkeiten und Interessen der sowjetischen Wirtschaft, auf Machtkämpfe in den Führungsgremien nahöstlicher Länder und auf andere interne Faktoren. In der sowjetischen Außenpolitik spielt der Nahe Osten heute eine weniger bedeutsame Rolle als früher.»
Zeitweise um eine Nuance subtiler als die Sowjets bemühten sich nach dem Zweiten Weltkrieg die Amerikaner um eine Nahost-Politik, die nicht nur Eigeninteressen umsetzen, sondern bis zu einem gewissen Grade auch die Identität der verschiedenen Länder der Region berücksichtigen sollte. Das hehre Ziel wurde allerdings viel öfter in den politischen Zirkeln des «East-Coast Establishments» diskutiert, als daß es in praktische Politik umgesetzt worden wäre.
Nach dem Ende des globalen Konflikts hätte Washington den Nahen Osten am liebsten den Briten als Einflußzone überlassen, sofern London sich damals, in den Jahren des Ringens um Palästina, zu einer großzügigeren Einwanderungspolitik für die Juden durchgerungen hätte. Das soge-

nannte «Biltmore-Programm» der zionistischen Bewegungen, in dem die Schaffung eines jüdischen Staates gefordert wurde, fand bei Präsident Truman ein günstiges Echo; das Weiße Haus intervenierte mehrmals beim britischen Premier Attlee in dem Sinne, um für 100 000 jüdische Flüchtlinge aus dem kriegsgeschädigten Europa sofort (1946) die Einwanderungserlaubnis zu erreichen. Eine Mitverantwortung für die Auswirkungen, welche die verstärkte jüdische Immigration auf die ortsansässige arabische Bevölkerung haben könnte, wollte Washington allerdings nicht tragen.
1947 stimmten die USA dem UNO-Teilungsplan für Palästina zu. (Die notwendige Zweidrittelmehrheit kam aufgrund der amerikanischen Haltung vor und hinter den Kulissen zustande.) Und 1950 einigten sich die Vereinigten Staaten mit Frankreich und Großbritannien auf die Drei-Parteien-Deklaration, um die Sicherheit des Nahen Ostens zu garantieren.
Diplomatie und Realpolitik strebten in den folgenden Jahren jedoch drastisch auseinander. Großbritannien mußte sich aus einem Land nach dem anderen zurückziehen: aus Palästina im Jahr 1948, aus Iran 1951, aus Sudan 1953, aus Ägypten in zwei Phasen 1954 und 1956, aus Jordanien 1957, aus Irak 1958.
Die Rivalität zwischen den Supermächten USA und Sowjetunion in der Region des Mittelmeers und des Nahen Ostens war bereits 1947 erkennbar geworden. Mit der Truman-Doktrin versuchte Washington, zunächst Griechenland und die Türkei für den freien Westen zu erhalten. (Moskau übte damals, wie bereits erwähnt, Druck auf die Türkei aus, und in Griechenland beherrschte die von Moskau mitunterstützte Guerilla drei Viertel des Territoriums.) Das gelang unter anderem dank großzügiger Wirtschafts- und Militärhilfe zugunsten der damals schwachen Regierungen in Athen und Ankara. (Aufgrund der Truman-Doktrin erhielten die beiden Staaten zunächst 400 Millionen Dollar, aber aus dieser relativ bescheidenen Summe wurden bis 1962 ganze 7 Milliarden.) Und 1948 begann auch die Unterstützung Irans

durch Washington, zunächst im Umfang von 28 Millionen Dollar. (Daraus wurden bis zu Beginn der sechziger Jahre weitere 1,3 Milliarden.)
Für die Araber in Nahost war Amerika aufgrund des Schulterschlusses mit dem neugegründeten Staat Israel allerdings bald ein verdächtiger Partner. Georgiana G. Stevens schrieb dazu in *The United States and the Middle East* (New Jersey, 1964): «Jedem politisch erwachten Araber mußte die Geschichte Palästinas als eine Kette von gebrochenen Versprechen erscheinen. In dieser (allerdings etwas einseitigen und unvollständigen) Betrachtungsweise begann der Verrat nach dem Ersten Weltkrieg mit nicht eingehaltenen Zusagen der Briten auf Anerkennung staatlicher Unabhängigkeit und setzte sich fort mit der Balfour-Erklärung, die eine verstärkte jüdische Immigration nach sich zog. Einst hatten zehnmal mehr Araber als Juden in Palästina gelebt, aber wegen der nicht vorhandenen politischen Verteidigungsfähigkeit schrumpfte dieses Zahlenverhältnis auf zwei zu eins zusammen. Aufgrund der Unterstützung durch westliche Staaten, so sahen es die Araber, erfolgte 1947 die Zerstückelung des arabischen Gebiets durch die Schaffung Israels, d.h., eine Nation mußte wegziehen, um einer anderen Nation Platz freizumachen. In den Augen der Araber war und ist das eine monströse Ungerechtigkeit. Sie ist für die Araber um so erschreckender, als sie durch Komplizenschaft jenes Landes zustande kam, das sich auf die ‹unveräußerlichen Rechte› der Menschen auf Gleichheit beruft, die USA. Aus dem traditionell gehegten Respekt für Amerika wurde so fast über Nacht Feindseligkeit.»
In ihrer selbstkritischen Einstellung verallgemeinert die Autorin Georgiana G. Stevens da wohl ein wenig: Der amerikanische Lebensstil, die Freiheit des gesellschaftlichen Umgangs und die Grandezza der amerikanischen Außenpolitik – all das flößte auch in den späteren Jahren vielen arabischen Privatpersonen und Politikern Respekt und Bewunderung für Washington ein. Das galt während einiger Jahre (1952 bis 1954) sogar für die revolutio är eingestellte Führung Ägyptens, für General Naguib und

Oberst Nasser, und man darf nicht vergessen, daß es die amerikanische Unterstützung für die Protagonisten der ägyptischen Revolution des Juli 1952 war, welche zum Rückzug der Briten aus dem Sudan (1953) und zur Räumung der Suez-Kanalzone im Jahr 1954 führte! Die USA versuchten, durch Gewährung von Wirtschaftshilfe – im Falle Ägyptens ging es zunächst um 40 Millionen Dollar – das betreffende Regime wieder einmal zu einer pro-westlichen und moskaufernen Politik zu bewegen.

Staatssekretär John Foster Dulles mußte allerdings schon 1953 erkennen, daß er bei Abd el-Nasser auf Granit stieß, wenn immer er ihm die Idee eines Sicherheitspaktes schmackhaft machen wollte. Abd el-Nasser erklärte damals gegenüber Dulles, der Beitritt zu einer Verteidigungsallianz wäre gleichbedeutend mit Selbstmord für sein revolutionäres Regime und für den ausländischen Partner außerdem kontraproduktiv. Denn die einzige Gefahr, welche der nahöstlichen Region drohen könne, käme von innen, erklärte Abd el-Nasser, und er fügte hinzu: hauptsächlich von den in den eigenen Ländern agitierenden kommunistischen Gruppierungen.

Die USA laborierten damals mit einem nah- und mittelöstlichen Paktsystem, das einen Wall gegen die wahren oder angeblichen Expansionsgelüste der Sowjets bilden sollte. Die Türkei entschloß sich zum Beitritt zur NATO, Pakistan wurde Mitglied der SEATO (Southeast Asia Treaty Organization), und der damals starke Mann Iraks, Nuri al-Said, konnte dazu überredet werden, sich im sogenannten Bagdad-Pakt mit Großbritannien zu verbünden. Weitere Mitglieder des Bündnisses waren die Türkei, Iran und Pakistan. Die Vereinigten Staaten von Amerika vermieden es, formell Mitglied des Bagdad-Paktes zu werden, weil Washington andere Staaten und Regime in der nahöstlichen Region nicht provozieren wollte. Dieses Abseitsstehen konnte aber nicht verhindern, daß die USA von der revolutionären Führung Ägyptens wie auch anderen Politikern des Nahen Ostens heftig kritisiert wurden.

Irak bezog in den folgenden vier Jahren amerikanische Hilfe im Umfang von über 58 Millionen Dollar und küm-

merte sich vorerst wenig um die vehementen Verbal-Attacken Gamal Abd el-Nassers, der vom Verrat Nuri al-Saids sprach und vom Betrug Großbritanniens, das offensichtlich ein weiteres Mal seine zugesagte Respektierung der Unabhängigkeit der Länder des Nahen Ostens brechen wolle.
Die Entwicklung war jedoch voll von Widersprüchen. Während London sich mit dem Bagdad-Pakt eine Basis in Nahost sichern wollte, bereitete es fast zeitgleich den Rückzug aus der Zone des Suez-Kanals vor. Im Juli 1954 erzielten die Briten mit Abd el-Nasser eine entsprechende Übereinkunft, und im Oktober 1954 wurde der Vertrag unterzeichnet, der im wesentlichen zweierlei vorsah: den Rückzug der britischen Truppen innerhalb von zwei Jahren und eine Garantie Ägyptens für die Nutzung militärischer Stützpunkte durch Großbritannien für den Fall eines Angriffes auf ein arabisches Land oder die Türkei. Als möglichen Angreifer betrachteten die Briten damals zweifellos die Sowjetunion.
Abd el-Nasser hatte sich mit diesem Vertrag einen kleinen Schritt von seinen eigenen Grundsätzen entfernt, die Vereinbarungen mit einer ausländischen Macht ausschlossen. Prompt geriet er von einer radikalen inner-ägyptischen Opposition unter Beschuß. Eine Woche nach der Unterzeichnung des Vertrages kam es sogar zu einem Mordversuch an Abd el-Nasser.
In den folgenden Monaten war das Spannungsverhältnis zwischen Ägypten und Israel von großer Hektik geprägt. Die israelische Führung wähnte sich durch eine mögliche Verbindung zwischen den revolutionär gesinnten Offizieren Ägyptens und den USA und durch die ägyptisch-britische Vereinbarung isoliert; sie sah eine Bedrohung auf sich zukommen. Ohne unmittelbaren Anlaß zerstörten israelische Truppen einen ägyptischen Militärposten in Gaza, wobei 38 Soldaten getötet und weitere 31 verwundet wurden; es gab eine Serie von Attacken, die als Vergeltung gekennzeichnet wurden, gegen Dörfer in Jordanien. Ägypten nahm in Kairo einige israelische Agenten fest, in Israel kehrte David Ben Gurion nach 22monatiger

Besinnungspause als Verteidigungsminister in die Regierung zurück, und die israelische Führung machte klar, daß sie sich mit Entschlossenheit gegen jegliche Bedrohung wehren würde.
Ob diese Bedrohung bestand oder nicht, blieb umstritten. Ägypten aber sah plötzlich eine Notwendigkeit, sich seinerseits gegen Israel zu schützen, und begann, im Ausland um Waffenlieferungen nachzusuchen. Die Briten sandten 40 Panzer (aber keine Munition); Frankreich machte eine mögliche Hilfeleistung davon abhängig, daß Ägypten seine Unterstützung der Widerstandskämpfer des FLN in Algerien beende; die USA waren theoretisch zur Lieferung von Waffen bereit, forderten aber als Bedingung den Beitritt Kairos zu einem Sicherheitsbündnis. Und während sich entlang der ägyptisch-israelischen Waffenstillstandslinie im Sinai die Scharmützel fortsetzten, verkündete Abd el-Nasser im September 1955 plötzlich, er habe «von der Tschechoslowakei Waffen im Tausch für Baumwolle und Reis» gekauft.
Die Erklärung Abd el-Nassers löste im Westen einen Schock aus. Die Möglichkeit eines sowjetischen Polit-Terraingewinns in Nahost schien erstmals konkrete Formen anzunehmen. Bei verschiedenen arabischen Regimen jedoch löste Abd el-Nassers Entscheidung Begeisterung aus: Endlich hatte es ein arabischer Politiker gewagt, den Westen herauszufordern. Syrien und Jemen drängten den Ostblock, zu denselben Bedingungen wie Ägypten Waffenlieferungen zu gewähren und Abd el-Nasser triumphierte, weil er den kalten Krieg zu seinen Gunsten hatte ausnutzen können. Positiver Neutralismus hieß diese Taktik des Ausspielens von West gegen Ost.
Sie funktionierte ein weiteres Mal beim Tauziehen um die Finanzierung des Hochdamms von Assuan. Abd el-Nasser bat zunächst die Sowjets um Unterstützung; daraufhin machten im Herbst 1955 auch die Amerikaner und Briten ein Angebot. Die Weltbank unterbreitete ihrerseits eine Offerte, aber die westlichen Angebote wurden wieder fraglich, nachdem man in Washington zu erkennen glaubte, daß die Sowjets kein wirkliches Interesse an dem Projekt

hatten. Der Logik des kalten Krieges entsprechend zog John Foster Dulles die US-Offerte zurück – mit dem Resultat, daß Moskau schließlich doch ins Assuan-Projekt einstieg. Der Widerruf der westlichen Angebote wurde im Juli 1956 auf recht brüske Art bekanntgegeben. Der ägyptische Führer fühlte sich gedemütigt, und er entschloß sich abrupt, dem Westen eine Lektion zu erteilen. Nasser gab die Nationalisierung der Suez-Kanal-Gesellschaft bekannt, die Eigentum von Briten und Franzosen war.
Die arabische Welt geriet förmlich in einen Taumel der Begeisterung über Abd el-Nasser – Israel aber nahm am 29. Oktober 1956 die Gunst der Stunde wahr und drang mit seinen Truppen bis zum Suez-Kanal vor. Großbritannien und Frankreich forderten daraufhin Ägypten ultimativ zur Änderung seiner Politik den Kanal betreffend auf und landeten schließlich eigene Truppen.
Angesichts dieser dramatischen Entwicklung entschlossen sich die USA zu einem nicht weniger dramatischen Schritt. Sie stellten sich gegen Großbritannien, Frankreich und Israel und forderten den Rückzug der Truppen. Warum das? In erster Linie, weil die USA damals fest an die Vereinten Nationen als weltweiten Friedensstifter glaubten und deshalb in der UNO-Generalversammlung nicht gegen die Mehrheit stimmen wollten. Außerdem war Amerika aus moralischen Gründen gegen die Aggression eingestellt, und Washington mußte befürchten, den Einfluß auf Afrika und Asien zu verlieren, wenn es sich in diesem entscheidenden Augenblick gegen die Dritte Welt stellen würde.
Die Haltung der USA in der Suez-Krise änderte allerdings nichts an ihrer äußerst kritischen Haltung gegenüber Abd el-Nasser. «Statt einzugestehen, daß Neutralismus nicht unmoralisch sei (wie Staatssekretär Dulles sich geäußert hatte), statt anzuerkennen, daß der Traum der arabischen Unabhängigkeit nicht unbedingt eine Bedrohung für den Westen darstelle, und statt zu akzeptieren, daß die Araber ihre eigene Führung bestimmen wollten, fuhren die USA mit ihrer Nahost-Politik so weiter wie zuvor», schreibt Georgiana G. Stevens. Das sogenannte CARE-Programm,

das Nahrungsmittelhilfe zugunsten ägyptischer Kinder ermöglicht hatte, wurde suspendiert, ebenso die Lieferung amerikanischen Weizens.
Es dauerte nicht lange, bis die Sowjetunion die entstandenen Lücken ausfüllte . . .
Im Januar 1957 formulierte Washington eine neue Doktrin, diesmal benannt nach Präsident Dwight D. Eisenhower. Sie beinhaltete Hilfe für nahöstliche Länder, die sich einer «bewaffneten Aggression von seiten des internationalen Kommunismus» gegenübersahen. Für Washington war diese Doktrin insofern erfolgreich, als sie freundschaftliche Beziehungen zwischen den USA und Saudi-Arabien bewirkte und die Ausbreitung des von Abd el-Nasser geförderten Panarabismus begrenzte. Sie führte zu einer Einbindung Jordaniens ins amerikanische Nahost-System und zu einer amerikanischen Militäraktion zugunsten des bedrohten libanesischen Präsidenten Camille Chamoun. Die Landung von US-Truppen in Beirut im Juli 1958 konnte den Sturz Chamouns allerdings ebensowenig verhindern wie die anwachsenden Anymositäten zwischen den USA und dem ägyptischen Präsidenten Nasser.
Die sechziger Jahre waren durch ein Bemühen um Anerkennung einer arabisch-nahöstlichen Identität gekennzeichnet – sofern sie keine Existenzbedrohung für Israel darstellte. John F. Kennedy trat sein Amt mit dem Ziel an, die Sowjets durch das Vorleben amerikanischer Idealvorstellungen herauszufordern und in die Defensive zu drängen – für eine im Detail durchgearbeitete Nahost-Politik blieb da relativ wenig Raum. Die USA waren außenpolitisch mit Berlin, mit der Raketen-Krise um Kuba, mit Vietnam und Laos beschäftigt. Auch Kennedys Nachfolger Lyndon B. Johnson wollte das amerikanische Engagement in Nahost auf Sparflamme halten, versuchte aber gleichzeitig, durch verstärkte Unterstützung Israels ein Gegengewicht zum sowjetischen Engagement zugunsten Syriens und Ägyptens zu bilden. In der UNO forderten die USA nach dem Juni-Krieg von 1967 die Beachtung der Resolution 242. (Der Wortlaut ist im Anhang dieses

Buches abgedruckt.) Die palästinensische Thematik sah Washington als ein Flüchtlingsproblem; eine eigentliche Palästinenser-Politik der USA gab es damals nicht.
Während der Präsidentschaft Richard Nixons und der von Henry Kissinger geprägten Außenpolitik war die amerikanische Haltung gegenüber Nahost differenzierter. Das zeigte sich insbesondere bei der Ausarbeitung des Rogers-Plans. Nixon hoffte, daß eine Nahost-Interessengemeinschaft mit den Sowjets sich günstig für die Durchsetzung amerikanischer Interessen in Vietnam auswirken würde. Beide Supermächte sollten, entsprechend dem Plan Washingtons, in Nahost ihre Verbündeten zu Verhandlungen motivieren. Doch der Plan scheiterte. In seinem Buch *Von Kennedy bis Reagan, Grundzüge der amerikanischen Außenpolitik 1960–1984* bemerkt Christian Hacke dazu: «In dem Umfang, in dem Außenminister Rogers versuchte, die amerikanische Interessenlage von einer reinen Bündnispartnersituation gegenüber Israel in eine umfassende und allseitig akzeptierte Maklerposition zu schieben, in dem Maße torpedierte Israel die amerikanische Verhandlungsinitiative.» Dem Rückschlag folgte eine verstärkte Aufrüstung der ägyptischen Streitkräfte durch die Sowjets und schließlich auch die Stationierung russischer Militärexperten, während Amerika die Militärhilfe zugunsten Israels intensivierte. Im Oktober-Krieg von 1973 lieferte Moskau massiv Rüstungsgüter an Ägypten und Syrien, während Washington sich eindeutig auf der Seite Israels engagierte.
Die Nixon-Administration betrachtete dieses Engagement aber als zeitlich limitiert – es stand, aus der Sicht Washingtons, einzig im Zusammenhang mit der Sicherung der bedrohten Existenz Israels. Nach dem Krieg nahm die US-Außenpolitik jedoch einen neuen Anlauf, um in Nahost einen Ausgleich zu erreichen. Henry Kissinger vermittelte die Truppenentflechtungsabkommen zwischen Ägypten und Israel (18. Januar 1974) und zwischen Syrien und Israel (31. Mai 1974); und im Juni unternahm Präsident Nixon, der im eigenen Land wegen der Watergate-Affäre schon schwer unter Beschuß stand,

eine Nahost-Reise, die zu triumphalen Empfängen in der arabischen Hemisphäre (und zu kritischen Etappen in Israel) führte. Nixon dazu in seinen Memoiren: «Wir landeten am 12. Juni in der heißen Nachmittagssonne in Kairo. Präsident Sadat mit Gemahlin erwarteten uns am Flughafen, und ich war auf Anhieb von beiden sehr beeindruckt. Sadat ist ein gutaussehender Mann und wirkt größer, als man sich ihn von den Fotos her vorstellt. Während der Fahrt wandte er sich zu mir und sagte sehr bewegt: ‹Das ist ein großer Tag für Ägypten.› Sobald wir auf dem Weg zur Stadt waren, bekam ich den ersten Vorgeschmack von dem vielleicht begeistertsten Willkommen, das je einem amerikanischen Präsidenten im Ausland zuteil wurde. Meile für Meile standen die Menschen in Hunderterreihen zu beiden Seiten der Straßen, und in Kairo selbst flossen die Straßen und Plätze buchstäblich über. Nach allgemeinen Schätzungen mußten es wohl über eine Million Menschen gewesen sein. Noch beeindruckender als die bloße Zahl war aber die offensichtliche Aufrichtigkeit im Verhalten dieser Menschen. (. . .) In unseren Gesprächen zeigte Sadat großes Feingefühl und Aufgeschlossenheit. Er bedrängte mich keineswegs im Hinblick auf die Beziehungen zwischen den USA und Israel, obwohl er sonst in der Öffentlichkeit dringend die Rückgabe der besetzten Gebiete, die Rechte der Palästinenser sowie den Status von Jerusalem forderte. Indem er seine Abmachungen mit den Sowjets beschrieb, sagte er mir, er habe sie vor dem Oktober-Krieg um militärische Hilfe gebeten, aber sie hätten sie einfach nicht geleistet. Mit erstaunlicher Offenheit sagte er jetzt: ‹Wir haben sie einfach aufgegeben.›»

Der Besuch in Ägypten endete mit einer amerikanischen Kreditzusage im Umfang von 250 Millionen Dollar jährlich und mit dem Versprechen der USA, Ägypten bei der Entwicklung der Kernenergie behilflich zu sein. (Dieser Programmpunkt blieb weitgehend Theorie.)

Jimmy Carter war der erste amerikanische Präsident, der das Recht der Palästinenser auf ein Heimatland anerkannte. Im April 1977 schlug er sogar vor, das Palästinen-

serproblem an einer internationalen Friedenskonferenz zu erörtern, an der auch die Sowjets teilnehmen sollten.
Weder die amerikanische Öffentlichkeit noch Israel folgten Carter bei dieser Initiative, und die Distanz zwischen der Administration in Washington und der Öffentlichkeit wuchs noch mehr, als die amerikanische und die sowjetische Regierung sich im Oktober 1977 auf eine gemeinsame Erklärung einigten, in der Israel zum Abzug aus den besetzten Gebieten aufgefordert und eine Garantie der Rechte des palästinensischen Volkes postuliert wurden. Christian Hacke kommentiert: «Wie nach dem Rogers-Plan von 1969, so war auch in der Regierung Carter ab September 1977 Konfusion die unmittelbare Folge. Neue Initiativen der Großmächte schienen erfolglos. Niemand erkannte dies deutlicher als der ägyptische Präsident Sadat, der den Wandel durch eine eigene kühne Initiative zu erzwingen suchte.»
Washington war durch Sadats Jerusalem-Reise diplomatisch überrumpelt worden, faßte aber bald wieder Tritt und stellte die Weichen für eine neue Offensive. Sie führten zu Camp David und damit zu einer Akzentverschiebung in der Außenpolitik: Amerika beschränkte sich nicht mehr auf die Rolle des Garanten israelischer Sicherheitsinteressen, sondern nahm die Aufgabe eines Vermittlers und Teilhabers am politischen Prozeß in Nahost auf sich. Flankiert wurde das neue, kostspielige Engagement zugunsten Israels und Ägyptens durch den Versuch, eine Allianz mit Saudiarabien und anderen «gemäßigten» Staaten in Nahost einzugehen (und, unfreiwillig, durch den Rückschlag in Iran nach dem Sturz des Schah). Die Bindung zu Israel allerdings wurde bereits zu Zeiten Jimmy Carters, also noch vor Ende 1980, intensiver gepflegt als jene zu den arabischen «Freunden» Ägypten und Saudiarabien. Von 1977 bis 1986 stieg die jährliche Hilfe an Israel von 1,010 Milliarden Dollar auf 3,755 Milliarden. Vor 1977 machte kein amerikanisches Kriegsschiff Station in einem israelischen Hafen – in den neun Jahren danach zählte man 221 Ankerungen, darunter 12 von amerikanischen Flugzeugträgern. Die eigenwillige Interpretation des

israelischen Premiers Menachem Begin einer Autonomie für die besetzten Gebiete und die von der Likud-Regierung forcierte Besiedlung Cisjordaniens wurde von Washington zwar immer wieder mit Worten kritisiert, aber die Finanzmittel flossen dennoch mit nur kurzen Unterbrechungen.

Ronald Reagans Nahost-Politik hatte anfänglich noch eine deutliche pro-arabische Komponente, aber Israel setzte dem bald starken Druck entgegen. Im September 1981 forderte Begin bei seinem Besuch in Washington als Ausgleich zur amerikanischen Lieferung von AWACS-Überwachungssystemen den Ausbau der Beziehungen zwischen den USA und Israel, und am 30. November 1981 wurde zwischen den Verteidigungsministern Weinberger und Sharon ein strategischer Konsens vereinbart.

Amerikas Haltung im Zusammenhang mit der israelischen Invasion im Libanon im Sommer 1982 zeigte, wie ratlos Washington in Nahost war. Die Reagan-Administration neigte zu der Ansicht, eine Neuordnung der Prioritäten, ja eine Weichenstellung in friedliche Richtung sei möglich, wenn Israel nur die palästinensischen «Terroristen» abschrecken und das libanesische «Chaos» durch eine neue Ordnung ersetzen würde. Als man in den USA erkannte, daß die inneren Gesetzmäßigkeiten Libanons doch ein wenig komplexer waren als angenommen, rang Präsident Reagan sich am 1. September 1982 zu jener Nahost-Deklaration durch, die auf einen Ausgleich der Interessen hinzuweisen und auch die Anliegen von Palästinensern und Jordaniern in Rechnung zu stellen schien. Im wesentlichen blieb es aber bei Worten und bei der – noch weit bis ins Jahr 1986 genährten – Illusion, König Hussein von Jordanien würde sich zu einem Schritt entschließen, der jenem Sadats im Jahre 1977 vergleichbar wäre. Man wich der Frage aus, ob es für eine solche Initiative Husseins überhaupt eine Gegenleistung geben könne, nachdem Israel Jerusalem bereits annektiert und die Besiedlung Cisjordaniens so weit vorangetrieben hatte, daß niemand mehr an den geschaffenen Tatsachen vorbeisehen konnte. Ähnlich illusorisch war die amerikanische Politik in den Jahren 1984 bis 1986 hinsichtlich der PLO: Man glaubte, Yassir Arafat würde sich aufgrund vager amerikanischer Versprechungen für die Zukunft des palästinensischen Volkes mit König Hussein von Jordanien verbünden, um gemeinsam an einer Konferenz mit israelischen Vertretern teilnehmen zu können. Als auch diese Erwartung nicht erfüllt wurde, strafte Washington den jordanischen Monarchen mit der Verweigerung von bereits zugesagten Waffenlieferungen.

Amerika befindet sich im Jahr 1986 in tiefer Unsicherheit, was seinen Kurs gegenüber Nahost angeht. Sie beruht zum Teil auf der Überzeugung, daß einzig eine demokratische Gesellschaftsordnung imstande sei, auf Dauer dem Widerstand zu leisten, was Washington als latente sowjetische Bedrohung der Region zu erkennen glaubt – und die einzige Demokratie in Nahost ist Israel. Folgerichtig betrachten die Vereinigten Staaten daher Israel als ihren bevorzugten Verbündeten in der Region. (Allerdings spielen auch andere Faktoren eine Rolle, so etwa die enge Bindung der jüdischen Gemeinschaft in den USA mit den Israeli.) Im arabischen Lager sucht Washington noch immer nach einem auf Dauer verläßlichen Partner, aber die Administration tut sich schwer, die unterschiedlichen Arten des arabischen Nationalismus, die verschiedenen Schattierungen des Islam, die andersartigen Mentalitäten in den arabischen Staaten zu verstehen. Nach Zwischenspielen wie jenem von US-Staatssekretär Rogers oder von Henry Kissinger ist man in den USA in eine Grundhaltung zurückgefallen, die jener von John Foster Dulles gleicht: Eine arabische Regierung ist gut, wenn sie mit dem Westen ein Bündnis eingeht. Sie bewegt sich in der Grauzone zwischen dem Tolerierbaren und dem Feindbild des *bad guy*, wenn sie eine Linie im Umfeld dessen verfolgt, was zur Zeit Abd el-Nassers einst als positiver Neutralismus gekennzeichnet wurde. Sie gehört ins Lager der Feinde, wenn sie darüber hinausgeht und Vereinbarungen mit der Sowjetunion schließt, die weitergehen als die formelle Aufnahme diplomatischer Beziehungen.

Angesichts der Komplexität des Nahen Ostens mit seinen

für Amerika schwer überschaubaren und eigentlich unbegreiflichen Zersplitterungen begann die Reagan-Administration, den Terrorismus als ursächlichen Grund und nicht als Resultat des Konflikts in Nahost anzuprangern. Zwischen palästinensischen Guerilleros, die mit Gewalt einen Staat für die Palästinenser erkämpfen wollen, und Bombenlegern in Zivilflugzeugen gibt es in der Praxis der amerikanischen Nahost-Politik fast keinen Unterschied.
Wären die USA gegenüber dem Problem der Gewalt in Nahost konsequent vorgegangen, so hätten sie längst die extremen Gruppierungen unter den libanesischen Schiiten als Ziele von Vergeltungsschlägen auswählen müssen. (Sie waren es ja unter anderem gewesen, die 1984 mit Bombenanschlägen auf die Garnisonen der Amerikaner in Beirut über 300 Menschen umgebracht hatten, und sie waren 1985 auch für die über Wochen dauernde Entführung einer TWA-Maschine samt Passagieren und Besatzung nach Beirut verantwortlich.) Aber aus einer Vielzahl von Gründen richtete sich Washington bei seiner Abschrekkungstaktik gegen Libyens Muammar al-Ghaddafi; sie erreichte ihren (vorläufigen) Höhepunkt mit der Bombardierung von Tripolis und Bengazi im April 1986.
Amerika bewies mit dieser Aktion – wie übrigens auch mit dem Abfangen der Entführer des Kreuzfahrtschiffes *Achille Lauro* im Herbst 1985 über dem Mittelmeer – seine Entschlossenheit, seine Macht, seine technologische Stärke. Aber es bewies damit leider auch etwas anderes: seine Ratlosigkeit in der Nahost-Politik und eine erst unter der Administration Reagan entwickelte Tendenz zum Eindimensionalen. Sie steht in krassem Gegensatz zur vielschichtigen, intellektuell brillanten Politik Henry Kissingers, der immer wieder Vereinbarungen mit in sich (scheinbar) widersprüchlichen Teil-Zielen zustande brachte. Sie ergaben ein komplexes Gesamtbild und führten dazu, daß Partner mit unterschiedlichen Identitäten und verschiedenartigen Interessenlagen sich immer wieder zu Interessengemeinschaften zusammenfanden.
Ronald Reagans Leute sind von anderem Zuschnitt: sie verfolgen eine Außenpolitik, in der das Statuieren von

Exempeln bisweilen Selbstzweck wird, in der Widersprüche jedoch nicht übersehen werden können. Die amerikanischen Waffenlieferungen an Iran, bekanntgeworden im Herbst 1986, zeigten das mit drastischer Deutlichkeit auf. Washington begünstigte ein Regime, das offizielle amerikanische Kreise als «terroristisch» anprangerten und das, wäre es nach dem Willen der US-Administration gegangen, von den zu Solidarität aufgerufenen Westeuropäern längst hätte isoliert werden sollen. «Irangate», wie die Affäre in Anlehnung an den Watergate-Skandal der Nixon-Administration in den siebziger Jahren genannt wurde, wurde zum Beispiel dafür, daß den Vereinigten Staaten mehrere Jahre lang ein klares Konzept in der Außenpolitik fehlte.

DOKUMENTE

1. Das Sykes-Picot-Abkommen

Mit dem Sykes-Picot-Abkommen wollten Großbritannien und Frankreich die arabische Welt in eine englische und eine französische Einflußzone aufteilen. Das Abkommen wurde 1915 geschlossen, aber erst 1917 bekannt, und zwar auf dem Umweg über Rußland. Die russischen Kommunisten fanden im Archiv des Außenministeriums die Kopie des entsprechenden Vertrages zwischen Großbritannien und Frankreich, und weil sie an einem raschen Kriegsende interessiert waren, veröffentlichten sie ihren Fund, um den Deutschen zu helfen. Man konnte davon ausgehen, daß das Bekanntwerden der Vereinbarung dazu führen würde, daß die Engländer in der arabischen Welt an Prestige verlieren würden.

Mark Sykes war Beamter im Foreign Office, Charles Picot im französischen Außenministerium tätig. Beide handelten im Auftrag ihrer Minister, als sie 1915 den Entwurf eines Abkommens über die Aufteilung der Einfluß-Sphären in Nahost für die Nachkriegszeit ausarbeiteten. Das zaristische Rußland wurde über die Vereinbarung orientiert, und in St. Petersburg sah man auch keinen Anlaß, das Dokument nicht zu paraphieren.

Frankreich und Großbritannien wollten «einen unabhängigen Arabischen Staat oder einen Bund Arabischer Staaten unter der Souveränität eines arabischen Führers» anerkennen und «schützen». Ein blaues Gebiet (A) sollte von Frankreich gelenkt werden, ein rotes (B) von Großbritannien. Beiden Staaten müsse erlaubt werden, so das Abkommen, «eine direkte Verwaltung oder Kontrolle zu errichten, die ihren Wünschen entspricht». Palästina wurde dreigeteilt: Nordgaliläa zur französischen Zone A, die Städte Haifa und Akko samt Hinterland und dem Negev zur britischen Zone B, während Südgaliläa, Samaria und Judäa unter einem internationalen Statut von Frankreich, Großbritannien und Rußland gemeinsam verwaltet werden sollten. Hinzu kamen Bestimmungen in bezug auf eine internationale Zone, zu denen die Heiligen Stätten in Jerusalem gezählt wurden.

Das Bekanntwerden des Sykes-Picot-Abkommens löste in Nahost Empörung aus. In der westlichen Welt jedoch war (und ist) man sich über die Bedeutung des Dokuments nicht einig. Walter Laqueur *(Der Weg zum Staat Israel)* schreibt: «Das Sykes-Picot-Abkommen war deshalb wichtig, weil es der britischen Regierung in ihren Verhandlungen mit den Zionisten die Hände band.» Anders Gerhard Konzelmann *(Die Araber):* «Das Sykes-Picot-Abkommen sollte in Kraft treten nach dem Zerfall des Osmanischen Reiches: England und Frankreich werden künftig Arabien unter sich aufteilen, vom unabhängigen arabischen Reich ist im Sykes-Picot-Abkommen keine Rede. England verteilt das Land im Nahen Osten, um das es im Ersten Weltkrieg kämpft, noch ein drittes Mal: der dritte Beschenkte ist die zionistische Bewegung in Europa und den USA; sie hat sich – wenn auch mit einer Verspätung von dreißig Jahren – das Geschenk erstreiten können.» Friedrich Schreiber: *(Die Palästinenser, Schicksal eines semitischen Volkes)* kommentiert dagegen: «Das Sykes-Picot-Abkommen entsprach zwar den imperialistischen Bestrebungen, nicht jedoch den militärischen Erfolgen Großbritanniens. (...) Die wahren Absichten, die Großbritannien nach einem Sieg über die Türken in Palästina verfolgte, lassen sich aus dem Sykes-Picot-Abkommen nur teilweise ablesen. Darin bekunden die Briten ihren Wunsch, zwischen Haifa und Bagdad eine Bahnlinie zu errichten. Während der Grenzverhandlungen mit dem späteren saudischen König Abdul Aziz Ibn Saud wurde das geopolitische Interesse Großbritanniens an einer ununterbrochenen Landbrücke zwischen Mesopotamien und dem Mittelmeer vollends deutlich. Diese Zone sollte nicht nur eine ungestörte Verschiebung britischer Truppen zwischen dem Suezkanal und dem Persischen Golf ermöglichen. Sie bildete auch die kürzeste Landverbindung für eine Pipeline von den britischen Ölfeldern am Persischen Golf zu den Häfen am Mittelmeer.» Schließlich sei noch Barbara Tuchman zitiert (*Bibel und Schwert, Palästina und der Westen*): «Der geheim ausgehandelte und unterzeichnete Sykes-Picot-Vertrag war ein rein imperialistischer Handel nach altem Muster. Man sah darin einen arabischen Staatenbund innerhalb des bisherigen türkischen Hoheitsbereichs vor, aber seine Bedingungen lassen sich, wie sehr man sie auch dehnen mag, mit den gegenüber den Arabern eingegangenen Verpflichtungen nicht in Einklang bringen. Da man den Juden noch keine Versprechungen gemacht hatte, kann man auch nicht behaupten, daß ihre Interessen dadurch gefährdet wurden. Wenn eines klar war in dem dunklen Dickicht der von Sykes und Picot aufgestellten Bedingungen, dann dieses: Palästina hatte man eine ‹besondere Behandlung› vorbehalten und niemandem versprochen.»

2. Die Balfour-Deklaration

Die Balfour-Deklaration ist jenes Dokument, das in der Zeit zwischen den beiden Weltkriegen die Einwanderungswellen der Juden nach Palästina ermöglichte. In welchem Maße sie die Gründung des Staates Israel vorwegnahm, ist umstritten.
1917 waren die Briten im ungewissen, ob sie nach einem Ende des Weltkrieges in Nahost wirklich jene Einfluß-Sphären erhalten würden, die im Sykes-Picot-Abkommen abgesteckt worden waren. Frankreich wollte nun Palästina für sich haben und distanzierte sich von der Idee eines Kondominiums mit Großbritannien. Es kam hinzu, daß Frankreich die arabische Nationalbewegung in die Rechnung miteinzubeziehen begann. Mark Sykes äußerte auf einer Konferenz in London, die als Vorbereitungstreffen für die Balfour-Deklaration betrachtet wird, Frankreich sei das Haupthindernis für die Verwirklichung der zionistischen Ziele. Großbritannien beschloß andererseits am 2. April 1917 die militärische Invasion Palästinas. Im Mai komplizierte sich die Lage durch eine diplomatische Sondierung von seiten der Amerikaner: Präsident Wilson beauftragte den ehemaligen Botschafter Morgenthau, Gespräche mit der Türkei zu führen und ausfindig zu machen, ob die Türken einem Separatfrieden zustimmen würden. Wäre dieses Projekt zustande gekommen, so wäre Palästina Teil des Osmanischen Reiches geblieben.
In London versuchte Edmond de Rothschild, einer der führenden Zionisten, vom britischen Außenminister Arthur Balfour eine Zusicherung des Inhaltes zu erhalten, daß Großbritannien den Weg öffnen würde für eine verstärkte jüdische Einwanderung nach Palästina und wenigstens indirekt für die Gründung eines jüdischen Staates. Rothschild erkannte aber, daß die jüdischen Gemeinden in Europa hinsichtlich des Ziels uneinig waren. Walter Laqueur *(Der Weg zum Staat Israel)* bemerkt: «Als das Foreign Office einen eigenen Entwurf ausarbeitete, benützte es Ausdrücke wie ‹Asyl›, ‹Zuflucht› und ‹Errichtung eines Zufluchtortes für verfolgte Juden›. Dies wurde selbstverständlich von den Zionisten abgelehnt, die darauf hinwiesen, daß diese Erklärung keinerlei Wert haben würde, wenn sie nicht

prinzipiell Palästina als nationale Heimstätte des jüdischen Volkes bestätigte. Schließlich legte Rothschild am 18. Juli Balfour eine Kompromißformel vor. Sie sprach nicht von einem Judenstaat, sondern von einer nationalen Heimstätte.»
Im Oktober 1917 ließ Arthur Balfour dann eine Erklärung ausarbeiten, die sowohl die Ziele der Zionisten als bis zu einem gewissen Grade auch die Einwände ihrer Kritiker berücksichtigen sollte. In der Kabinettssitzung vom 31. Oktober ließ Balfour im übrigen die Frage offen, ob diese nationale Heimstätte ein britisches oder möglicherweise gar ein amerikanisches Protektorat werden sollte. Er schrieb nach der Kabinettssitzung an Lord Rothschild:

«Mein lieber Lord Rothschild!
Es ist mir ein großes Vergnügen, Ihnen namens der Regierung Seiner Majestät die folgende Sympathie-Erklärung für die jüdisch-zionistischen Bestrebungen zu übermitteln, die dem Kabinett unterbreitet und von ihm gebilligt worden ist:
‹Die Regierung Seiner Majestät betrachtet die Schaffung einer nationalen Heimstätte in Palästina für das jüdische Volk mit Wohlwollen und wird die größten Anstrengungen machen, um die Erreichung dieses Zieles zu erleichtern, wobei es sich versteht, daß nichts getan werden soll, was die bürgerlichen und religiösen Rechte bestehender nichtjüdischer Gemeinschaften in Palästina oder die Rechte und die politische Stellung der Juden in irgendeinem anderen Lande beeinträchtigen könnte.›»

Die Richtungskämpfe um Palästina und die Heimstätte für das jüdische Volk gingen in den folgenden Jahren in Großbritannien allerdings weiter. Winston Churchill, seinerzeit Staatssekretär für Kolonialfragen, hielt im Juni 1922 in einem Memorandum fest: «Nichtautorisierte Erklärungen haben den Eindruck erweckt, die Schaffung eines völlig jüdischen Palästina sei vorgesehen. Sätze wurden ausgesprochen wie etwa: Palästina wird so jüdisch werden, wie England englisch ist. Die Regierung Seiner Majestät betrachtet jede Erwartung in dieser Richtung als nicht realisierbar; sie hat nicht die Absicht, ein solches Ziel zu verfolgen. (...) Die Frage, was unter dem Begriff von der Entwicklung einer nationalen Heimstätte der Juden in Palästina zu verstehen sei, kann so beantwortet werden: Damit ist nicht gemeint, daß die jüdische Nationalität den Bewohnern von Palästina aufgezwungen wird. Die Juden sollen die Möglichkeit haben, ihre bestehende jüdische Gemeinde weiter auszubauen, mit Hilfe der

Juden in anderen Teilen der Welt, so daß sich aus der Gemeinde ein Zentrum entwickelt, auf das die Juden mit Interesse und mit Stolz blicken können.»

3. Die Teilung Palästinas

Unmittelbar nach dem Ende des Zweiten Weltkrieges richtete die Exekutive der *Jewish Agency* eine Petition an die Regierung Großbritanniens, sie möge Palästina zum jüdischen Staat erklären. London hatte jedoch nicht die Absicht, einem solchen Begehren Rechnung zu tragen. In den folgenden Jahren stiegen die Spannungen auf ein für beide Seiten fast unerträgliches Maß, und als die Untergrundorganisation Irgun 1946 das King-David-Hotel in Jerusalem in die Luft sprengte, war der Tiefpunkt in den Beziehungen zwischen den Briten, die um eine ausgeglichene Politik gegenüber den Juden und den Arabern in Nahost rangen, und den Zionisten erreicht. London richtete sich darauf ein, das Palästina-Mandat aufzugeben. Am 1. August 1946 sagte Winston Churchill: «Der einzig rechtmäßige, vernünftige, einfache und wirksame Hebel, den wir in der Hand haben, ist die aufrichtige Bereitschaft, unser Mandat den Vereinten Nationen zu übergeben und anschließend das Land zu räumen.»
Im Mai 1947 beschloß die UNO-Generalversammlung, einen Ausschuß zur Untersuchung der Palästinafrage einzusetzen. Die Kommission erhielt die Bezeichnung UNSCOP und bestand aus Vertretern Australiens, Kanadas, der Niederlande, der Tschechoslowakei, Jugoslawiens, Indiens, Irans, Uruguays und Guatemalas.

In der Kommission bildeten sich während der Untersuchungsarbeit zwei gegensätzliche Standpunkte: Indien, Iran und Jugoslawien befürworteten die Schaffung einer Föderation zwischen einem jüdischen und einem arabischen Staatsgebilde. Es sollte eine gemeinsame Staatszugehörigkeit geben und eine gemeinsame Bundesbehörde, die für die Außenpolitik, die Verteidigung, die Einwanderung und die Wirtschaft zuständig sein sollte. Die Mehrheit der Mitglieder von UNSCOP sprach sich jedoch für die Teilung aus, wobei die Heiligen Stätten in Jerusalem den Angehörigen aller Religionen zugänglich sein sollten. Außerdem empfahl diese Gruppe die Schaffung einer Wirtschaftsunion.

Großbritannien (aber auch die USA) war anfänglich gegen die Teilung Palästinas in einen jüdischen und einen arabischen

Staat. Bei der Abstimmung vom 29. November 1947 stimmten die Amerikaner dann dennoch dafür, während die Briten sich der Stimme enthielten. Der Antrag auf Teilung wurde schließlich mit 33 gegen 13 Stimmen angenommen. Die Gegenstimmen kamen aus dem arabischen Lager und von einigen asiatischen Ländern sowie von Griechenland und Kuba.

4. Die Charta der PLO

Das «Nationale Manifest» oder die «Charta der PLO», die 1964 in Jerusalem angenommen wurde (vgl. das Kapitel «Die PLO – was ist das eigentlich?»), versuchte, unterschiedliche Strömungen bei den Palästinensern zusammenzufügen und Persönlichkeiten, die in Teilfragen uneinig waren, miteinander zu verbinden. Das Dokument wurde 1968 in einigen Punkten revidiert, ist seither aber nicht mehr verändert worden und somit heute noch gültig. Änderungen könnten nur mit Zweidrittelmehrheit des Palästinensischen Nationalrates beschlossen werden.
In den wesentlichsten Punkten besagt das Manifest:

Artikel 1: «Palästina ist das Heimatland des arabisch-palästinensischen Volkes. Es ist ein unabtrennbarer Teil des arabischen Mutterlandes. Das palästinensische Volk ist ein Teil der arabischen Nation.»
Artikel 2: «Palästina ist innerhalb der Grenzen, die es zur Zeit des britischen Mandats hatte, ein unteilbares Territorium, eine Einheit.»
Artikel 3: «Das arabische palästinensische Volk hat ein legales Anrecht auf sein Heimatland, sowie das Recht, nach der Befreiung seines Landes sein Schicksal nach seinen Wünschen und ausschließlich nach eigenem Beschluß zu bestimmen.»
Artikel 4: «Die palästinensische Identität ist ein wesentliches und angeborenes, unauflösbares Charakteristikum. Sie wird von den Eltern auf die Kinder übertragen. Die zionistische Besetzung und die Zerstreuung des arabisch-palästinensischen Volkes aufgrund der Schicksalsschläge, von denen es betroffen wurde, haben nicht dazu geführt, daß dieses Volk seine palästinensische Identität und seine Zugehörigkeit zur palästinensischen Gemeinschaft verloren hat, noch daß diese geleugnet wurden.»
Artikel 5: «Palästinenser sind jene arabischen Staatsangehörigen, die bis zum Jahre 1947 in Palästina ansässig waren, ohne Rücksicht darauf, ob sie von dort vertrieben wurden oder ob sie dort

geblieben sind. Jedes Kind eines palästinensischen Vaters, das nach diesem Zeitpunkt geboren wurde – in Palästina oder außerhalb – ist ebenfalls Palästinenser.»
Artikel 6: «Juden, die vor dem Beginn der zionistischen Invasion ihren Hauptwohnsitz in Palästina besaßen, werden als Palästinenser angesehen.»
Artikel 7: «Die Existenz einer palästinensischen Gemeinschaft und deren materielle, geistige und historische Verbindung mit Palästina sind unbestrittene Tatsachen. Es ist nationale Pflicht, jeden Palästinenser auf arabisch-revolutionäre Art zu erziehen. Alle Mittel der Information und der Erziehung müssen darauf ausgerichtet sein, den Palästinenser möglichst gründlich mit seinem Land vertraut zu machen. Er muß auf den bewaffneten Kampf vorbereitet werden und bereit sein, Besitz und Leben zu opfern, um sein Heimatland wiederzugewinnen und dessen Befreiung herbeizuführen.»
Artikel 8: «Das palästinensische Volk befindet sich zur Zeit in einer historischen Phase des nationalen Kampfes für die Befreiung Palästinas. Damit werden die Konflikte zwischen den verschiedenen palästinensischen nationalen Kräften zweitrangig und sollten wegen der grundsätzlichen Auseinandersetzung, die zwischen den Vertretern des Zionismus und des Imperialismus auf der einen und dem arabisch-palästinensischen Volk auf der anderen Seite besteht, beendet werden. Auf dieser Basis bilden die palästinensischen Massen, ohne Rücksicht darauf, ob sie im nationalen Heimatland oder im Exil ansässig sind, eine Front, die für die Wiedergewinnung Palästinas und seine Befreiung durch Waffengewalt tätig ist.»
Artikel 9: «Der bewaffnete Kampf ist der einzige Weg zur Befreiung Palästinas. Es handelt sich daher um eine umfassende Strategie und nicht um eine taktische Phase. Das arabisch-palästinensische Volk besteht auf seiner unbedingten Entschlossenheit, diesen bewaffneten Kampf fortzusetzen und eine bewaffnete Volksrevolution zu schaffen, die zur Befreiung seines Landes führen soll und zur Rückkehr in dieses Land. Es besteht ebenfalls auf seinem Recht auf ein normales Leben in Palästina und auf der Ausübung seines Rechts auf Selbstbestimmung und Souveränität in Palästina.»
Artikel 10: «Kommandoaktionen stehen im Mittelpunkt des palästinensischen Volkskrieges zur Befreiung Palästinas. Diese Aktivität muß ausgeweitet werden. Die Kräfte des gesamten Volkes müssen mobilisiert werden. Dazu gehören auch die Kräfte

des Geistes, die in den bewaffneten palästinensischen Revolutionskampf einzubeziehen sind.»
(Artikel 11 bis 18 beziehen sich auf pan-arabische Vorstellungen, insbesondere jene Gamal Abd el-Nassers.)
Artikel 19: «Die Teilung Palästinas im Jahr 1947 und die Schaffung des Staates Israel sind völlig illegal, ohne Rücksicht auf die inzwischen verstrichene Zeit, denn sie standen im Gegensatz zum Willen der palästinensischen Bevölkerung und ihrer natürlichen Rechte auf ihr Heimatland. Teilung Palästinas und Gründung des Staates waren unvereinbar mit den Prinzipien der Vereinten Nationen, insbesondere mit dem Recht auf Selbstbestimmung.»
Artikel 20: «Ansprüche der Juden auf historische oder religiöse Bindungen an Plästina sind unvereinbar mit den historischen Tatsachen. Die Juden stellen nicht ein einziges Volk mit eigener Identität dar, sondern sind Bürger der Staaten, denen sie angehören.»
Artikel 21: «Das arabisch-palästinensische Volk lehnt alle Lösungen ab, die einen Ersatz für die vollständige Befreiung Palästinas bilden, und verwirft alle Vorschläge, die auf eine Liquidierung des Palästinenserproblems oder auf Internationalisierung abzielen.»

5. Die UNO-Resolutionen 242 und 338

Der UNO-Sicherheitsrat nahm am 22. November 1967 die Resolution 242 an, die eine friedliche Lösung in Nahost auf folgende Weise erreichen wollte:

«Der Sicherheitsrat drückt seine Besorgnis über die ernste Situation im Nahen Osten aus. Er betont, daß die Inbesitznahme von Territorium durch kriegerische Handlungen unzulässig ist. Er betont seinen Willen, einen gerechten und dauerhaften Frieden zu suchen, der jedem Staat dieses Gebietes Sicherheit garantiert.
I. Der Sicherheitsrat ist der Meinung, daß für einen gerechten und dauerhaften Frieden im Nahen Osten die folgenden Prinzipien zu beachten sind:
a) Die israelischen Streitkräfte ziehen sich aus den während des letzten Konflikts eroberten Gebieten zurück.
b) Beendigung des Kriegszustandes und Anerkennung der Souveränität, der Unantastbarkeit des Territoriums, der politischen Unabhängigkeit eines jeden Staates in diesem Gebiet. Jeder

Staat hat das Recht, in Frieden zu leben, innerhalb sicherer und anerkannter Grenzen, ohne Sorge vor Bedrohung durch Gewaltakte.

II. Der Sicherheitsrat ist der Meinung, daß

a) die freie Schiffahrt auf den internationalen Wasserwegen garantiert sein muß,

b) für das Flüchtlingsproblem eine gerechte Lösung zu finden ist,

c) die Garantie der Unantastbarkeit des Territoriums durch besondere Maßnahmen gesichert sein muß, etwa durch die Schaffung entmilitarisierter Zonen.

III. Der Sicherheitsrat fordert den Generalsekretär auf, einen Sondergesandten zu ernennen, der im Nahen Osten Kontakte aufnimmt, um ein Übereinkommen vorzubereiten für die friedliche Lösung, die den Prinzipien dieser Resolution entspricht.

IV. Der Sicherheitsrat fordert den Generalsekretär auf, sobald als möglich einen Bericht über die Bemühungen des Sondergesandten vorzulegen.»

Zur Resolution 242 gibt es zwei voneinander abweichende Interpretationen, eine israelische und eine arabische, wobei beiden Auslegungen leicht abweichende Fassungen in französischer beziehungsweise englischer Sprache zugrunde liegen. In der englischen Version lautet I. Absatz a) «Withdrawal of Israel armed forces from territories occupied in the recent conflict». Gemäß israelischer Interpretation sieht die Resolution 242 somit nicht den Rückzug aus allen besetzten Gebieten vor, sondern nur «aus Gebieten». Israel sieht auch die französische Fassung der Resolution 242 – beide Sprachen sind in bezug auf die Resolution offiziell – nicht als Verpflichtung, sich aus allen 1967 besetzten Zonen zurückzuziehen, obwohl der entsprechende Passus lautet «retrait des territoires occupés». Schließlich, so die israelische Auffassung, sei die Resolution 242 im Sicherheitsrat in englischer Fassung – gemäß dem Entwurf von Lord Caradon – diskutiert und einstimmig angenommen worden. Selbst die Sowjetunion und andere Länder, die in der Debatte Rückzug aus allen eroberten Gebieten gefordert hatten, hätten schließlich für den vom britischen Delegierten vorgeschlagenen Text gestimmt. Somit fordere die Resolution keinen *status quo ante*, und es sei auch nicht festgeschrieben worden, bis wohin sich Israel aus den besetzten Gebieten zurückziehen solle.

In seiner besetzungsrechtlichen Analyse unter dem Titel *Die von Israel besetzten Gebiete im Völkerrecht* (Zürich, 1981), weist Edi

Gnesa darauf hin, daß die israelische Regierung immer den Standpunkt vertreten habe, «daß die in Resolution 242 enthaltenen Grundsätze nur auf dem Verhandlungswege verwirklicht werden können. In deren Mittelpunkt müßte aber die Schaffung eines gerechten und dauerhaften Friedens stehen». Die arabischen Staaten andererseits fordern aufgrund der Resolution 242 den bedingungslosen Rückzug aus allen Gebieten, die im Sechstagekrieg erobert worden sind. Diese Forderung wird mit jenen Grundsätzen der Charta der Vereinten Nationen begründet, wonach militärische Eroberungen an sich illegal sind. Dazu nochmals Edi Gnesa: «Die arabischen Staaten fordern deshalb die Wiederherstellung des *status quo ante.* Verhandlungen seien ausgeschlossen, solange sich Israel nicht aus allen Gebieten zurückziehe. Die arabische Meinung stützt sich in diesem Punkt auf Art. 52 der Wiener Konvention über das Recht der Verträge, welcher einen Vertrag dann als nichtig erklärt, wenn sein Abschluß durch Androhung oder Anwendung von Gewalt unter Verletzung der in der Satzung der Vereinten Nationen niedergelegten Grundsätze des Völkerrechts zustande gekommen ist.»
Die Resolution 242 wird durch die Resolution 338 ergänzt. Resolution 338 ist ein Ergebnis des Oktoberkrieges von 1973. Sie wurde am 22. Oktober 1973 vom Sicherheitsrat angenommen und hat folgenden Wortlaut:

«Der Sicherheitsrat

1. ruft alle Parteien der gegenwärtigen Kämpfe auf, die Kampfhandlungen sofort, spätestens zwölf Stunden nach Annahme dieser Entschließung, auf der Grundlage der gegenwärtigen Kampflinien einzustellen;
2. fordert die betreffenden Parteien auf, die Resolution 242 (1967) in allen ihren Teilen sofort nach der Feuereinstellung zu verwirklichen;
3. beschließt, daß sofort und parallel zu der Feuereinstellung zwischen den betroffenen Parteien unter einer geeigneten Schirmherrschaft Verhandlungen über einen gerechten und dauerhaften Frieden im Nahen Osten beginnen.»

Camp David

Am 20. November 1977 hielt der ägyptische Präsident, Anwar as-Sadat, seine historische Rede vor der israelischen Knesset in Jerusalem. Er entwirft eine Vision eines Friedens zwischen Ara-

bern und Juden und plädiert für die Respektierung der Rechte der Palästinenser. Doch aus den damals geplanten, großen Gesprächen in Nahost wird schließlich nur ein zweiseitiger Dialog zwischen Ägypten und Israel. Auch daraus schien vorerst nichts Konkretes zu werden: Der israelische Ministerpräsident Menachem Begin wollte den «arabischen Einwohnern Judäas, Samarias und des Gaza-Distrikts» nur Autonomie für kulturelle und kommunale Angelegenheiten einräumen. Erez Israel erklärte er dagegen zum jüdischen Siedlungsland.
Die Spannungen zwischen Ägypten und Israel stiegen zu Beginn des Jahres 1978 erneut an. Sadat wies wegen Meinungsunterschieden über die Rechte der Palästinenser die israelischen Mitglieder des gemeinsamen Militärausschusses aus Ägypten aus.
US-Präsident Jimmy Carter schaltete sich im Sommer 1978 in den schwierig gewordenen Dialog ein. Er lud Begin und Sadat zu einer Konferenz nach Camp David im US-Bundesstaat Virginia ein. Die Konferenz begann am 5. September und führte am 17. September zu zwei Vereinbarungen, jener für den «Rahmen für Frieden im Nahen Osten» und jener für den «Rahmen für den Abschluß eines Friedensvertrages zwischen Ägypten und Israel». Die Dokumente haben folgenden Wortlaut:

Rahmen für den Frieden im Nahen Osten, vereinbart in Camp David

Mohammed Anwar as-Sadat, Präsident der Arabischen Republik Ägypten, und Menachem Begin, Ministerpräsident von Israel, konferierten vom 5. bis zum 17. September 1978 in Camp David mit dem Präsidenten der Vereinigten Staaten von Amerika, Jimmy Carter, und sie einigten sich auf den folgenden Rahmen für den Frieden im Nahen Osten. Sie laden andere Parteien im arabisch-israelischen Konflikt ein, sich ihm anzuschließen.

Präambel
Die Suche nach dem Frieden im Nahen Osten muß durch folgendes bestimmt werden:
– Die anerkannte Grundlage für eine friedliche Regelung des Konflikts zwischen Israel und seinen Nachbarn ist die Resolution 242 des Sicherheitsrats der Vereinten Nationen in allen ihren Teilen.
– Nach vier Kriegen innerhalb von 30 Jahren erfreut sich der

Nahe Osten, Wiege der Kultur und Geburtsstätte dreier großer Religionen, trotz intensiver menschlicher Bemühungen noch immer nicht der Segnungen des Friedens. Die Bevölkerung des Nahen Ostens ersehnt den Frieden, damit die großen menschlichen und natürlichen Ressourcen dieser Region für Zwecke des Friedens verwendet werden können und dieses Gebiet zu einem Modell für die Koexistenz und Zusammenarbeit unter den Völkern zu werden vermag.

– Die historische Initiative Präsident Sadats in Gestalt seines Besuchs in Jerusalem und der Empfang, den ihm das Parlament, die Regierung und das Volk von Israel bereitet haben, der Gegenbesuch von Ministerpräsident Begin in Ismailia, die von beiden politischen Führern unterbreiteten Friedensvorschläge sowie die warme Aufnahme dieser Missionen durch die Völker beider Länder haben eine beispiellose Gelegenheit für den Frieden geschaffen, die nicht verlorengehen darf, wenn dieser Generation und künftigen Generationen die Tragödien des Krieges erspart bleiben sollen.

– Die Bestimmungen der Charta der Vereinten Nationen und die anderen anerkannten Normen des Völkerrechts und der Legitimität bilden heute anerkannte Standards für die Gestaltung der Beziehungen zwischen allen Ländern.

– Um ein Verhältnis des Friedens im Geiste von Artikel 2 der Charta der Vereinten Nationen herzustellen, sind künftige Verhandlungen zwischen Israel und jedem seiner Nachbarn, der bereit ist, mit ihm über Frieden und Sicherheit zu verhandeln, zum Zweck der Durchführung aller Bestimmungen und Grundsätze der Resolutionen 242 und 338 notwendig.

– Der Frieden erfordert die Respektierung der Souveränität, der territorialen Integrität und der politischen Unabhängigkeit eines jeden Staates in der Region und seines Rechtes, in Frieden innerhalb sicherer und anerkannter Grenzen frei von der Androhung oder Anwendung von Gewalt zu leben. Fortschritte in Richtung auf jenes Ziel vermögen die Bewegung auf ein neues Zeitalter der Versöhnung im Nahen Osten zu beschleunigen, das von Zusammenarbeit bei der Förderung der wirtschaftlichen Entwicklung, Aufrechterhaltung der Stabilität und Gewährleistung der Sicherheit gekennzeichnet ist.

– Die Sicherheit wird gefördert durch ein Verhältnis des Friedens und durch Zusammenarbeit zwischen Völkern, die sich normaler Beziehungen erfreuen. Darüber hinaus können die Parteien gemäß den Bestimmungen von Friedensverträgen auf der

Grundlage der Gegenseitigkeit besonderen Sicherheitsvorkehrungen zustimmen, wie entmilitarisierten Zonen, Zonen mit Rüstungsbegrenzung, Frühwarnstationen, der Anwesenheit internationaler Streitkräfte, Verbindungsstellen, vereinbarten Maßnahmen der Überwachung und anderen einvernehmlich als nützlich erachteten Vorkehrungen.
Unter Berücksichtigung dieser Faktoren sind die Parteien entschlossen, eine gerechte, umfassende und dauerhafte Regelung des Konflikts im Nahen Osten durch den Abschluß von Friedensverträgen zu erreichen, die sich auf die Resolutionen 242 und 338 des Sicherheitsrats in allen ihren Teilen gründen. Sie verfolgen das Ziel, Frieden und gutnachbarliche Beziehungen zu erreichen. Sie erkennen an, daß der Frieden, wenn er von Dauer sein soll, alle jene einbegreifen muß, die von dem Konflikt auf das tiefste betroffen wurden. Sie stimmen deshalb darin überein, daß dieser Rahmen angemessenerweise von ihnen so konzipiert ist, daß er eine Grundlage für den Frieden nicht nur zwischen Ägypten und Israel, sondern auch zwischen Israel und jedem anderen Nachbarn abgibt, der bereit ist, auf dieser Grundlage mit Israel über Frieden zu verhandeln. Mit diesem Ziel vor Augen sind sie übereingekommen, folgendermaßen zu verfahren:

A. Westjordanland [West Bank] und Gaza

1. Ägypten, Israel, Jordanien und die Vertreter des palästinensischen Volkes sollten an Verhandlungen zur Regelung des palästinensischen Problems in allen seinen Aspekten teilnehmen. Um dieses Ziel zu erreichen, sollten die Verhandlungen in bezug auf das Westjordanland und Gaza in drei Phasen vonstatten gehen:
(A) Ägypten und Israel stimmen darin überein, daß zur Gewährung einer friedlichen und geordneten Übertragung der Autorität und mit Rücksicht auf die Sicherheitserfordernisse aller Parteien Übergangsregelungen für das Westjordanland und Gaza für einen Zeitraum von höchstens fünf Jahren getroffen werden sollten. Um den Bewohnern die volle Autonomie zu gewähren, werden gemäß diesen Regelungen die israelische Militärregierung und ihre Zivilverwaltung abgezogen, sobald von den Bewohnern dieser Gebiete eine Selbstverwaltungs-Körperschaft frei gewählt worden ist, die die bestehende Militärregierung ablöst. Um die Einzelheiten einer Übergangsregelung auszuhandeln, wird die Regierung von Jordanien eingeladen werden, an den Verhandlungen auf der Basis dieses Rahmens teilzunehmen. Diese neuen

Regelungen sollten dem Prinzip der Selbstverwaltung durch die Bewohner dieser Gebiete und den legitimen Sicherheitserfordernissen der beteiligten Parteien gebührend Rechnung tragen.

(B) Ägypten, Israel und Jordanien werden die Modalitäten für die Errichtung der gewählten Selbstverwaltungs-Körperschaft im Westjordanland und in Gaza vereinbaren. Die Delegationen Ägyptens und Jordaniens können Palästinenser aus dem Westjordanland und Gaza und, im gegenseitigen Einvernehmen, auch andere Palästinenser einschließen. Die Parteien werden eine Vereinbarung aushandeln, in der die von der Selbstverwaltungs-Körperschaft im Westjordanland und in Gaza wahrzunehmenden Befugnisse und Pflichten festgelegt werden. Es wird ein Rückzug israelischer Streitkräfte und eine Umgruppierung der verbleibenden israelischen Streitkräfte in näher bezeichnete Sicherheitsstandorte erfolgen. Die Vereinbarung wird ferner Vorkehrungen für die Gewährleistung der inneren und äußeren Sicherheit sowie der öffentlichen Ordnung einschließen. Es wird eine starke örtliche Polizeitruppe aufgestellt werden, die auch jordanische Staatsbürger einschließen kann. Darüber hinaus werden israelische und jordanische Kräfte an gemeinsamen Streifengängen und an der Besetzung von Kontrollstellen teilnehmen, um die Sicherheit der Grenzen zu gewährleisten.

(C) Sobald die Selbstverwaltungs-Körperschaft (Verwaltungsrat) im Westjordanland und in Gaza errichtet ist und ihre Tätigkeit aufgenommen hat, beginnt die Übergangszeit von fünf Jahren. So rasch wie möglich, aber nicht später als im dritten Jahr nach Beginn der Übergangszeit, werden Verhandlungen stattfinden, um den endgültigen Status des Westjordanlandes und Gazas und deren Verhältnis zu ihren Nachbarn festzulegen und zum Ende der Übergangszeit einen Friedensvertrag zwischen Israel und Jordanien abzuschließen. Diese Verhandlungen werden von Ägypten, Israel, Jordanien und gewählten Vertretern der Bewohner des Westjordanlandes und Gazas geführt. Es werden zwei getrennte, aber miteinander in Verbindung stehende Ausschüsse einberufen; der eine wird aus Vertretern der vier Parteien bestehen und über den endgültigen Status des Westjordanlandes und Gazas sowie deren Verhältnis zu ihren Nachbarn verhandeln und befinden, der andere wird aus Vertretern Israels sowie Vertretern Jordaniens zusammen mit gewählten Vertretern der Bewohner des Westjordanlandes und Gazas bestehen und unter Berücksichtigung der bezüglich des endgültigen Status des Westjordanlandes und Gazas erreichten Vereinbarung einen Friedensvertrag zwischen Israel und Jordanien aushandeln. Die Verhandlungen werden sich auf alle Bestimmungen und Grundsätze der Resolution 242 des Sicherheitsrats der Vereinten Nationen gründen. Die Verhandlungen werden unter anderem den genauen Verlauf der Grenzen und die Art der Sicherheitsvorkehrungen festlegen. Die aus den Verhandlungen hervorgehende Regelung muß ferner den legitimen Rechten des palästinensischen Volkes und seinen rechtmäßigen Bedürfnissen Rechnung tragen. Auf diese Weise werden die Palästinenser an der Bestimmung ihrer Zukunft beteiligt – durch:

1) die Verhandlungen zwischen Ägypten, Israel, Jordanien und den Vertretern der Bewohner des Westjordanlandes und Gazas mit dem Ziel, sich auf den endgültigen Status des Westjordanlandes und Gazas und die Regelung anderer offener Fragen zum Ende der Übergangszeit zu einigen;
2) die Unterwerfung dieser Übereinkunft unter das Votum der gewählten Vertreter der Bewohner des Westjordanlandes und Gazas;
3) die Vorkehrung, daß die gewählten Vertreter der Bewohner des Westjordanlandes und Gazas darüber entscheiden, wie sie sich im Einklang mit den Bestimmungen dieser Übereinkunft selbst regieren wollen;
4) die Teilnahme an der Arbeit des Ausschusses, der einen Friedensvertrag zwischen Israel und Jordanien aushandelt, in der oben dargelegten Form.

2. Es werden alle notwendigen Maßnahmen ergriffen und Vorkehrungen getroffen, um die Sicherheit Israels und seiner Nachbarn während der Übergangszeit und danach zu gewährleisten. Um bei der Gewährleistung dieser Sicherheit behilflich zu sein, wird die Selbstverwaltungs-Körperschaft eine starke örtliche Polizeitruppe aufstellen. Sie wird sich aus Bewohnern des Westjordanlandes und Gazas rekrutieren. Die Polizei wird in Angelegenheiten der inneren Sicherheit laufend Kontakt zu den dazu bestimmten israelischen, jordanischen und ägyptischen Beamten halten.

3. Während der Übergangszeit werden Vertreter Ägyptens, Israels, Jordaniens und der Selbstverwaltungs-Körperschaft einen Ständigen Ausschuß bilden, der durch Vereinbarung über die Modalitäten der Wiederaufnahme von Personen, die 1967 aus dem Westjordanland und Gaza ausgesiedelt wurden, entscheiden und im Zusammenhang damit die zur Verhütung von Unruhe und Unordnung notwendigen Maßnahmen ergreifen

soll. Andere Angelegenheiten von gemeinsamem Belang können ebenfalls von diesem Ausschuß behandelt werden.
4. Ägypten und Israel werden miteinander und mit anderen interessierten Parteien in dem Bemühen zusammenarbeiten, vereinbarte Verfahrensregeln für eine schnelle, gerechte und dauerhafte Verwirklichung der Lösung des Flüchtlingsproblems zu treffen.

B. Ägypten–Israel
1. Ägypten und Israel verpflichten sich, zur Regelung von Streitfragen nicht auf die Androhung oder Anwendung von Gewalt zurückzugreifen. Alle entstehenden Streitfälle sollen im Einklang mit den Bestimmungen von Artikel 33 der Charta der Vereinten Nationen durch friedliche Mittel beigelegt werden.
2. Um Frieden zwischen ihnen herbeizuführen, kommen die Parteien überein, in redlicher Absicht zu verhandeln mit dem Ziel, innerhalb von drei Monaten nach Unterzeichnung dieser Rahmenvereinbarung einen Friedensvertrag miteinander abzuschließen, und sie laden die anderen Konfliktparteien ein, parallel hierzu Verhandlungen aufzunehmen und ähnliche Friedensverträge abzuschließen mit dem Ziel, einen umfassenden Frieden in der Region zu erreichen. Die Rahmenvereinbarung für den Abschluß eines Friedensvertrags zwischen Ägypten und Israel wird als Richtschnur für die Friedensverhandlungen zwischen ihnen dienen. Die Parteien werden die Modalitäten und den Zeitplan für die Verwirklichung ihrer Verpflichtungen aus dem Vertrag vereinbaren.

C. Damit zusammenhängende Grundsätze
1. Ägypten und Israel erklären, daß die nachstehend angeführten Grundsätze und Bestimmungen auf die Friedensverträge zwischen Israel und jedem seiner Nachbarn – Ägypten, Jordanien, Syrien und Libanon – Anwendung finden sollten.
2. Die Signatare sollen Beziehungen untereinander herstellen, wie sie für Staaten, die miteinander in Frieden leben, normal sind. Zu diesem Zweck sollten sie sich verpflichten, alle Bestimmungen der Charta der Vereinten Nationen einzuhalten. Die in dieser Hinsicht zu unternehmenden Schritte schließen folgendes ein:
a) die volle Anerkennung;
b) die Einstellung des wirtschaftlichen Boykotts;
c) die Gewähr, daß unter ihrer Hoheitsgewalt die Bürger der anderen Parteien volle Rechtssicherheit genießen.

3. Die Signatare sollten die Möglichkeiten zu wirtschaftlicher Entwicklung im Zusammenhang mit den endgültigen Friedensverträgen prüfen mit dem Ziel, zur Schaffung der Atmosphäre des Friedens, der Zusammenarbeit und der Freundschaft beizutragen, die ihr gemeinsames Ziel ist.
4. Zur Regulierung gegenseitiger finanzieller Ansprüche können Regulierungsausschüsse eingesetzt werden.
5. Die Vereinigten Staaten sollen eingeladen werden, an den Gesprächen über Angelegenheiten teilzunehmen, die im Zusammenhang mit den Modalitäten der Durchführung der Verträge und der Aufstellung eines Zeitplans für die Ausführung der Verpflichtungen der Parteien stehen.
6. Der Sicherheitsrat der Vereinten Nationen soll ersucht werden, die Friedensverträge zu billigen und sicherzustellen, daß ihre Bestimmungen nicht verletzt werden. Die Ständigen Mitglieder des Sicherheitsrats sollen ersucht werden, die Friedensverträge zu garantieren und die Einhaltung ihrer Bestimmungen sicherzustellen. Sie sollen ferner ersucht werden, ihre Politik und Handlungsweise auf die in dieser Rahmenvereinbarung eingeschlossenen Verpflichtungen abzustimmen.

Rahmen für den Abschluß eines Friedensvertrags zwischen Ägypten und Israel

Um untereinander Frieden zu erreichen, kommen Israel und Ägypten überein, in redlicher Absicht miteinander zu verhandeln mit dem Ziel, innerhalb von drei Monaten nach Unterzeichnung dieser Rahmenvereinbarung einen Friedensvertrag miteinander abzuschließen.
Es wird vereinbart:
Der Verhandlungsort wird an einem Platz oder an Plätzen, auf die man sich einigt, unter der Flagge der Vereinten Nationen stehen.
Alle Grundsätze der UN-Resolution 242 werden auf die Beilegung des Streites zwischen Israel und Ägypten Anwendung finden.
Soweit nicht anderweitig vereinbart, werden die Bestimmungen des Friedensvertrags zwei bis drei Jahre nach Unterzeichnung des Friedensvertrags verwirklicht sein.
Folgende Angelegenheiten werden zwischen beiden Parteien vereinbart:
a) die volle Ausübung der ägyptischen Souveränität bis zur

international anerkannten Grenze zwischen Ägypten und dem Mandatsgebiet Palästina;

b) der Abzug der israelischen Streitkräfte aus Sinai;

c) die Benutzung der Flugplätze, die die Israelis bei El Arisch, Rafah, Ras en Nagb und Sharm el Sheikh hinterlassen, für ausschließlich zivile Zwecke, einschließlich einer möglichen kommerziellen Nutzung durch alle Länder;

d) das Recht der freien Durchfahrt israelischer Schiffe durch den Golf von Suez und den Suezkanal gemäß der für alle Staaten geltenden Konvention von Konstantinopel aus dem Jahre 1888; die Straße von Tiran und der Golf von Akaba [Eilat] sind internationale Wasserstraßen, die allen Ländern für unbehinderte und nicht aufzuhebende Freiheit der Schifffahrt und der Überfliegung offenstehen müssen;

e) der Bau einer Landstraße zwischen Sinai und Jordanien bei Eilat mit Garantie der freien und friedlichen Benutzung durch Ägypten und Jordanien;

f) die Stationierung der nachstehend aufgeführten militärischen Kräfte.

Stationierung von Streitkräften

A. In dem Gebiet, das sich etwa 50 km östlich des Golfes von Suez und des Suezkanals erstreckt, wird nicht mehr als eine Division (motorisiert oder Infanterie) der ägyptischen Streitkräfte stationiert.

B. In einem Gebiet westlich der internationalen Grenze und des Golfs von Akaba mit einer Tiefe von 20 bis 40 km werden nur Truppen der Vereinten Nationen und zivile Polizeikräfte stationiert, die mit leichten Waffen zur Wahrnehmung normaler Polizeifunktionen ausgerüstet sind.

C. In dem Gebiet innerhalb von 3 km östlich der internationalen Grenze werden beschränkte israelische Streitkräfte in Stärke von höchstens vier Infanteriebataillonen sowie Beobachter der Vereinten Nationen anwesend sein.

D. Grenzschutz-Einheiten in Stärke von höchstens drei Bataillonen werden die zivile Polizei bei der Aufrechterhaltung der Ordnung in dem Gebiet ergänzen, das nicht zu den vorstehend aufgeführten Bereichen gehört.

Die genaue Begrenzung der vorstehend genannten Gebiete wird in den Friedensverhandlungen festgelegt.

Frühwarnstationen sind gestattet, um die Einhaltung der Vertragsbestimmungen sicherzustellen.

Truppen der Vereinten Nationen werden stationiert: (a) in einem

Teil des Gebiets in Sinai, das innerhalb von etwa 20 km entlang dem Mittelmeer und der internationalen Grenze liegt, und (b) im Gebiet von Sharm el Sheikh, um die Freiheit der Durchfahrt durch die Straße von Tiran zu gewährleisten; und diese Truppen werden so lange nicht abgezogen werden, wie ihr Abzug nicht vom Sicherheitsrat der Vereinten Nationen mit dem einheitlichen Votum der fünf Ständigen Mitglieder gebilligt wird.
Nach Unterzeichnung eines Friedensvertrags und nach Beendigung des vorläufigen Abzugs werden normale Beziehungen zwischen Ägypten und Israel hergestellt, die die volle Anerkennung einschließlich der Aufnahme diplomatischer, wirtschaftlicher und kultureller Beziehungen, die Aufhebung des Wirtschaftsboykotts und der Beschränkungen der Freizügigkeit von Waren und Menschen sowie die gegenseitige Gewährleistung der Rechtssicherheit für alle Bürger einschließen.

Vorläufiger Abzug
Drei bis neun Monate nach Unterzeichnung des Friedensvertrags werden sich alle israelischen Streitkräfte ostwärts hinter eine Linie zurückziehen, die von einem Punkt östlich von El Arisch bis Ras Mohammed reicht und deren genauer Verlauf durch Vereinbarungen festgelegt wird.

ZEITTAFEL

1798/9	Napoleon in Ägypten.
1820	Beginn der Expansion Großbritanniens am Persischen Golf.
1830	Frankreich besetzt Algerien.
1839	Die Engländer besetzen Aden.
1869	Am 17. November wird der Suezkanal eröffnet.
1878	Beim heutigen Tel Aviv, in Petah Tiqwa, entsteht die erste Landwirtschaftssiedlung der Juden.
1881	Frankreich besetzt Tunesien.
1882	Beginn der ersten Einwanderungswelle der Juden nach Palästina (Erste Alija).
1882	Die Engländer besetzen Ägypten und unterstellen es britischer Schutzherrschaft.
1885	Aktivitäten arabisch-nationalistischer Gesellschaften in Syrien und im Libanon.
1897	Erster Zionistischer Weltkongreß in Basel. Theodor Herzls *Judenstaat* ein Jahr zuvor veröffentlicht.
1904	Beginn der Zweiten Alija.
1908	Universität in Kairo wird eröffnet.
1909	Gründung von Tel Aviv, kurz danach Gründung des ersten Kibbuz am Südende des Sees Genezareth.
1911	Italien erobert Tripolitanien.
1912	Marokko gerät unter französische Schutzherrschaft.
1914	Rußland, England und Frankreich erklären der Türkei den Krieg.
1914	Großbritannien deklariert Ägypten zum Protektorat.
1915	Sykes-Picot-Abkommen zwischen Frankreich und England.
1916	Scherif Hussein von Mekka ruft die Araber zu einem «Heiligen Krieg» gegen die Türken auf.
1917	Lord Allenby entreißt den Türken Palästina.
1917	In der Balfour-Deklaration spricht sich Großbritannien zugunsten der Errichtung einer «nationalen Heimstätte» für das jüdische Volk aus.
1918	Mit dem Ende des Ersten Weltkriegs geht die Herrschaft der Türken über die arabische Welt zu Ende.
1919	Jordanien wird von den Briten besetzt.
1919	Beginn der Dritten Alija nach Palästina. Hebräisch wird offizielle Sprache der jüdischen Siedler.

1920 Frankreich wird Mandatsmacht für Syrien und Libanon. Der *Grand Liban* wird ausgerufen.

1920 Konferenz von San Remo. Großbritannien erhält das Mandat über Irak zugesprochen. Frankreich wird das Mandat über Syrien zuerkannt und besetzt Damaskus.

1921 Transjordanien (von Palästina getrennt) unter britischer Herrschaft.

1921 Nach der Machtergreifung der Faschisten in Italien wird die Unabhängigkeitsbewegung in Tripolitanien und in der Cyrenaika (heutiges Libyen) unterdrückt.

1921 Erste arabische Überfälle auf jüdische Siedler. Gründung der Hagana, die später zum Kern der israelischen Armee werden soll.

1924 Ägypter ziehen sich vollständig aus Sudan zurück. Briten führen im Sudan das Prinzip der «indirekten Herrschaft» ein.

1924 Vierte Alija nach Palästina.

1929 Neue Aufstände der arabischen Bevölkerung in Palästina.

1930 Der italienische General Graziani bricht in Libyen den letzten Widerstand.

1932 Britisches Mandat in Irak beendet. Großbritannien behält jedoch weitgehende Vorrechte, insbesondere auf dem Gebiet des Militärischen.

1936 Unruhen und Generalstreik in Syrien. Blutige Zwischenfälle zwischen Arabern und Juden in Palästina.

1939 Britisches Weißbuch begrenzt die jüdische Einwanderung nach Palästina. Neue Aufstände der Araber gegen die Juden.

1939 Beginn des Zweiten Weltkrieges.

1939 Fünfte Alija, die bis 1948 dauert.

1941 Staatsstreich im Irak, mit Unterstützung der deutschen Wehrmacht. Das Regime Raschid Ali al-Gailanis kann sich aber nur sechs Wochen lang an der Macht halten.

1942 Tripolitanien und Cyrenaika von britischen Truppen besetzt.

1943 Libanon wird unabhängig, aber noch bleiben französische Soldaten im Land.

1943 Die Truppen der Alliierten besetzen Tunesien.

1945 Gründung der Arabischen Liga in Kairo.

1945 Syrischer Aufstand gegen die Franzosen. Damaskus wird bombardiert. Intervention Großbritanniens.

1945 Schwere Unruhen in Algerien.

1946 Abzug der letzten französischen Truppen aus Libanon.

1946 Neuer Höhepunkt des Kleinkrieges zwischen jüdischen Siedlern und der Mandatsmacht Großbritannien in Palästina. Die Untergrundorganisation Irgun Zvai Le'umi sprengt das King-David-Hotel in Jerusalem in die Luft.

1946 Abzug der französischen Truppen aus Syrien.

1947 Teilungsplan der UNO für Palästina.

1948 David Ben Gurion verkündet am 14. Mai die Gründung des Staates Israel. Am 15. Mai Beginn des Krieges zwischen Israel und den arabischen Staaten, die die Schaffung des Staates Israel nicht akzeptieren. Schwere Niederlage der arabischen Armeen. Palästinensische Flüchtlingsströme in die arabischen Nachbarländer.

1949 Waffenstillstandsabkommen zwischen Israel und den arabischen Gegnern Ägypten, Libanon, Jordanien und Syrien.

Israel wird Mitglied der UNO.

1951 Libyen unter König Idris I. zum unabhängigen Königreich erklärt.

1951 Ermordung König Abdallahs von Jordanien in Jerusalem.

1952 Schwere Unruhen in Tunesien.

1952 Fremdenfeindliche Unruhen in Kairo. Militärputsch der «Freien Offiziere» Ägyptens unter General Naguib und Oberst Gamal Abd el-Nasser.

1953 Naguib proklamiert die Republik Ägypten. Abd el-Nasser stellvertretender Ministerpräsident.

1953 Hussein wird König von Jordanien. (Sein Vater, Talal, wurde wegen Geisteskrankheit abgesetzt.)

1954 Abd el-Nasser übernimmt in Ägypten die Staatsgewalt.

1955 Abschluß eines Waffenlieferungsabkommens zwischen Ägypten und der Tschechoslowakei.

1956 Frankreich anerkennt die Unabhängigkeit Tunesiens.

1956 Abzug der letzten britischen Truppen aus der Suezkanalzone.

Abd el-Nasser zum Staatspräsidenten gewählt.

Am 26. Juli verkündet Abd el-Nasser die Verstaatlichung des Suezkanals.

29. Oktober: Israelische Truppen greifen Ägypten an und stoßen bis zum Suezkanal vor.

5. November: Landung französischer und britischer Truppen bei Port Said.

7. November: Ende der Kämpfe.

22. Dezember: Abschluß der Räumung Ägyptens durch französische und britische Truppen.

1957 Die Israeli ziehen sich aus dem Sinai und dem Gazastreifen zurück.

1957 Proklamation Marokkos zum unabhängigen Königreich.

1958 Nach der Ermordung eines oppositionellen Journalisten kommt es im Libanon zu Unruhen, die in einen Bürgerkrieg ausarten. Präsident Chamoun ersucht die Amerikaner um Intervention. Landung von US-Marines in Beirut.

1958 Zusammenschluß Ägyptens und Syriens zur Vereinigten Arabischen Republik.

1959 Proklamation der tunesischen Verfassung.

1960 Gamal Abd el-Nasser eröffnet die Bauarbeiten an dem von der Sowjetunion mitfinanzierten Assuan-Damm.

1961 Auflösung der Vereinigten Arabischen Republik zwischen Syrien und Ägypten.

1961 Prozeß gegen Adolf Eichmann in Israel.

1961 Putschversuch der Generäle Challe, Zeller, Jouhaud und Salan gegen De Gaulles Algerienpolitik in Algier. Bildung der rechtsstehenden Organisation der Geheimen Armee (OAS). Terror in Algerien.

1961 Rebellion von Kurden im Irak.

1962 Abkommen von Evian, in dem Frankreich den Algeriern die Unabhängigkeit zugesteht. Ahmed Ben Bella wird Ministerpräsident.

1962 Beginn des Bürgerkrieges im Jemen.

1963 Machtergreifung der Baathisten in Irak, General Kassem von Putschisten erschossen.

1963 Baath-Partei wird nach Putsch wichtigste Kraft in Syrien.

1967 Sechstagekrieg vom 5. bis zum 10. Juni. Schwere Niederlage für Jordanien, Syrien und Ägypten.

Gamal Abd el-Nasser tritt zurück, bleibt aber nach Demonstrationen in Kairo dennoch Staatschef.

Israel besetzt Sinai-Halbinsel, Cisjordanien, Gazastreifen und die Golan-Höhen. Am 27. Juni Annexion des vereinigten Jerusalem.

1967 Abzug der ägyptischen Truppen aus dem Nordjemen (ägyptische Einheiten hatten auf der Seite der Royalisten gekämpft).

1967 Letzte britische Truppen verlassen Aden.

1968 Palästinensische Kommandos organisieren bewaffnete Aktivitäten in libanesischen Flüchtlingslagern. Israelische Strafaktionen.

1968 Machtkämpfe innerhalb der syrischen Baath-Partei.

1968 Ägyptische Armee beginnt sog. Abnutzungskrieg gegen Israel.

1969 Libanesische Armee geht, gemeinsam mit falangistischen Milizen, gegen PLO-Einheiten vor. Im November Unterzeichnung des Abkommens von Kairo, das die Aktivitäten der Palästinenser auf libanesischem Territorium regeln soll.

1969 Attentat, ausgeführt durch einen Australier, auf die al-Aqsa-Moschee in Jerusalem.

1969 Guerilla-Aktionen der PLO von Jordanien aus führen zu israelischen Gegenschlägen.

1969 König Idris in Libyen abgesetzt, Muammar al-Ghaddafi Revolutionschef.

1970 Ende des Abnutzungskrieges zwischen Ägypten und Israel.

1970 Sowjetunion liefert Ägypten hochentwickelte Lenkwaffensysteme.

1970 Gamal Abd el-Nasser stirbt am 28. September. Nachfolger wird der bisherige Vizepräsident, Anwar as-Sadat.

1970 Die palästinensischen Organisationen «al-Fatah» und die «Volksfront zur Befreiung Palästinas» kontrollieren teilweise die Städte in Jordanien. Im September schwere Kämpfe zwischen der jordanischen Armee und den palästinensischen Verbänden (sog. «Schwarzer September»). In diesem Zusammenhang Terror gegen die internationale Zivilluftfahrt (Entführung von Flugzeugen nach Zerka, Sprengung der Maschinen, Freilassung der Passagiere). PLO verlegt Hauptquartier nach der Niederlage in Jordanien in den Libanon.

1971 Jordaniens Ministerpräsident Wasfi al-Tall wird in einer Hotelhalle in Kairo von Palästinensern erschossen.

1971 Putschversuch gegen König Hassan in Marokko.

1971 Machtkampf in Ägypten, Vizepräsident Ali Sabri verhaftet. Ägypten erhält neue Verfassung.

1972 Präsident Anwar as-Sadat weist die sowjetischen Berater aus.

1972 Krieg zwischen dem marxistischen Südjemen und Nordjemen.

1972 Luftangriffe Israels gegen PLO-Basen im Libanon als Reaktion auf Guerilla-Anschlag auf israelische Sportler an der Olympiade in München.

1973 Studentenunruhen in Kairo. Diplomatische Bemühungen Ägyptens, Israel zum Rückzug vom (immer noch geschlossenen) Suezkanal zu bewegen, scheitern.

1973 Israelische Luftabwehr schießt libysches Verkehrsflugzeug ab, das sich über dem Sinai verirrt hat. Muammar al-Ghaddafi proklamiert Kulturrevolution in Libyen. Errichtung von sogenannten Volkskomitees.

1973 Ausbruch des vierten arabisch-israelischen Krieges (sog. Yom-Kippur-Krieg) am 6. Oktober. Ägypten erobert Ostufer des Suezkanals, kann die Invasion des westlichen Ufers durch israelische Streitkräfte jedoch nicht verhindern. Syrien erleidet Gebietsverluste. Waffenstillstandsabkommen zwischen Israel und Syrien (22. Oktober) und Ägypten (24. Oktober).

1973 David Ben Gurion, Israels erster Ministerpräsident, stirbt im Alter von 87 Jahren.

1974 Israel und Ägypten unterzeichnen ein von Henry Kissinger vermitteltes Entflechtungsabkommen ihrer Truppen. Aufräumungsarbeiten am Suezkanal durch Ägypten. US-Präsident Richard Nixon besucht Ägypten.

1974 Irak baut Beziehungen zur Sowjetunion aus.

1975 Beginn des Bürgerkriegs im Libanon. Kämpfe zwischen christlichen Milizen und palästinensischen Kommandos. Syrien marschiert im Libanon ein, zunächst zum Schutze der Christen. Später erfolgt ein Frontenwechsel der Syrer zugunsten der Gegner der libanesischen Christen.

1977 Wahlen in Israel bringen den Likud-Block mit Menachem Begin an die Macht. Intensivierte Siedlungstätigkeit in Cisjordanien.

1977 USA werden in vermittelndem Sinne aktiv in Nahost. Scheitern ihrer Initiative.

1977 Ägyptens Präsident, Anwar as-Sadat, reist am

19. November nach Jerusalem. Rede vor der Knesset. Friedensangebot, gleichzeitig aber Forderung nach Rückzug Israels aus den 1967 besetzten Gebieten und Anerkennung der Rechte der Palästinenser. Opposition der PLO. Isolierung Ägyptens durch die arabische Welt.

1978 Schwere Unruhen in Iran destabilisieren das Regime des Schahs.

1978 Unterzeichnung der Abkommen von Camp David zwischen den USA, Israel und Ägypten. Abschluß von zwei Vertragswerken (Friede zwischen Israel und Ägypten einerseits, Rahmenvertrag für einen Frieden in Nahost andererseits).

1978 Golda Meir, Israels ehemalige Ministerpräsidentin (von 1974 bis 1978), stirbt im Alter von 80 Jahren.

1978 Sog. Litani-Feldzug der israelischen Armee im Libanon als Reaktion auf einen palästinensischen Terroranschlag in Haifa. UNIFIL-Truppen werden im südlichen Libanon stationiert.

1979 Machtergreifung durch Ayatollah Khomeiny in Iran. Das Land wird stufenweise zur Islamischen Republik. Liquidierung von Schah-Anhängern.

1979 Chadly Benjedid wird Staatspräsident Algeriens.

1979 Die Preise für Erdöl werden von der OPEC hochgetrieben. Sie verdoppeln sich innerhalb weniger Monate.

1979 Friedensvertrag zwischen Israel und Ägypten am 26. März unterzeichnet. Er sieht die schrittweise Rückgabe der Sinai-Halbinsel an Ägypten vor.

1979 Der von Israel unterstützte Major Saad Haddad proklamiert einen «Freien Libanon» im Süden des Landes.

1979 Aufstand islamischer Extremisten in Mekka. Über 100 Opfer.

1979 Sowjet-Invasion in Afghanistan (27. Dezember).

1980 Ausbruch des Krieges zwischen Irak und Iran. Äußerer Anlaß ist der Streit um die Schiffahrtsrechte im Schatt al-Arab. Dahinter stehen Bedrohung Iraks durch die iranische Revolution, aber auch Regionalansprüche Iraks unter Saddam Hussein.

1980 Unblutiger Militärputsch in der Türkei. General Evren wird Staatsoberhaupt.

1980 Ex-Schah Reza Pahlevi stirbt im Exil in Kairo.

1980 Terror gegen palästinensische Bürgermeister im besetzten Cisjordanien.

1980 Muammar al-Ghaddafi fordert seine Landsleute auf, dissidente Exillibyer zu ermorden.

1980 Attentat gegen Syriens Präsident Assad, der leicht verletzt wird. Konflikt zwischen dem Regime und den Muslimbrüdern verschärft sich.

1980 Das israelische Parlament erklärt am 30. Juli das «vereinigte Jerusalem» zur «ewigen Hauptstadt» Israels.

1981 USA versuchen, mit mehreren nahöstlichen Kräften engere Bündnisse zu schließen. «Strategische Allianz» zwischen den USA und Israel (formell später wieder aufgehoben), «Strategisches Bündnis» mit Saudiarabien sowie militärische Vereinbarung mit Ägypten zur Sicherung der Verbindungen in Richtung der Ölquellen.

1981 Freilassung der amerikanischen Geiseln durch Iran (52 Amerikaner waren während 444 Tagen gefangengehalten worden).

1981 Israel zerstört den im Bau befindlichen Kernreaktor Iraks.

1981 Menachem Begin gewinnt ein weiteres Mal die Wahlen in Israel.

1981 Kämpfe in Libanon um die Stadt Zahle. Israelische Luftangriffe auf PLO-Basen im Libanon. Vermittlung durch den amerikanischen Unterhändler Philip Habib.

1981 Ermordung des ägyptischen Präsidenten Anwar al-Sadat am 6. Oktober durch islamische Extremisten. Hosni Mubarak wird Präsident. Unruhen in mehreren ägyptischen Städten. Verhaftungswellen. Referendum in Ägypten.

1981 Israel: Moshe Dayan stirbt am 16. Oktober.

1981 Die Golan-Höhen werden von Israel annektiert (14. Dezember).

1982 Beendigung des Rückzugs der Israeli aus dem Sinai (25. April).

1982 Luftangriffe Israels gegen palästinensische Lager im Libanon. PLO-Kommandos beschießen Nordisrael.

Israelische Groß-Invasion im Libanon beginnt am 6. Juni. Vier Tage später erreichen die Israeli Beirut. Blockade der libanesischen Hauptstadt. Vertreibung der PLO. Yassir Arafat reist nach Tunesien. Massaker, begangen durch Trupps der Falangisten, fordern in den palästinensischen Flüchtlingslagern Sabra und Shatila Hunderte von Todesopfern.

1982 Beshir Gemayel, designierter Präsident Libanons, ermordet. Sein Bruder Amin Gemayel wird Staatspräsident.

1983 Israelischer Untersuchungsbericht über die Massaker in den palästinensischen Lagern in Beirut erhebt Anschuldigungen gegen Israels Verteidigungsminister, Ariel Sharon.

1983 Konferenz des «Palästinensischen Nationalrats» in Algier.

1983 Anschlag auf die US-Botschaft in West-Beirut fordert 69 Todesopfer.

1983 Israel und Libanon unterzeichnen am 17. Mai ein sogenanntes Truppenentflechtungsabkommen. Harte Opposition Syriens.

1983 Bewaffnete Auseinandersetzungen innerhalb der PLO, Schwächung der Stellen Yassir Arafats. Kämpfe in Tripoli.

1983 Weiterer Anschlag gegen Amerikaner und Franzosen in Beirut fordert fast 300 Todesopfer.

1984 Sog. «Brotrevolte» in Tunesien fordert über 100 Todesopfer.

1984 Gipfelkonferenz der islamischen Staaten in Casablanca ebnet den Weg zur Wiederaufnahme Ägyptens.

1984 Parlamentswahlen in Israel enden mit knapper Niederlage des seit 1977 regierenden Likud-Blocks. Shimon Peres wird Premierminister.

1984 Abzug der multinationalen Truppe (Amerikaner, Briten, Italiener) aus Beirut. Schiiten übernehmen die Macht in West-Beirut.

1984 Konflikt um das libysche Volksbüro (diplomatische Vertretung) in London. Aus der libyschen Volksvertretung heraus wird eine britische Polizistin erschossen.

1984 Im Krieg zwischen Irak und Iran werden Öltanker im Persischen Golf beschossen.

1984 Die Wirtschaft Israels gerät in einen Engpaß, die Inflation erreicht fast 100 Prozent.

1985 Rückzug der israelischen Streitkräfte aus dem Libanon. Israel behält jedoch die Kontrolle über einen Streifen im Süden.

1985 Nach der Ermordung von drei Israeli auf Zypern führt

die israelische Luftwaffe einen schweren Schlag gegen die PLO-Zentrale in Tunesien. Zerstörung zahlreicher Gebäude, 70 Todesopfer.

1985 Harmonisierungsbemühungen zwischen Jordaniens König Hussein und PLO-Chef Yassir Arafat enden ohne konkrete Resultate.

1985 Kaperung des italienischen Kreuzfahrtenschiffs *Achille Lauro* durch palästinensische Terroristen. Zwiespältige Aussagen des ägyptischen Präsidenten, Hosni Mubarak, der die Terroristen nach Tunesien ausreisen lassen will. US-Luftwaffe fängt das Flugzeug mit den Terroristen ab und zwingt es zur Landung auf einem Nato-Stützpunkt in Sizilien.

1985 Terrorakte gegen die Flughäfen von Rom und Wien fordern über 50 Tote.

1986 Revolte ägyptischer Bereitschaftspolizisten in Kairo (Februar) ohne Erfolg. Das Regime vermutet islamische Fundamentalisten als Drahtzieher.

1986 Seemanöver der USA in der Großen Syrte vor Libyen führen zu Zwischenfällen. Libysche Angriffe auf die Amerikaner, Versenkung eines libyschen Kanonenboots. Zahlreiche Todesopfer unter den Libyern.

1986 Terrorakte gegen die Zivilluftfahrt und gegen einen Disco-Club in West-Berlin, nach amerikanischer Auswertung von Libyen ausgeführt.

1986 April: Luftangriff der USA gegen Ziele in Tripolis und Bengazi in Libyen fordern mindestens 39 Todesopfer und Hunderte von Verletzten. Mitglieder der Familie Ghaddafis getötet und verletzt.

1986 Oktober/November: Durch Indiskretionen wird bekannt, daß die USA seit rund zwei Jahren im geheimen Waffen an Iran liefern. Ein Teil der Lieferungen wurde durch israelische Vermittlung getätigt. Die Affäre («Irangate» genannt) führt zu einer schweren Belastungsprobe im Weißen Haus und zu personellen Umbesetzungen im Umfeld des Präsidenten.

1986 November: Verurteilung des arabischen Terroristen Hindauwi in London, der eine Bombe an Bord eines israelischen Passagierflugzeugs hatte führen wollen. Hindauwi wird verurteilt. Im Gerichtsverfahren wird das syrische Regime der Komplizenschaft verdächtigt. Abbruch der diplomatischen Beziehungen Londons mit

Damaskus. Diplomatische Schritte anderer westeuropäischer Regierungen gegen Syrien.

1986 Dezember: Vermittlungsbemühungen Syriens zugunsten von Geiseln, die im Libanon festgehalten werden.

1987 Februar: Schwere Kämpfe zwischen Schiiten und Palästinensern um die Kontrolle von Flüchtlingslagern im Libanon. Konflikte zwischen Schiiten und progressiven Muslim-Milizen in Beirut. Syrische Truppen marschieren in Beirut ein und versuchen, einem Waffenstillstand Geltung zu verschaffen.

1987 Februar: Steigerung der Kämpfe zwischen Iran und Irak. Iranische Truppen dringen bis in die Umgebung der irakischen Millionenstadt Basra vor. Die Offensive («Kerbala 5» genannt) fordert Zehntausende von Todesopfern.

1987 Februar/März: Belastung der Beziehungen zwischen Israel und den USA wegen der Spionage-Affäre Pollard. Pollard hatte in großen Mengen in den USA Dokumente entwendet, die technologische Geheimdaten enthielten und mit deren Hilfe in Israel das Hochleistungskampfflugzeug «Lavi» konstruiert wurde.

LEXIKON WICHTIGER BEGRIFFE

Amal

Bewegung der libanesischen Schiiten. Begründet 1975 durch Imam Mussa al-Sadr als Miliz der «Bewegung der Entrechteten». Das Wort «Amal» hat doppelte Bedeutung. Auf der einen Seite bedeutet es Hoffnung, auf der anderen ist es die Abkürzung von *Afwaj al-Muqawamah al-Lubnaniyya*, Libanesische Widerstands-Brigaden.

Ayatollah

Schiitischer Titel für einen Gelehrten. Gemäß Yann Richard *(Der verborgene Imam)* wird der Titel im allgemeinen den *mujtahed* gegeben, die würdig sind, den Willen des Imam offiziell zu interpretieren, und die von ihren Lehrern eine Erlaubnis für den Theologie-Unterricht erhalten haben. Der Titel spiegelt eine schiitische Klerikalhierarchie, die der sunnitische Islam nicht kennt.

Fatwa

Religiöse Entscheidung eines islamischen Rechtsgelehrten *(Faquih)*, der das Amt eines Mufti (Rechtsinstanz) bekleidet.

Imam

Der Begriff hat drei verschiedene Bedeutungen:
Einerseits wird ein Muslim, der in der Moschee das Gebet leitet, Imam genannt. Zweitens ist Imam die Bezeichnung für einen herausragenden Gelehrten des sunnitischen Islam. Drittens hat *Imam* bei den Schiiten noch eine zusätzliche Bedeutung. Imam war eine Ehrenbezeichnung für einen bevorzugten Nachkommen Alis und seiner Gemahlin Fatimas (Tochter des Propheten Mohammed). Aus jeder Generation wurde der Würdigste zum Imam ernannt. Ihm gestanden die Schiiten das Recht zu, die Gemeinschaft geistig und politisch zu führen. Politisch allerdings war dies nur ein theoretisches Recht, denn die Schiiten waren fast immer in der Minderheit gegenüber den Sunniten und übten daher keine politische Herrschaft aus.
Nach Auffassung der Zaiditen (wichtig insbesondere für Nordjemen) erlosch die Linie der direkten Nachkommen mit dem fünften Imam. Die iranischen Schiiten anerkennen zwölf Imame – der zwölfte verschwand im Kindesalter und hinterließ keine

Nachkommen. Er lebt seither in der «großen Verborgenheit». Nach dem Glauben der 12er-Schiiten führt er auch heute die Gemeinschaft der Schiiten. Jede andere Herrschaft kann daher nur als stellvertretend für den verborgenen Imam verstanden werden.

Jihad

Streben der muslimischen Gemeinschaft, die Welt des Islam zu vergrößern. Dieses Ziel kann entweder durch friedliche Aktivitäten, aber auch durch Waffengewalt angestrebt werden. Der Westen übersetzt *Dschihad* oft als «Heiliger Krieg».

Kibbuz

Jüdische Kollektivsiedlung, in der prinzipiell aller Besitz kollektiv ist. Über die Entwicklung des Kibbuz in der Frühzeit (Ende des 19. Jahrhunderts) schreibt Hans O. Staub (*Unbekannter Nachbar Israel*, 1985) über die Pioniere: «Sie waren Sozialisten, Marxisten: Kollektivismus in Reinkultur, ‹Kommunismus› in seiner Urform mußte ihr Ideal sein. In kleinen und kleinsten Siedlungen versuchte man zunächst dieses neue Leben, in der sogenannten Kvuzah, aus der dann der erste eigentliche Kibbuz hervorging – eben an jenem Ort, an dem der Jordan den See Gennesaret verläßt.» Über den ersten Kibbuz, Deganya, schreibt Staub: «Man lebte in zwei Lehmhütten, Schlafsäle genannt, mit ein bißchen landwirtschaftlichem Gerät und sehr wenig Kenntnissen von der Bodenbearbeitung. Man lebte in totaler Gleichberechtigung – und entwickelte nun das, was Ideologie und Praxis des Kibbuz werden sollte: kein Privatbesitz, kein Unterschied der Geschlechter und Klassen in Arbeit, Lohn und sozialem Prestige, gemeinschaftliche Beschlüsse über das Tun und Lassen aller und eines jeden einzelnen, bis in Entscheidungen, die sonst eigentlich das Individuum allein betreffen, Erziehung der Kinder, die nur des Nachmittags und am frühen Abend ihren Eltern zugeführt, ansonsten aber gemeinschaftlich betreut werden. Also wirklich das Kollektiv in absoluter Form, wie es sich die Doktrinäre der Jahrhundertwende vorgestellt, die totale Abkehr vom ‹Kapitalismus›, der den sozialistischen Gründervätern als Wurzel allen Übels in der menschlichen Geschichte erschienen war.»
In Israel gibt es heute ca. 260 Kibbuzim mit insgesamt 120 000 Menschen.

Mahdi

Wörtlich: der Rechtgeleitete oder von Gott Geleitete. Bei den

Schiiten wurde nach dem Verschwinden des 12. Imam die Lehre entwickelt, die besagte, der Imam werde kurz vor dem Ende aller Zeiten wiederkehren und als *Mahdi* die Menschheit unter dem Islam einigen. Gerhard Schweizer führt dazu aus (*Die Derwische*, Salzburg, 1980): «Vermutlich hat die jüdische Messias-Erwartung wesentlich die Mahdi-Idee beeinflußt. In späteren Jahrhunderten traten nicht selten Derwisch-Scheiche mit dem Anspruch auf, der Erwartete Mahdi zu sein, und oft war ihr religiöses Sendungsbewußtsein mit sozialrevolutionären Vorstellungen durchsetzt. Die ursprünglich schiitische Idee hat spätestens seit dem 19. Jahrhundert bei den Sunniten Fuß gefaßt. Der bekannteste aller Mahdis ist der sudanesische Derwisch-Scheich Mohammed Ahmed geworden, der in den achtziger Jahren des 19. Jahrhunderts im Sudan einen ‹Gottesstaat› errichten konnte.» Der Mahdi-Glaube ist primär im schiitischen Islam vorzufinden (vor-islamische Komponente der persischen Kultur). Im sunnitischen Islam, besonders im Sudan, dokumentiert der Mahdi-Glaube Einflüsse der schwarz-afrikanischen Kultur.

Shari'a

Scharia oder *shari'a* ist im weitesten Sinne das islamische Sakralrecht. Man kann den Begriff auch als Leitfaden für das praktische Zusammenleben der muslimischen Gesellschaft auffassen. Aufgrund des öffentlichen Charakters der islamischen Religion gibt es keine oder nur schwach ausgebildete Trennlinien zwischen Fragen praktischer Religiosität, dogmatischen Problemen und Rechtsfragen.

Die Grundlagen der *shari'a* finden sich im Koran, in der Überlieferung der mündlich gemachten Aussagen des Propheten und in den Interpretationen von Rechtsgelehrten. Rechtsschulen bildeten sich allerdings erst im 8. Jahrhundert heraus. Bernd Radtke erläutert dazu in *Der Islam in der Gegenwart*: «In Kufa im Irak entstand die Schule des Abu Hanifa, in Medina die Schule des Malik Ibn Anas, in Syrien die des Auza'i. Diese Schulen des 8. Jahrhunderts bezeichnet man als die alten Rechtsschulen. Charakteristisch für diese Zeit ist das Fehlen allgemein anerkannter Normen als Rechtsquellen und der Rechtsfindung. Während die kufische Rechtsschule der persönlichen Ratio (arabisch *ra'y*) des Rechtsfinders einen weiten Spielraum einzuräumen geneigt war, verließ man sich in Medina eher auf den tradierten Rechtsbrauch der Stadt, für den Übereinstimmung herrschte. Als Rechtsquellen galten der Koran und eine sich allmählich bildende städtische oder schulische Tradition.

Letztere nannte man im 8. Jahrhundert sunna. Es existierten somit eine *sunna* der Schule von Medina, eine «sunna» der Schule von Syrien und andere. Durch das Wirken des Shafi'i (gest. 820) setzte sich eine Normierung der Rechtsquellen durch. Die von Shafi'i entwickelte Lehre von den *usul al-fiqh*, den Wurzeln oder Grundlagen des Rechts, intendierte eine Zurückdrängung der persönlichen Entscheidung, des *ra'y*, zugunsten ‹objektiver› Kriterien. Die vier von Shafi'i geforderten Wurzeln des Rechts waren 1. der Koran, 2. die *sunna*, 3. der *consensus doctorum* (arabisch *ijma'*) und 4. der Analogieschluß (arabisch *quiyas*).»

Die alten Rechtsschulen verschwanden schließlich oder sie übernahmen neuere Erkenntnisse. Bis heute haben folgende vier Schulen Bestand:

1. die hanafitische, 2. die malikitische (hervorgegangen aus der Tradition von Medina), 3. die schafiitische und 4. die hanbalitische. Radtke führt dazu aus: «Es hieße, die islamische Wirklichkeit gründlich mißverstehen, wenn unerwähnt bliebe, daß das islamische Recht, die *shari'a*, um den gebräuchlichen Terminus zu benutzen, zu keiner Zeit absolute Anwendung gefunden hat. Die Spannung zwischen idealtypischer *shari'a* und materieller Rechtswirklichkeit ist eines der Hauptprobleme islamischer Geschichte.»

Die *shari'a* umfaßt das Familien-, das Erb- und das Strafrecht sowie – mit gewissen Einschränkungen – auch das Wirtschaftsrecht. (In diesem Zusammenhang erwähnenswert ist das Zins- bzw. das Wucherverbot.) In den meisten arabischen Ländern wird in der Verfassung das islamische Recht als Quelle oder Grundlage der Gesetzgebung deklariert.

Schia, Schiiten

Seit den ersten Jahren nach dem Tod des Propheten (632) teilte sich die islamische Gemeinschaft in Sunniten und Schiiten. Schiiten leitet sich ab von *shi'a*, womit die Partei Alis (Cousin und Schwiegersohn des Propheten) bezeichnet wird. Yann Richard (*Der verborgene Imam*, 1983) dazu: «Die Schiiten sind die ‹Legitimisten› des Islam. Nach ihrer Auffassung muß die Leitung der Gemeinschaft einem Abkömmling von Ali und Fatima und damit des Propheten anvertraut werden. Aber der eigentliche Grund für die Spaltung zwischen Sunniten und Schiiten liegt in einem schwerwiegenden Meinungsunterschied über die Philosophie der Macht.»

Nach dem Tod des Propheten folgte die Mehrheit der Muslime

Abu Bakr (der von der Gemeinschaft gewählt wurde), dann Omar (von Abu Bakr ernannt) und Osman (von nur sechs Personen gewählt).
Ali übernahm erst als vierter die Leitung der Gemeinschaft, denn es gab keine genau festgelegte Lehre der Übergabe der politischen Macht, sondern nur eine informelle Übereinkunft. Die Schiiten allerdings gehen, im Gegensatz zu den Sunniten, davon aus, daß der Prophet eben doch Ali von allem Anfang an als seinen Nachfolger bestimmte. Sie weigern sich, Abu Bakr, Omar und Osman anzuerkennen, und betrachteten sie als Usurpatoren. Sie entwickelten die religiöse Philosophie des Schiismus (der Schia) aus der Familie Alis und dessen Frau, Fatima (Tochter des Propheten). Die verschiedenen Richtungen des Schiismus (am wichtigsten ist jene der 12er-Schiiten, die vor allem in Iran die Mehrheit der Bevölkerung bildet) definieren sich nach den Imamen, auf die sie sich beziehen. Letzter von den Zwölfer-Schiiten anerkannter Imam war Mohammed, mit dem offiziellen Titel Mahdi, der im Kindesalter im Jahr 874 «verschwand». Wahrscheinlich wurde er ermordet, aber die Schiiten glauben, daß er selbst heute noch «in der großen Verborgenheit» lebt. Da es in unseren Zeiten keinen sichtbaren Führer der Gemeinschaft gibt, ist die Frage der religiösen und weltlichen Autorität nicht lösbar.
Zum zeitgenössischen schiitischen Denken stellt Yann Richard fest: «Die Schwäche schiitischer Theologen ist die aller Apologeten – sie versuchen zu zeigen, daß ihre Religion den Schlüssel zu allen Schwierigkeiten im voraus geliefert hat. Ein Thema, das sie mit vielen arabischen Ideologen teilen, ist der Islam als Basis anti-imperialistischen Handelns. Moslemische Ideologen verbinden den Islam mit den Kämpfen gegen den Kolonialismus und die Herrschaft der Supermächte, da sie den starken Einfluß islamischer Parolen auf das Volk kennen und an einen revolutionären Aspekt des Islam glauben.»

Sunna, Sunnit

Muslimische Tradition, Aussagen des Propheten, die entweder durch den Koran oder durch die mündliche Überlieferung *(Hadith)* belegt sind. Bei den Schiiten sind in die *Sunna* auch viele Aussagen von Mohammeds Schwiegersohn Ali einbezogen. Etwa 90 Prozent der Muslime sind Sunniten.

Talmud

Der Talmud ist, ähnlich wie die hebräische Bibel, das Sammelwerk eines Jahrtausends. Der Ausdruck Talmud bedeutet in erster Linie «Lehre». (Talmud ist ein Substantiv, das vom Verb «lehren» abgeleitet wird, das sich aber auch auf den Vorgang des Lernens bezieht.) Darüber hinaus bedeutet es aber auch «Gelehrsamkeit». Reinhold Mayer führt in seiner *Einleitung zum Babylonischen Talmud*, München, 1963, dazu aus: «Eine weitere wichtige Bedeutung hat das Wort Talmud als exegetischer Fachausdruck, der häufig den antwortenden Bibelvers auf die Frage nach der Begründung einer These einleitet. ‹Der Talmud besagt› bedeutet dann: Es liegt eine Lehre in dem, was die Heilige Schrift sagt.»

Die mündliche jüdische Tradition reicht in die Zeit des 5. vorchristlichen Jahrhunderts, in die Zeit des babylonischen Exils, zurück. Bei der Ausführung der Gebote der Thora, der fünf Bücher Moses, entwickelten sich Bräuche für den exakten Vollzug – sie wurden mündlich weitergegeben. Nach der Zerstörung des Tempels in Jerusalem (70 n. Chr.) wurde vor allem im Lehrhaus von Jawne daran gearbeitet, die alten Traditionen zu sammeln. Man befragte Zeugen, und diese Zeugnisse wurden zum Kern der *Mischna*, die den Grundbestand des Talmud bildet. Die Lehrer der Mischna-Zeit wurden Tannaiten genannt, und der bedeutendste von ihnen, Rabbi Jehuda, der Fürst, ergänzte die Traditionen, redigierte sie und legte die maßgebliche Lehrmeinung nieder. Kaum allerdings war die Lehre in dieser Form fixiert, da zeigte sich schon wieder die Notwendigkeit einer Interpretation. Die Amoräer, Sprecher oder Ausleger, übernahmen diese Arbeit und ergänzten die Mischna durch die Gemara, die als Diskussion oder Kommentar verstanden werden kann. Reinhold Mayer bemerkt dazu: «Während der Zeit der Amoräer verlagerte sich der Schwerpunkt jüdischer Gelehrsamkeit von Israel nach Babylonien, wo aber gerade die palästinensische Tradition aus Ehrfurcht vor dem Heiligen Land mit großer Genauigkeit festgehalten wurde. (...) Die stets anwachsende Diskussion konnte dann nur noch von einzelnen, als ‹Bücherkörbe› oder ‹dichte Zisternen› berühmten Gelehrten behalten werden, so daß endlich im vierten oder fünften nachchristlichen Jahrhundert Raw Aschi und besonders sein Schüler Rawina darangingen, den ungeheuren Stoff der Gemara zu sichten, zu ordnen und niederzuschreiben. Um das Jahr 500 war der babylonische Talmud abgeschlossen, aber die Diskussion darüber ging weiter.»

In seiner äußeren Form ist der Talmud Mischna und Gemara, in seiner inneren ist er unterteilt in Halacha und Aggada. Halacha ist Wegweisung, Anleitung zum Leben, umfaßt aber auch die Entscheidung der Meister und den Brauch des Volks. Die Aggada beinhaltet das Erzählgut in der Form von Gleichnissen, Sprüchen und Legenden.

Zion, Zionismus

Zion war urspünglich die Bezeichnung des südöstlichen Hügels von Jerusalem. David eroberte ihn von Jebusitern, und Zion war damals eine starke Festung, von der aus man die am Fuße der Erhebung liegende Quelle beherrschen konnte. Unter Salomo wurde der Begriff Zion auf den Tempelberg in Jerusalem ausgedehnt, und bald galt er für die ganze Stadt. Der Zionismus ist die Bewegung des jüdischen Volkes zur Wiederherstellung eines selbständigen Staates in Palästina. Walter Laqueur definiert den Zionismus als «Glaube an die gemeinsame Zukunft des jüdischen Volkes». Detaillierter führt er aus: «Seine geistigen Wurzeln reichen zurück bis zur Französischen Revolution und der darauf folgenden romantischen Welle des nationalen Erwachens. Als politische Bewegung stand er in der liberal-humanistischen Tradition des Risorgimento, der Tradition Kossuths und Masaryks. Er unterschied sich von anderen zeitgenössischen Nationalbewegungen insofern, als die Juden ein landloses Volk waren, das bis zu einem bestimmten Grad seinen spezifischen Nationalcharakter verloren hatte. (. . .) Der Zionismus ist eine Antwort auf den Antisemitismus. Die jüdische Religion, das Symbol Zion, die Sehnsucht nach der verlorenen Heimat und andere mystische Faktoren spielten in der Entwicklung des Zionismus eine Rolle. Aber der politische Zionismus, zum Unterschied von der mystischen Sehnsucht, wäre nicht entstanden ohne die prekäre Lage des mittel- und osteuropäischen Judentums in der zweiten Hälfte des neunzehnten Jahrhunderts.»

LITERATURVERZEICHNIS

Ajami, Fouad: *The Arab Predicament*, Cambridge University Press, 1981

Ben-Dor, Gabriel (Hrsg): *The Palestinians and the Middle East Conflict*, Turtledove Publishing, 1976

Ben-Sasson, H. H.: *Geschichte des jüdischen Volkes*, Bände I–III

Bernstein/Hamdan/Schneider (Hrsg): *Der Palästina-Konflikt*, Sachon, 1982

Bethell, Nicholas: *Das Palästina-Dreieck*, Propyläen, 1979

Brunner-Traut, Emma: *Die Kopten*, Diederichs, 1982

Dajan, Moshe: *Die Mission meines Lebens*, C. Bertelsmann, 1981

Devlin, John F.: *The Baath Party*, Hoover Institution Press

Dietl, Wilhelm: *Heiliger Krieg für Allah*, Kindler, 1983

Dimbleby, Jonathan: *The Palestinians*, Quartet Books, 1979

Elon, Amos: *Die Israelis, Gründer und Söhne*, Molden-Taschenbuch, 1971

Ende, Werner, und Steinbach, Udo (Hrsg): *Der Islam in der Gegenwart*, C. H. Beck, 1984

Falioun, Hussam Eddin: *Die Baath Partei*, Münster, 1977 (Dissertation)

Fitzgerald/Khoury/Wanzura: *Renaissance des Islams?*, Styria, 1980

Frangi, Abdallah: *PLO und Palästina*, R. G. Fischer Verlag, 1982

Gnesa, Edi: *Die von Israel besetzten Gebiete im Völkerrecht*, Schultheß Polygraphischer Verlag, 1981

Gysling, Erich: *Arabiens Uhren gehen anders*, Edition Interfrom, 1982

Hacke, Christian: *Von Kennedy bis Reagan*, Klett-Cotta, 1984

Haig, Alexander: *Geisterschiff USA*, Klett-Cotta, 1984

Haim, Sylvia: *Arab Nationalism*, University of California Press, 1962

Harkabi, Y.: *Palästina und Israel*, Seewald, 1972

Hawa-Tawil, Raymonda: *Mon Pays, ma Prison*, Edition Seuil, 1978

Heikal, Mohammed: *Sphinx & Kommissar*, Ullstein, 1980

Heikal, Mohammed: *The Return of the Ayatollah*, André Deutsch, 1981

Heikal, Mohammed: *Sadat, Das Ende eines Pharaos*, Econ, 1984

Helmensdorfer, Erich: *50mal Ägypten*, Piper, 1979

Hirst, David: *The Gun and the Olive Branch*, Futura Publications, 1978
Holden, David, und Johns, Richard: *The House of Saud*, Sidgwick & Jackson, 1981
Hottinger, Arnold: *Die Araber*, Atlantis Verlag, 1960
Hottinger, Arnold: *Allah heute*, Pendo Verlag, 1981
Hottinger, Arnold: *10mal Nahost*, Piper, 1970
Hussein, König von Jordanien: *Mein Krieg mit Israel*, Molden, 1969
Im Namen Allahs, Der Islam – eine Religion im Aufbruch?, Ullstein, 1979
Issawi, Charles: *The Economic History of the Middle East*, The University of Chicago Press, 1962
Katz, Samuel: *Tage des Feuers, Das Geheimnis des Irgun*, Athenäum, 1981
Kepel, Gilles: *Le Prophète et Pharaon*, La Découverte, 1984
Khalid, D.: *Reislamisierung und Entwicklungspolitik*, Weltforum Verlag
Khalifa, Sahar: *Der Feigenkaktus*, Unionsverlag, 1983
Kissinger, Henry: *Memoiren 1973–1974*, C. Bertelsmann, 1982
Kollek, Teddy: *Ein Leben für Jerusalem*, Hoffmann und Campe, 1980
Konzelmann, Gerhard: *Die Araber*, Herbig Verlag, 1977
Konzelmann, Gerhard: *Arafat*, Lübbe Verlag, 1981
Konzelmann, Gerhard: *Jerusalem*, Hoffmann und Campe, 1984
Laqueur, Walter: *Der Weg zum Staat Israel*, Europaverlag, 1972
Laqueur, Walter: *The Struggle for the Middle East*, Routledge & Kegan, 1969
Lewis, Bernard: *Die Welt der Ungläubigen*, Propyläen, 1983
Mahr, Horst: *Die Baath-Partei*, Günter Olzog Verlag, 1971
Mansfield, Peter: *The Arabs*, Penguin Books, 1976
Meir, Golda: *Leben für mein Land*, Scherz-Verlag, 1973
Nagel, Tilman: *Der Koran, Einführung, Texte, Erläuterungen*, C. H. Beck, 1983
Niedhart, Gottfried (Hrsg): *Der Westen und die Sowjetunion*, Schöningh Verlag, 1983
Nixon, Richard: *Memoiren*, Ellenberg, 1978
Politisches Lexikon Nahost, C. H. Beck, 1979
Pott, Marcel, und Schimkoreit-Pott, Renate: *Beirut, Zwischen Kreuz und Halbmond*, Westermann, 1985
Rabinovich, Itamar: *The War for Lebanon, 1970–1983*, Cornell University Press, 1984

Richard, Yann: *Der verborgene Imam*, Wagenbach, 1983
Ritterband, Charles E.: *Israel hautnah*, Verlag Neue Zürcher Zeitung, 1985
Rodinson, Maxime: *Les Arabes*, Presses Universitaires de France, 1979
Rodinson, Maxime: *Die Faszination des Islam*, C. H. Beck, 1985
Rodinson, Maxime: *Islam und Kapitalismus*, Suhrkamp, 1986
Sabuni, Abdulghafur: *Einführung in die Arabistik*, Helmut Buske Verlag, 1981
Sadat, Anwar as-: *Unterwegs zur Gerechtigkeit*, Molden, 1978
Said, Edward: *Orientalismus*, Suhrkamp, 1981
Schamp, Heinz (Hrsg): *Ägypten*, Erdmann, 1977
Schiller, D. Th.: *Palästinenser zwischen Terrorismus und Diplomatie*, Bernard & Graefe, 1982
Schiller, D. Th.: *Der Bürgerkrieg im Libanon*, Bernard & Graefe, 1979
Schimmel, Annemarie: *Mystische Dimensionen des Islam*, Qalandar-Verlag GmbH, 1979
Scholl-Latour, Peter: *Allah ist mit den Standhaften*, DVA, 1983
Schreiber, Friedrich: *Die Palästinenser*, Molden–S. Seewald, 1983
Seale, Patrick: *The Struggle for Syria*, 1965
Shanneik, Ghazi: *Die Entwicklung des ägypt. Militärregimes*, Diss., Göttingen, 1978
Shehadeh, Raja: *Aufzeichnungen aus einem Ghetto*, J. H. W. Dietz, 1983
Smooha, Sammy: *Israel, Pluralism and Conflict*, Routledge & Kegan Paul, 1978
Soulié, Jean-Louis, und Champenois, Lucien: *Le Royaume d' Arabie Saoudite à l' épreuve des Temps modernes, Présence du Monde Arabe*, erschienen bei Albin Michel, 1978
Staub, Hans O.: *Unbekannter Nachbar Israel*, AT-Verlag, 1985
Stein, Gustav, und Steinbach, Udo: *The Contemporary Middle Eastern Scene, Schriften des Deutschen Orient-Instituts*, Leske Verlag + Budrich GmbH, 1979
Stevens, Georgiana G.: *The United States and the Middle East*, Englewood Cliffs, 1964
Stockman-Shomron, Israel (Hrsg): *Israel, the Middle East and the Great Powers*, Shikmona Publishing Company Limited, 1984
Tibi, Bassam: *Die Krise des modernen Islams*, C. H. Beck, 1981

Tibi, Bassam: *Militär und Sozialismus in der Dritten Welt*, Suhrkamp, 1973
Tibi, Bassam: *Der Islam und das Problem der kulturellen Bewältigung sozialen Wandels*, Suhrkamp, 1985
Tilgner, Ulrich: *Umbruch im Iran*, Rowohlt Verlag, 1979
Timerman, Jacobo: *Israels längster Krieg*, Deutscher Taschenbuch Verlag, 1985
Tuchman, Barbara: *Bibel und Schwert*, S. Fischer, 1983
van Dam, Nikolaos: *The Struggle for Power in Syria*, Croom Helm, 1979
Weizman, Ezer: *Eine Schlacht für den Frieden*, Kindler, 1981
Wiener, Daniel (Hrsg): *Shalom, Israels Friedensbewegung*, Rowohlt Verlag, 1984
Wohlfahrt, Eberhard: *Die Arabische Halbinsel*, Safari bei Ullstein, 1980
Wolffsohn, Michael: *Politik in Israel*, Leske Verlag, 1983

REGISTER

Abbas, Abu al- 137
Abdallah, Kronprinz, Saudi-Arabien 116
«Achille Lauro» 134
Afghani, Jamal al-Din al- 125
Aflak, Michel 51, 127, 128
Ägypten 19, 30, 31, 134 ff., 224, 239 ff.
Algerien 246
Allon, Yigal 197
Amal-Miliz 170, 175, 178, 297
Ansari, Hamid 160
Aqsa, al-, Moschee 9, 11, 14, 15, 91, 226
Arabische Liga 75
Arafat, Yassir 56, 70 f., 86 f., 98, 263
Argov, Shlomo 185
Aschkenazim 29
Assad, Hafez al- 86, 102 ff.
Assad, Rif'at al- 120
Assuan-Damm 256
Ayatollah 297
Azhar 151, 158, 163

Baath-Partei 109–114, 119 f.
Bagdad-Pakt 254
Balfour-Erklärung 16, 127, 269 ff.
Banna, Hassan al- 151 f.
Bar-Lev, Chaim 186
Begin, Menachem 27 f., 30, 45, 185, 187, 191 ff., 202, 262
Ben Bella, Ahmed 246
Ben Gurion, David 17 f., 188 f., 255
Bernadotte, Folke 17
Bethlehem 47 ff.
Bitar, Salah al-Din al- 127
Boumedienne, Houari 246
Bustani, Butrus 125

Camp David 19, 30 ff., 38,158 f., 191, 250, 261, 276 ff.
Carter, Jimmy 31, 192, 260
Chanfar, Chulqi 219
Chamoun, Camille 258
Charta der PLO 272 ff.
Chiha, Michel 183
Christen 50, 51
Chusandar, Imam (und Söhne) 222, 229 ff.
Cisjordanien («Westbank») 9 ff., 33 f., 47 ff., 199, 212 ff., 262
Cohen, Geula 19, 35, 39

Dayan, Moshe 31, 197
Drusen 175, 182
Dschancho, Chalil 221
Dulles, John Foster 257

Eisenhower, Dwight D. 258
Elon Moreh (Siedlung) 39, 42 ff., 216
Erez Israel 34, 35

Fatah 72 f., 100
Fatwa 297
Feisal, König, Saudi-Arabien 11
Felix, Menachem 216
«Felsendom» 15
Freij, Elias 47 f., 51, 56 f., 61, 214
Fundamentalismus, islamischer 145 ff.

Gaza 222 ff., 253
Gemayel, Amin 105
Gemayel, Beshir 190
Ghaddafi, Muammar al- 100, 176, 248, 264
Ghali, Boutros 32, 135
Ghazaleh, Chatim, Abu 130
Givat Zeev (Siedlung) 33
Glubb, Faris 92
Göksal, Timur 169
Goldfoot, Stanley 24
Gur, Mordechai 186
Gush Emunim 35 f.

Habash, Georges 51, 65, 79, 81 f., 89, 96, 113, 230

Hacohen, Matityahu 25
Haddad, Wadi 81
Haig, Alexander 187
Halevi, Judah 14
Harel, Israel 39
Hassan, Kronprinz, Jordanien 207
Haetzni, Elyakim 39–42
Hawatmeh, Nayef 67, 79, 81 ff., 89
Hebron 40 ff., 218
Heikal, Mohammed 142, 239
Herzl, Theodor 195
Hilmi-Pascha, Ahmed 225
Husri, Sati al- 126
Hussein, König von Jordanien 70, 113, 207
Hussein, Saddam (Irak) 129
Husseini, Hadj Amin al- 16, 124, 225

Imam 299
Irak 254
Irgun 18
Israel 9 ff., 141, 185 ff., 257
Jebusiter 12
Jemen 246
Jerusalem 9 ff., 213, 223
Jibril, Ahmed 113
Jihad 152 f., 298
Johnson, Lyndon B. 258
Jordanien 19, 78 ff., 207, 258

Kach-Partei 25
Kaddumi, Faruk 71, 96
Kahane, Meir 25 f.
Kairoer Abkommen (von 1969) 179
Kanaan 12
Katzover, Benny 39
Kawasme, Fahd 42
Kennedy, John F. 258
Khalifa, Sahar 231
Khalil al-Wazir (Abu Jihad) 72, 96
Khomeiny, Ruhollah, Ayatollah 219
Kibbuz 298
Kishk, Hamid 20, 145 ff., 167
Kissinger, Henry 259
Kollek, Teddy 20–23
Kook, Abraham Jitzhak 35
Koran 11, 55, 56
Kuwait 69, 251

Labadi, Mohammed 87
Levinger, Moshe 39
Libanon 53, 66, 81, 87, 169 ff., 179 ff., 186 ff., 204
Libyen 98 f., 250, 264

Maale Adumim (Siedlung) 10
Mahdi 301
Malamat, Abraham 12
Malik, Abd al- 16
Maroniten 53, 181 f.
Meir, Golda 197
Mi'raadj 11, 14
Mondale, Walter 20
Mubarak, Hosni 134 ff., 137, 142, 149, 166
Mussa, Abu 70, 89, 113
Mussa Sadr, Imam 170 ff.
Mussawi, Hussein 178

Nablus 42, 130, 131, 132, 133, 216, 217
Napoleon 52
Nasser, Gamal Abd el- 74, 110, 129, 142, 155, 240 ff., 244 f., 254 ff., 263
Natche, Ahmad Chamse 219
Nationalismus, arabischer 55, 122 ff., 246
Neeman, Yuval 35, 37 f.
Nidal, Abu 98 f.
Nixon, Richard 259 f.

Omar, Kalif 15

Palästinenser 11, 48 ff., 51 ff., 64 ff., 130, 175, 260
Peace-Now-Bewegung 220
Peres, Shimon 23, 40, 48, 195, 200, 202
PLO 48 ff., 65 ff., 183 ff., 208, 228, 246, 263
Charta der PLO 272 ff.
Porat, Hanan 39

Qiryat Arba (Siedlung) 40, 218

Qutb, Sayed 154 ff.

Rabin, Ytzhak 186, 197, 204, 213 f.
Ramallah 221
Reagan, Ronald 20, 138, 262

Saad, Mohammed 170
Sa'adah, Antun 126
Sabra 53, 190
Sabri, Abu 70
Sadat, Anwar as- 11, 30, 86, 106, 141, 149, 153, 156, 198 f., 209 f., 249, 260
Sadat, Jehan 162
Said, Nuri as- 254 f.
Saika 177
Salah al-Din (Saladin) 16
Salah Khalaf (Abu Iyad) 71 f., 96
Salama, Hafez 163
Saleh, Abu 70
Samed (wirtsch. Org. der PLO) 84
Sartawi, Issam 88
Schiiten 170 ff., 300
Schwud, Michal 42 f.
Shaafi, Chaider Abd el- 222
Shamir, Ytzhak 40, 213
Shamir, Moshe 35 f.
Sharett, Moshe 188
Shari'a 161 f., 163, 299
Sharon, Ariel 40, 53, 185, 187, 200, 234
Shatila 53, 190
Shauwa, Rashad 222
Shehadeh, Raja 94
Shukeiry, Ahmed 75–78
Shukri Ahmed Mustafa 156, 161
Sepharden 28
Sirhan, Bassam 95
Sowjetunion 240 ff.
Stockman, Israel 211
Suez-Kanal 257
Sunniten 175, 301
Sykes-Picot-Abkommen 124, 127, 267 ff.
Syrien 64 ff., 81, 102 ff.

T'las, Mustafa 114, 120
Talmud 301
Tawil, Raymonda 93
Tehiya-Partei 35
Tempelberg (von Jerusalem) 25
Tilmisani, Umar al- 157
Torah 12
Truman-Doktrin 243, 252
Tschechoslowakei 242
Tukan, Fatwa 95
Türkei 243, 254

UNIFIL-Truppen 169
UNO (Vereinte Nationen) 17 f., 252, 257 f.
UNO-Teilungsplan für Palästina 252, 271
UNO-Resolutionen 274 ff.
USA 241, 252 ff.

Weizman, Ezer 38, 197 f., 201, 203

Yarmuk 67
Yazigi, Nasif 124

Zionismus 193 ff., 303
Zumur, Abbud al- 160